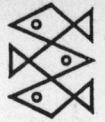

Originalausgabe
Ein Band in der Reihe
»Informationen zur Zeit«

Über dieses Buch

Luise Rinser hat im Jahre 1980 eine mehrwöchige Reise nach Nordkorea unternommen. Hier ihr tief in die besonderen Verhältnisse des
Landes eindringender Bericht. Er unterscheidet sich von der übrigen,
ohnehin spärlichen Berichterstattung in den Medien durch seine ein-
gestandene Subjektivität.
»Ich möchte mit meiner Arbeit erreichen«, schreibt die engagierte
Sozialistin und Christin, »daß man eine Art von Sozialismus kennenlernt, die nicht nur für die Zukunft der dritten Welt entscheidend
Modell ist, sondern auch uns anderen Impulse für ein mutiges Umden-
ken in Richtung eines möglichen Sozialismus geben kann und den
blinden Glauben an einen unumgänglichen Kampf zwischen dem kapitalistischen und dem kommunistischen System abbauen hilft.«
»Warum hat die Bundesrepublik diplomatische Beziehungen zu anderen sozialistischen, ja streng marxistischen Ländern und zu faschistischen Regierungen, aber nicht zu einem blockfreien Land wie Nordkorea?« »Warum«, so fragt die Autorin, »gibt die Bundesrepublik hohe
Kredite aktuell an die Militärregierung Südkoreas?« – an ein Land, das
in unerhörter Weise die Menschenrechte mit Füßen tritt.
Luise Rinsers »Reisetagebuch« vermittelt anschaulich und eindringlich
Kenntnisse über ein Land, das stets im Abseits gehalten wurde.

Die Autorin

Luise Rinser, geboren 1911. 1941 legte sie ihr erstes Buch vor: ›Die
gläsernen Ringe‹. Wegen ihrer Gegnerschaft zum nationalsozialisti-
schen Regime Schreibverbot, Haft, drohendes Todesurteil. Die jüng-
sten ihrer zahlreichen nach dem Kriege erschienen Werke sind die
Autobiographie ›Den Wolf umarmen‹ (1981 bei S. Fischer), ›Winterfrühling‹ (1982 bei S. Fischer), sowie ›Mirjam‹ (1983 bei S. Fischer).
Luise Rinser ist Beiratsmitglied im ›Internationalen Komitee für die
friedliche Wiedervereinigung Koreas‹. Ihre Erfahrungen mit Südkorea
hielt sie fest in ›Wenn Wale kämpfen‹ (1976) und in ›Kriegsspielzeug‹
(1978). Zusammen mit dem koreanischen Komponisten Isang Yun
schrieb sie: ›Der verwundete Drache. Dialog über Leben und Werk des
Komponisten‹ (1977).

Luise Rinser

Nordkoreanisches
Reisetagebuch

Von der Autorin durchgesehene, aktualisierte
und erweiterte Neuausgabe

Fischer
Taschenbuch
Verlag

Lektorat: Walter H. Pehle

36.–40. Tausend: Januar 1986

Originalausgabe
Veröffentlicht im Fischer Taschenbuch Verlag GmbH,
Frankfurt am Main, März 1981
durchgesehene, aktualisierte und erweiterte Ausgabe: April 1983

Umschlaggestaltung: Jan Buchholz/Reni Hinsch
Druck und Bindung: Clausen & Bosse, Leck
Printed in Germany
780-ISBN-3-596-24233-9

Inhalt

Vorwort 9

Die erste Reise 15
    I. Anfänger-Beobachtungen 17
    II. Politischer Unterricht 29
    III. Überraschungen 36
    IV. Geschichtsunterricht 43
    V. Die kleinen Könige des Landes 48
    VI. Die nordkoreanische Frau 52
    VII. Kunstprobleme 56
    VIII. Die Dschudsche-Ideologie 67
    IX. Intermezzo am Drei-Tage-See 74
    X. Reise durchs Land 79
    XI. Dorf-Erfahrungen 86
    XII. Information über Selbstkontrolle 95
    XIII. Land ohne Gott 103
    XIV. Wiedervereinigung: Zentralproblem . . . 115
    XV. Kim Il Sung 130

Die zweite und dritte Reise 143
    I. Zum zweiten Mal in Pyeongyang 145
    II. An der Demarkationslinie 153
    III. Nordkoreas Gefängnisse 158
    IV. Der Nachfolger 164
    V. Ungemach und Ungeschick 171
    VI. Noch einmal etwas zum »Personenkult« . . . 175

Nachwort 183

Lykurg brachte nicht nur Reden und Schriften, sondern einen konkreten, unnachahmlichen Staat ans Licht und stellte denen, welche die Möglichkeit der Existenz eines weisen Politikers leugnen, einen ganz um Weisheit bemühten Staat vor Augen.

PLUTARCH

Es können keine Generationen verheizt, aufgeopfert werden, um eine künftige Harmonie zu düngen, ein unvermitteltes Eschaton bloßer Ferne ... Das Fernziel muß sich in jedem Nahziel kenntlich machen, damit das Fernziel nicht leer, abstrakt, unvermittelt ist und damit das Nahziel nicht blind, opportunistisch, in den Tag hineinlebend sei.

ERNST BLOCH

Vorwort

Als ich den ersten Teil dieses Buches schrieb, war mir nicht recht klar, welch heißes Eisen ich damit berührte. Ich wollte nichts anderes als einen Reisebericht schreiben, also aufzeichnen, was ich mit eigenen Augen gesehen und mit eigenen Ohren gehört hatte und damit – wenn auch subjektiv gefärbte – Informationen geben über ein Land, von dem man fast nichts und das Wenige nur verzerrt wußte.

Obwohl ich mich viele Jahre mit der Gesamt-Korea-Frage befaßt hatte, wußte ich zwar viel über Südkorea, aber wenig vom Norden des Landes, und was ich wußte, stand unter negativem Vorzeichen: Nordkorea, eine finstere Diktatur.

Auf meiner ersten Reise, 1980, traf ich ein Land an, das diesem Vorurteil nicht entsprach. Was sich mir darbot, war soviel besser als das bisher Gewußte. Schon aus Gründen der Dialektik mit dem Ziel der Wahrheitsfindung sah ich mich gedrängt, das Positive zu betonen, um das fixierte Vorurteil des Westens zu korrigieren. So mag manches, was ich schrieb, allzu positiv geraten sein, freilich manches auch zu negativ. Es ist sehr schwer, Nordkorea zu verstehen, zumal bei einem ersten Besuch.

Auf der zweiten Reise im Herbst des Jahres 1981 war ich bestrebt, mein erstes Bild rücksichtslos zu korrigieren. Aber ich begriff, daß ich die Wirklichkeit Nordkoreas nur verstehen könne, wenn ich aufhörte, es mit westlichen Augen anzuschauen. Die zweite Reise wurde mir zu einem harten Lernprozeß. Plötzlich sah ich überall Widerhaken und Widersprüche! Meine Aufzeichnungen von 1981 habe ich nach der dritten Reise 1982 wiederum korrigiert, als ich bereits gelernt hatte, den Fernen Osten mit fernöstlichen Augen anzuschauen. Ich bin sicher, daß ich auf meiner nächsten Reise mein Bild wiederum verfeinern muß, denn Nordkorea ist, wie der ganze Ferne Osten, nur in intensiver Auseinandersetzung und immer wieder neu erfahrbar.

Natürlich habe ich mich inzwischen auch theoretisch mit Nordkorea befaßt. Dabei war mir besonders hilfreich die Arbeit eines Mannes, der bestimmt nicht im Verdacht stehen kann, kommunistenfreundlich zu sein: Gregory Henderson, der 1947 als Offizier der US-Armee nach Korea kam, sieben Jahre Mitarbeiter der US-Botschaft in Seoul und Busan war, Spezialist für Koreafragen, und hernach drei Jahre Berater im State Department Washington. Von 1964 bis 1965 war er Professor an der Harvard-Universität und dann Gastprofessor an der Freien Universität Berlin. Die Informationen, die ich bei meiner persönlichen Begegnung mit ihm im Oktober 1982 in Boston erhielt, ergänzten sich mir bei der Lektüre seiner Arbeiten über Korea. Sehr aufschlußreich war mir der Vergleich zweier seiner Arbeiten aus verschiedenen Jahren: zwischen dem 1968 entstandenen Buch ›Korea‹ (Harvard University Press) und seinem Aufsatz in der Zeitschrift ›Korea Scope‹ vom Juni 1982. Vierzehn Jahre redlicher Arbeit brachten den Politologen und Diplomaten dazu, Kritik zu üben an der Regierung Südkoreas und auch an der Einmischung der USA in die Koreapolitik. Ich zitiere ein Beispiel aus seiner neuen Arbeit: »*Als der US-General Hodge 1945/46 eine Polizeiarmee aufstellte, welche der südkoreanischen Polizei helfen sollte, die internen Unruhen zu bekämpfen, wurde er damit der Begründer jener US-Militärmacht, die Südkorea heute beherrscht.*«

Diese Maßnahme sei, sagt Henderson, der US-Regierung nicht recht gewesen, aber Hodge habe es verstanden, die USA wie auch Japan davon zu überzeugen, daß sie nötig sei. Er schreibt dazu wörtlich:

»*Es gab damals in Südkorea selbst keinen zwingenden Grund, eine solche Streitmacht aufzubauen, und es gab keinen Beweis für eine Streitmacht in Nordkorea, die seinerzeit solche Maßnahmen gerechtfertigt hätte.*«

Als die Sowjets 1948 aus Nordkorea abrückten, forderten die Vereinten Nationen den Rückzug auch der US-Armee aus Südkorea. Statt dessen bauten die USA ihre Militärmacht in Südkorea weiter aus.

Das heißt: Es bestand für die USA keine Notwendigkeit, in Südkorea eine derart starke Militärmacht zu unterhalten! Der einzige Grund war, den USA im Fernen Osten einen festen Militärstützpunkt zu sichern und sich Südkorea zum absolut abhängigen Partner zu machen. Seither ist die dortige US-Streitmacht die stärkste, welche im Ausland aufgebaut worden ist. Südkorea selbst hat heute 600 000 reguläre Soldaten, dazu die Reservisten, die sich jedes Jahr vervielfachen, und ein Militärbudget von 5 Billionen Dollar, wovon ein Drittel aus südkoreanischen Quellen stammt; den Rest bezahlen die USA. Südkorea hat das höchste Pro-Kopf-Militärbudget der Welt. Die Folgen der hohen Eigenkosten spüren die Südkoreaner, vor allem die Arbeiter, die für Hungerlöhne zu arbeiten gezwungen sind und selbstverständlich kein Streikrecht und keine funktionierenden Gewerkschaften haben! Die Spanne zwischen den geringen Produktionskosten und den hohen Verkaufspreisen ist der Gewinn, den die in Südkorea arbeitenden Fabriken der USA und Japans einstecken. Der in Südkorea verbleibende Rest wird für die Rüstung verwendet. Zwischen 1975 und 1980 wurden 500 Millionen Dollar für die Rüstung ausgegeben. In Südkorea gibt es 90 Waffenfabriken. Ihre Produktion wurde in den letzten vier Jahren verdoppelt.

Südkorea ist eine Militärdiktatur strikter Observanz. Henderson schreibt dazu:

»*Das Militär, gegründet und unterstützt durch die USA, wurde – nach dem Plan der US-Regierung zwischen 1951 und 1954 – zu einer Institution mit einer deutlich feststellbaren erzieherischen, organisatorischen und ideologischen Einheitlichkeit, welche die Regierungsgewalt beherrschte.*«

Dies habe, sagt Henderson, die US-Regierung so nicht gewollt. Sie habe versäumt, alternative zivile Institutionen zu begründen oder zu fördern, welche die Invasion der Militärmacht in alle Bereiche des Lebens hätte verhindern können. So wurden die USA

»*verantwortlich für die Schaffung – oder beitragend zur Schaffung – genau jenes Zustands von Autoritarismus und Repression einer Volksregierung, vor welcher Washington und Jefferson die Bürger der USA so nachdrücklich gewarnt hatten.*«

Dies muß man wissen, um die Haltung Nordkoreas zu begreifen. Ein kleines Land, blockfrei, also ohne militärische Hilfe der Sowjetunion und Chinas, sieht sich faktisch aufs höchste bedroht von der vereinten Macht der USA und Südkoreas. Dazu kommt neuerdings die Bedrohung durch Japan, das, durch strategische und wirtschaftliche Überlegungen geleitet, einem Dreierbündnis USA, Südkorea, Japan zustimmt. Dazu schreibt Saki Hiroharu, Professor für internationale Politik an der Tokyo-Universität, in der Zeitschrift ›Korea scope‹ (1982), daß dieses Bündnis gegen Nordkorea gerichtet sei, das, seiner Blockfreiheit entsprechend, die Reduzierung aller Waffen auf der koreanischen Halbinsel fordert und Frieden will.

Wer die Vorgeschichte des Koreakrieges kennt, wird wissen,

daß Nordkorea im üblichen, d. h. undifferenzierten Sinne, wohl der Angreifer war, aber auch, daß dieser Krieg aufs schärfste provoziert worden war durch die enorme Aufrüstung im Süden, die Nordkorea gegen sich gerichtet wußte. Sollte es warten, bis es vom Süden her überrollt würde? Wieviele nationale und internationale Konflikte, wieviele Menschenleben, koreanische und amerikanische, wären nicht sinnlos geopfert worden, hätte Kim Il Sung das ganze Land befreit.

Die Anwesenheit einer so geballten Streitmacht in Südkorea und die Anwesenheit eines starken Potentials von Atomwaffen in so großer Nähe machen es verständlich, daß Nordkorea sich in ständiger Verteidigungsbereitschaft befindet. Es kann sich keine inneren Zwiespälte erlauben. Das Volk muß wie ein Block hinter einem Führer stehen. Jede Abweichung wäre Schwächung der Verteidigungskraft. Daher die Ausrichtung auf eine einzige Persönlichkeit, die das Symbol der Einheit ist. Daher die Sicherung der Nachfolge. Daher die für westlichen Geschmack so unerträgliche Erziehung zu einheitlichem Denken. Darum all das, was uns, vom sichern westlichen Zuschauerplatz aus als tyrannische Diktatur nur erscheint.

Kim Il Sung will nichts als Frieden. Wie könnte er, in der augenblicklichen Situation, einen Angriff auf den Süden auch nur planen?

Aber auch abgesehen von seinen politisch-militärischen Gesichtspunkten kann er nichts anderes wollen als Frieden, denn der Zwang zur Defensiv-Aufrüstung ist ein schweres Hindernis für das, was er eigentlich will: seinem Volk zu Wohlstand und Glück zu verhelfen. Die Rüstung kostet zuviel Geld und verursacht Verschuldung im Ausland. Es ist durchaus möglich, daß die eigentliche Absicht des militärischen Dreierbündnisses USA, Südkorea, Japan dieselbe ist, welche die USA der Sowjetunion gegenüber anwendet: durch den Zwang zu immer höherer Aufrüstung das Land wirtschaftlich ausbluten zu lassen. Seit ich Kim Il Sung persönlich kenne, weiß ich, daß er, auch ohne alle Rücksichten auf den Druck der Russen, ein Mann des Friedens geworden ist.

Es ist falsch, ihn immer noch zu sehen als den Partisanenführer und den General im Krieg, als den Verfolger aller Oppositionellen beim Aufbau des Staates. Er wurde ein Mann der Milde. Wenn ein westdeutscher Journalist ihn einen »weisen Tyrannen« nennt, so hat er so unrecht nicht, doch liegt der Akzent auf dem Wort »weise«. Alle Besucher Nordkoreas, die ihn sahen, können sich des Eindrucks nicht erwehren, daß sie einen großen Mann vor sich haben.

Wer dies nicht wahrhaben will, muß wenigstens wahrhaben, daß er eine große Leistung vollbracht hat. Kein anderes Land, zumindest der Dritten Welt, hat so viele positive Züge wie Nordkorea: keine Arbeitslosen, keine Wohnungsnot, keine Mafia, keine Korruption, keine Art von Armut, keine Drogensucht, keine nennenswerte Kriminalität, keinen Alkoholismus, kein Einsamkeits-Syndrom, keine Chaotik, keine Zerstörung ethischer und humaner Werte. Dies wenigstens muß anerkannt werden, und es ist sehr viel; wir wären froh, wenn es im Westen so wäre. Könnte man eine Einbuße an individueller Freiheit dafür nicht in Kauf nehmen?

Was mich erheblich stört, ist freilich die unzulängliche Information. Die Massenmedien sind gleichgeschaltet und bringen nichts Außenpolitisches, und wenn je, dann nur Nachrichten über positive Reaktionen befreundeter Staaten. Nur die höheren Funktionäre sind unterrichtet, sie freilich genau. Das Volk selbst lebt in friedlicher Unwissenheit. Ob die junge Generation, von der viele im Ausland studieren, nicht eines Tages dagegen rebellieren wird, bleibt abzuwarten. Wie so vieles abzuwarten bleibt, da Nordkorea seine hermetische Verschlossenheit Zug um Zug preisgibt.

Nun: Was geht uns das alles an?

Daß es uns angeht, sieht man daran, daß man sich im Westen immer intensiver mit Nordkorea befaßt, wenn auch häufig mit negativer Absicht. Vor allem die Bundesrepublik, ihrem amerikanischen Partner konform, übt negative Kritik, dabei vor absichtlichen Falschmeldungen nicht zurückschreckend. Andere Länder, wie Italien und Frankreich, sind besser informiert und weit positiver eingestellt. Sie kennen die hysterische Angst vor dem radikalen Sozialismus nicht und sind offen für den Dialog.

Wäre Nordkorea nicht wichtig für den Westen, würde es der Westen nicht angreifen und verleumden. Inwiefern ist dieses ferne, kleine Land wichtig? Weil es beweist, daß ein radikal sozialistisches Land nicht identisch ist mit einem traditionell kommunistischen, und weil es beweist, daß eine radikal sozialistische Regierungsform über drei Jahrzehnte funktioniert und eine Reihe nicht ableugbare, positive Erfolge hat, und also den lebendigen sinnenfälligen Gegenbeweis darstellt zur anti-sozialistischen Hetzpropaganda.

Vor allem aber ist Nordkorea wichtig, weil es zu jenem Pulverfaß gehört, das Gesamtkorea ist, solange dort akute Kriegsgefahr herrscht. Wenn auch alle sich darüber klar sind, daß nicht Nordkorea einen Krieg will oder plant, muß man bedenken, daß unter Umständen die nukleare Hochrüstung in Südkorea die potenten kommunistischen Nachbarn China und Sowjetunion zu Aktionen kriegerischer Natur provoziert, was den Ausbruch des Dritten Weltkriegs bedeuten würde, und, da dabei natürlich alle vorhandenen Nuklearwaffen eingesetzt würden, unser aller Tod wäre.

In dem klaren Bewußtsein, daß gegenseitige Verhetzungen eines der wirksamsten Mittel der psychologischen Vorbereitung zum Krieg sind und daß die große Menschheitskrise unsrer Zeit nur dann überwunden werden kann, wenn wir alte Feindbilder abbauen und dafür Freundbilder aufbauen und die Koexistenz verschiedener politisch-gesellschaftlicher Systeme bejahen, wie es Kim Il Sung für Nord- und Südkorea vorschlägt, habe ich die zweite Hälfte dieses Buches geschrieben. Es geht also nicht, wie mir unterstellt wurde, um eine Propaganda für das System Nordkorea, sondern um eine Korrektur eines alten starren Feindbildes, dessen Aufrechterhaltung den Frieden im Fernen Osten und damit den Frieden der Welt gefährdet. Nichts als ein kleiner Beitrag zur Entspannung will diese Arbeit sein.

Die erste Reise

I. Anfänger-Beobachtungen

Im Flugzeug von Moskau nach Pyeongyang

Eingezwängt in dem engen Abteil für Gesellschaftsreisende. Ich habe eine Flugkarte erster Klasse Moskau–Pyeongyang. Ich muß froh sein, in der economy-class überhaupt mitgekommen zu sein. Wie das? Mein Flug war gebucht. Das Flugzeug sei voll besetzt, sagte man mir in Moskau. Man hielt mich am Moskauer Flughafen vier Stunden im ungewissen. Man ließ mich einfach vor dem Ausgangsschalter sitzen. Soldaten beobachteten mich. Keiner sprach deutsch oder englisch. Keiner konnte mir Auskunft geben. Würde ich in alle Ewigkeit hier in der Enge, im überheizten Vorplatz sitzen müssen? Das war die Vorhölle. Endlich eine Angestellte. Sie erklärte mir in gutem Deutsch eisig, ich müsse bis Dienstag warten, da gehe ein Flugzeug über Sibirien nach Korea. Wie? Mein Platz ist heute gebucht! Achselzucken.
Heute ist Sonntag. Ich würde im Flughafen-Hotel eingesperrt sitzen, zwei Tage lang. Dann der Flug über Sibirien, mit zwei Zwischenlandungen, jedesmal neue Kontrollen, auch Leibesvisitationen, das weiß ich von anderen Reisenden. Ich beschloß, nach Rom zurückzufliegen. Wozu diese Strapazen, dieser Ärger? Zehn Minuten vor Abflug tauchten zwei Soldaten auf und eine stämmige Beamtin, die meinen Koffer ergriff und mir bedeutete zu laufen. Wohin? Ich lief. Ich lief zwischen zwei Soldaten wie der Dieb zwischen Polizisten. Was würde geschehen? Wurde ich abgeschoben, ins Gefängnis gebracht? War da ein Mißverständnis, eine Verwechslung? Ohne Kontrolle wurde ich durch die Sperre geschoben, in ein wartendes Zubringerauto gedrängt und zum Flugzeug gefahren, dessen Motoren schon liefen. Die stämmige Russin schob mich die Rolltreppe hinauf, warf meinen Koffer in die Kabine, eine andre wies mich auf einen Mittelplatz, und wir flogen ab. Ein Alptraum.
Ich sitze inmitten einer russischen Touristengruppe, oder sinds Sportler, oder ists eine Musikband, ich weiß nicht, die Leute sind jung und lustig, sie lassen die Wodkaflasche reihum gehen, sie reden laut, ich kann nicht schlafen.

Zum Zeitvertreib schreibe ich. Ich ärgere mich über mich selbst. Warum zum Teufel habe ich diese Einladung angenommen? Was geht mich Nordkorea eigentlich an? Was geht mich die Politik des Fernen Ostens an? Weil ich mich vor sechs Jahren auf das Abenteuer der Südkorea-Reise eingelassen habe, muß ich jetzt das Abenteuer der Nordkorea-Reise auf mich nehmen. Muß ich? Offenbar ist mir das schicksalhaft gesetzt. Ja, schon, aber: was erwartet mich? Werde ich zu Propagandazwecken mißbraucht, wie man sich das in Südkorea so vorgestellt hatte? Dort unterlief ich die Absicht der Einlader, dort entschlüpfte ich den Bewachern, dort gelang es mir, selbst den CIA zu täuschen, dort sah ich nicht nur brav das Erlaubte, das Schöne, sondern auch das Verbotene, das Weg-Gelogene: die Slums, die Studenten im Untergrund, die Mutter des gefangenen und gefolterten Dichters Kim Chi Ha, die entlassenen Universitätsprofessoren, die Kinder mit den Hungerödemen, die armen bäuerlichen »Ami«-Huren an der Nordgrenze und die Edel-Kisängs in den Luxushotels. Und darüber schrieb ich einen Aufsatz im SPIEGEL, der dann Leserbriefe brachte, die mir vorwarfen, ich lüge. Die Schreiber waren allesamt CIA-Leute, und auch mein Einlader wurde gezwungen, mir in so einem Leserbrief Propagandalügen vorzuwerfen. Heute weiß jedermann, daß ich nichts als die Wahrheit gesagt habe, und die viel zu wenig scharf.

Wie wird das nun in Nordkorea sein? Man wird mich überwachen, man wird mir Positives erzählen, man wird mir Potemkinsche Dörfer zeigen, alles wird herrlich anzusehen sein, die Butter- und Honigseite werde ich sehen ... Aber wenn es mir in Südkorea gelang, den Bewachern zu entschlüpfen, wird es mir auch in Nordkorea gelingen, oder etwa nicht?

Aber warum bin ich so entsetzlich mißtrauisch? Warum diese Vorurteile? Falsch ist das. Wer mit Vorurteilen ein Land betritt, der sieht NICHTS. Nichts als das, was er sehen will. Nichts als das, was seine Vorurteile bestätigt.

Weiß ich denn nicht schon zu viel über Nordkorea? Habe ich nicht zu viele Bücher darüber gelesen? Habe ich mich nicht mit der Geschichte Nordkoreas befaßt seit langem? Die Biographie des Präsidenten Kim Il Sung gelesen? Kann ich noch unbefangen sein? Ich habe auch, ehe ich nach Südkorea flog, Bücher darüber gelesen und den Bericht des dortigen, des damaligen, inzwischen ermordeten Präsidenten Park Chang Hee, und der las sich gut und glaubhaft und war doch erlogen. Was ich sah und hörte, war anders. Die Reise war demaskierend. Ich sah die Wirklichkeit des Lebens dort, die Misere der Arbeiter ohne jeden Rechtsschutz, die Unfreiheit der Studenten, die Armut der Kleinbauern, den Reichtum der CIA-Leute und der feigen Mitläufer, ich spürte die Angst der Menschen vor dem Diktator, ich traf die Intellektuellen, die schon oft in den Gefängnissen gesessen hatten und nun arbeitslos waren und keinen Pfennig Unterstützung bekamen, ich sah die Tränen der Frauen und Mütter eingesperrter Studenten und Journalisten.

Was werde ich nun in Nordkorea sehen?

Ein »marxistisches Regime«. So sagt man. Was ist das aber? Was für eine Art von »Marxismus«? Sowjetisch, chinesisch? Oder anders? Personenkult werde ich sehen, auf jeden Fall. Kim Il Sung als der größte Held aller Zeiten. Personenkult macht mir Angst, wem immer er gilt, ob einem Diktator oder einem Papst. Einer SACHE, einer IDEE muß man dienen, nicht einem Manne.

Aber ich DARF keine Vorurteile haben, sonst bin ich blind für die konkrete Wirklichkeit. Also noch einmal: weg mit allen Vorstellungen. Ich befehle mir, daß ich NICHTS weiß von diesem Land. Ich öffne mich. Ich werde sehen und hören und spüren, was dort wirklich geschieht. »Wir befinden uns im Anflug auf Pyeongyang.«

Es wird immer heller, wir fliegen in den Morgen hinein, die Sonne geht auf.

Pyeongyang

Ich bin nach dem langen Flug und dem Zeitunterschied von acht Stunden übermüdet, ich kann und kann nicht einschlafen, ich versuche zu schreiben.

Der Empfang am Flughafen: was für ein Unterschied zu jenem in Seoul vor fünf Jahren! Zwar erwartete mich auch hier eine Abordnung von Funktionären in dunklen Anzügen, aber sie zwangen mich nicht zu einem offiziellen Interview, das eher ein Verhör war und mitgeschrieben wurde. Wie denken Sie über Südkorea, was haben Sie darüber gehört ... Hier in Pyeongyang fragte man mich nur besorgt über den Verlauf der Reise und hörte gespannt meinen Bericht von meinem Ärger am Moskauer Flughafen, und man lächelte: »Ja, ja, so sind DIE dort eben.« Der junge Übersetzer bemühte sich, mir ihr Lächeln so zu übersetzen. Man scheint den großen Bruder Sowjetunion nicht sehr zu mögen.

In Seoul hat man mir meinen Paß und meinen Koffer und die Tasche abgenommen und verschwand damit. Ich erhielt alles sechs Stunden später im Hotel zurück: man hatte das Gepäck durchsucht nach unerlaubtem, das heißt nach »kommunistischem« Schrifttum. Hier in Pyeongyang stand mein Gepäck immer neben mir, niemand berührte es, und es fuhr mit mir zugleich ab, im selben Auto. Keinerlei Kontrolle. Natürlich hatte man sich vorher genau nach meiner Zuverlässigkeit erkundigt. Aber nach welchen Gesichtspunkten wurde ich beurteilt? Nur nach meinem Interesse an der Wiedervereinigung Koreas? Könnte ich nicht auch ein Spion Südkoreas oder der Bundesrepublik Deutschland sein? Man vertraut mir, das ist sicher. Man ist freundlich und herzlich und offen. Die Menschen sind ganz anders als jene in Südkorea. Sie sind natürlich. Nichts von angewinkelten Armen, jener Geste, die geheime Angst verrät. Kein scheuer Blick nach allen Seiten, kein vorsichtiges Abwägen der Worte.

(S., italienischer Journalist, Kenner des Fernen Ostens, sagt mir heute, daß er bei seinem Aufenthalt die Leute in Nordkorea nicht so gelöst fand wie ich. Ich überprüfe meine Erinnerung: es stimmt, daß einige der Funktionäre, die ich traf, gespannt aussahen. Diese Gespanntheit kann ich mir wohl erklären: sie fühlen sich stark gefordert, sie müssen gute Figur machen vor Ausländern, sie sind im Dienst, sie haben große Verantwortung, und sie wollen das Beste leisten. In einem Buch über China [»Cara Cina« von Goffredo Parise] las ich, daß es im China Maos sehr viele Neurotiker und Depressive gab, auch Selbstmörder. Wie das? Sie lebten unter dem Druck ihres eigenen, hochgezüchteten Gewissens, sie meinten nicht genug für die Revolution zu tun, sie fühlten sich schuldig, ohne daß jemand ihnen Schuld gab. Ich glaube nicht, daß dies in Nordkorea auch so ist, aber bei einigen empfindlichen, ehrgeizigen Funktionären mag es wohl vorkommen, wie es unter ehrgeizigen Schülern vorkommt, die sich umbringen, wenn sie nicht das allerbeste Zeugnis haben. Aber im allgemeinen ist das Volk in Nordkorea sichtbar gelassen und heiter. Leute unter Streß gebe es nicht, sagte man mir, so wenig wie es Leute mit dem Einsamkeits-Syndrom gebe. Das ist gewiß: in Nordkorea ist jedermann in eine Gruppe und in die Volksgemeinschaft eingebettet. »Kommunikationsverlust« gibt es nicht. Hier macht man alles gemeinsam und ist gern beisammen. Keiner wird hilflos allein gelassen. Das bedenkend, kann auch der Gegner des nordkoreanischen Sozialismus-Modells nicht behaupten, daß dies den christlichen westlichen Staaten bis jetzt gelungen sei. Alterssselbstmorde und Drogensucht und Jugendkriminalität als Folgen der Einsamkeit werden im Westen zwar beklagt, aber nicht behoben. Nordkorea hat das Problem approximativ gelöst).

Mitternacht: kein Schlaf. Im Westen ist es jetzt früh acht Uhr. Ich wohne nicht im Hotel, sondern im Gästehaus der Regierung. Ich habe eine ganze Wohnung für mich: Arbeitszimmer mit Bibliothek, Schlafzimmer, Bad, Vorraum und Konferenzzimmer. Viel Raum, aber kein Luxus. Kein Portier, kein

Mensch am Eingang, kein Bewacher, die Tür ist unversperrt, ja unversperrbar, es gibt im ganzen Haus keine Türschlösser. Ich bin noch einmal ins Freie gegangen. Kein Mensch begegnet mir. Tiefe Stille. Bin ich allein im Haus? Wohin sind die Begleiter gegangen?

Ich gehe durch den nächtlichen Garten. Keine Absperrungen. Alles offen zum freien Land hin. Keine Wachtposten in der Nähe. Ziemlich weit weg an der Autozufahrt steht ein Schilderhäuschen mit einem verschlafenen, fröstelnden Soldaten. Ich gehe ins Haus zurück. Ich schreibe weiter.

Habe ich mir nicht immer gewünscht, in Japan die Kirschblüte zu sehen? Ich sah sie hier. Längs der Straße vom Flughafen zur Stadt Blüten, Blüten, weiß und dazwischen rosa und rot: Pfirsiche und gefüllte Mandelblüten, und der Himmel darüber ganz blau, sehr blau, weil unverschmutzt: keine Fabriken, die sind weit weg, sagt mein Dolmetscher, und die richtige Blüte, sagt er, beginnt erst, das ist der Anfang nur, dieses Jahr wird genau zum ersten Mai die volle Blüte sein, zum Kirschblütenfest.

Wir nähern uns schon der Hauptstadt, aber der Übergang ist sanft. Das Land verengt sich zu breiten Straßen mit Grünstreifen und Alleebäumen, viel Grün, viel Laub, viel blühendes Gesträuch, wenig Verkehr, niemand in Eile.

Aber dann: auf einem Hügel das bronzene Riesenstandbild des Präsidenten, und rechts und links ebenfalls gewaltige Bronzetafeln mit Szenen aus dem Koreakrieg, ich kenne sie schon aus den Bildbänden, sie sind auftrumpfend, viel zu schreiend in diesem stillen Land. Warum haben alle Diktatoren diesen zwanghaften Hang zum Überdimensionalen? Selbstdarstellung, Imponiergehabe, Kompensation geheimer Angst vor dem Sturz? Warum diese Altäre im Freien, diese grellbunten Farbtafeln mit Szenen aus dem Leben des Präsidenten: Kim Il Sung im Partisanenkrieg, Kim Il Sung bei den Bauern, Kim Il Sung bei den Kindern, Kim Il Sung bei den Industriearbeitern im Hüttenwerk ... »Personenkult«.

Freilich: in katholischen Gegenden hängt auch überall der Papst in Farbdruck. Für Katholiken ist das etwas anderes, als wenn da der Präsident hinge. Aber für Nichtkatholiken ist es auch Personenkult. Das muß ich bedenken. Ich werde noch verstehen lernen, was dieser Kult um Kim Il Sung WIRKLICH meint. Und wenn meine Begleiter am Rockaufschlag das Medaillon mit dem Bild Kim Il Sungs tragen statt eines Partei-

Abzeichens, was bedeutet das? Ist es besser oder schlechter, als ein Hakenkreuz oder eine Plakette mit Hammer und Sichel zu tragen? Ist es menschlicher, ein Menschenbild zu tragen, als ein abstraktes Zeichen einer anonymen Macht? Ich weiß es noch nicht.

Ahnen-Ehrung

Ich hatte mir das so schön ausgedacht: gleich am ersten Tag wollte ich die Gräber der Eltern Kim Il Sungs besuchen und Blumen dort niederlegen. Ich dachte mir, die Gräber lägen irgendwo auf dem Land in aller Abgeschiedenheit, auch das Geburtshaus des Präsidenten wollte ich sehen. Das gehört sich so, dachte ich, daß man die Ahnen des Gastgebers ehrt. Mein Wunsch wurde als Selbstverständlichkeit betrachtet: die Fahrt war schon eingeplant, sie gehört zum üblichen Programm der Gäste. Nicht gestern, sondern erst heute morgen fuhren wir aufs Land. Mein Wunsch nach großen schönen Blumensträußen schaffte einige Aufregung: obgleich die Gärten der Stadt überquellen von Blühendem, gibt es keine Blumen zu kaufen, weder gibts Geschäfte dafür noch offene Blumenstände. Wieso ist es in allen sozialistischen Staaten, die ich kenne, so schwer, Blumen zu kaufen? Man sagt mir, die Sträuße würden besorgt und nachgebracht, wir sollten ruhig abfahren. Wir taten es.

Wie töricht ich war, als ich mir vorstellte, Gräber und Geburtshaus lägen irgendwo in der Einsamkeit und ich sei an einem ganz gewöhnlichen Wochentag vielleicht der einzige Besucher! Ganz Pyeongyang, halb Nordkorea schien unterwegs. Heerscharen, Pilgerzüge, alle in derselben Richtung, alle zu Fuß, die Busse parken weit entfernt, selbst unser Regierungsauto darf nicht den Hügel hinauffahren. Recht so. Mir gefällt es, wenn niemand Privilegien hat.

Die Leute gehen in mehr oder minder geschlossenen Gruppen, aber es sind keine Touristen, vielleicht, so denke ich, ist das so etwas wie ein Betriebsausflug mit politischem Akzent. Ganze Schulklassen wandern da, uniformiert, die Mädchen mit den kurzen dunklen Faltenröckchen an gekreuzten Trägern über weißen Blusen, im Haar eine grellbunte Stoffblume, die Buben in kurzen Hosen mit dem roten Dreieckstuch um den Hals, das sie als »Pioniere« ausweist. Die Studenten haben eine Art Uniform, die an jene der Soldaten erinnert, aber sie tragen sie lässig. Alle sehen heiter aus und entspannt und satt und ohne Aggressionen, und doch merkt man die Disziplin. Mir scheint, sie ist vielmehr eine innere als eine anerzogene. Sie ist schon in Fleisch und Knochen eingewachsen. Uralte konfuzianische Tradition plus Parteierziehung, das prägt stark.

Aber diese Mädchen in Militär-Uniform, sind das weibliche Soldaten? Es sind, sagt man mir, Ärztinnen und Krankenpflegerinnen, also Sanitäterinnen, die für den Fall eines Angriffs ausgebildet werden. Ist diese Ausbildung Pflicht? Wie ist das hier mit der Wehrpflicht überhaupt? Drei Jahre Ausbildung. Ist sie Pflicht?

»Pflicht? Aber ich bitte Sie! Es ist selbstverständlich, daß jeder bereit ist, das Land zu verteidigen, wenn es angegriffen würde. Die Jugend hat das Beispiel ihrer Väter und Großväter vor Augen, die ihrem Land Freiheit, Selbständigkeit, Frieden erkämpft haben. Es wäre eine Schmach, wenn die Jungen das vergäßen. Im übrigen haben wir viel mehr Freiwillige, als man nehmen kann.«

Da ich gegen jede Militärpflicht bin, gegen jede Ausbildung zum Töten von Mitmenschen, macht mir diese Auskunft, so strahlend gegeben, Unbehagen. Kann in einem Land richtig und recht sein, was in einem anderen böse ist oder auch nur sinn- und nutzlos?

Ich sage: Sie sprechen nur von Verteidigung.

Aber natürlich, denn wir machen keinen Angriffskrieg. Wir haben auch 1950 nicht angegriffen, wir haben uns nur verteidigt.

Ich mag jetzt nicht darauf eingehen. Mir ist die südkoreanische Version bekannt, und das ist auch jene der ganzen übrigen Welt, mit Ausnahme der sozialistischen Länder. Herr Kim, einer meiner Begleiter, Historiker von Beruf, bemerkt meine Abwehr, meine Verwirrung. Er sagt still und höflich: Darüber müssen wir einmal in Ruhe reden.

Endlich kommt das Auto mit den Blumensträußen. Recht ansehnlich sind sie nicht. Ich hatte mir Prachtvolles vorgestellt. Aber es geht auch so.

Nun können wir endlich den Hügel hinansteigen, auf dem die Gräber liegen. Wir gehen wie in einer Prozession: Scharen vor uns, Scharen hinter uns. Schweigend. Vom Tal herauf tönt Musik. Heitere Musik. Folklore.

Ich möchte wohl wissen, was diese Wanderer denken, diese Angehörigen dreier oder vierer Generationen: die Überlebenden aus zwei Kriegen, die Partisanen, die Jüngeren, die den Schutt wegräumten und den Aufbau begannen, unendlich mühsam, die noch Jüngeren, die es schon leichter hatten, ihre glatten selbstbewußten Gesichter zeigen das, und die Kinder, die »kleinen Könige«, wie Kim Il Sung sagt, die »frei und glücklich« sind, sie singen das, man übersetzt mir, was da so heiter aus dem Tal herauftönt aus den Lautsprechern.

Nun kann ich endlich meine Sträuße niederlegen an den Gräbern der Eltern eines Revolutionärs, die selber Revolutionäre waren. So steht es in der Biographie Kim Il Sungs. Sie müssen starke Persönlichkeiten gewesen sein, der Vater war schon Partisan gegen die Japaner und Marxist, die Mutter erzog den Sohn zur Tapferkeit und mutete ihm zu, als er noch fast ein Kind war, im Winter aus der Mandschurei ein Geheimschreiben nach Korea zu überbringen, da den Japanern ein Kind unverdächtig war.

Ich hätte gern auch das Grab jener Frau besucht, die Kim Il Sungs Gefährtin war, Partisanin auch sie, 1947 gestorben; sie hatte ihm 1940 einen Sohn Kim Jong Ill geboren, von dem heute gesagt wird, er sei der künftige Nachfolger seines Vaters als Präsident des Landes. Eine These, die im Ausland Ursache der Verdächtigung ist, Kim Il Sung wolle eine Art Erbdynastie begründen, eine »Familien-Diktatur«. Ich könnte verstehen, wenn Kim Il Sung seinen Ältesten zum Nachfolger haben möchte: der kennt das Land, die Leute, die Ideologie, der weiß, wie man das so mühsam aufgebaute Land weiterentwickeln muß, dem kann er voll vertrauen, der würde dafür sorgen, daß nicht nach dem Tod des Präsidenten ein Bruch entstünde, eine Spaltung zum Unheil für das Volk. Noch ist Kim Il Sung nicht einmal siebzig, er ist 1912 geboren und kerngesund.

Daß Kim Il Sungs Frau so früh sterben mußte, hat ihn bewogen, gerade der Gesundheitsfürsorge der Frauen viel Aufmerksamkeit zuzuwenden. Der Bau der großen Frauenklinik in Pyeongyang geht auf seine Initiative zurück. Ich habe sie gesehen.

Sie ist eben fertiggeworden und noch nicht in Betrieb. Gruppen ausländischer Mediziner besichtigen sie. Das Haus ist sehr groß und äußerst funktionell gebaut. Es gibt die modernsten Apparate. Es gibt Einzelzimmer und zwei- und dreibettige, aber keine Säle für viele. Jede Frau kann wählen, ob sie allein sein will oder nicht. Das ist nicht eine Frage des Geldes und also nicht eine Frage der Gesellschaftsklasse, sondern ganz einfach das Angebot der besonderen Wunsch-Erfüllung.

Aufenthalt, Behandlung, Operation, alles ist völlig unentgelt-
lich.

In der Halle ein Raum für Besucher, die von dort aus durch
Fernsehgerät und Telefon sich mit den Patientinnen unterhalten können. Meine Frage: Dürfen hier die Männer bei der
Geburt anwesend sein? Sie dürfen nicht. Sie möchten auch
nicht. Aber man beläßt das Neugeborene bei der Mutter von
Anfang an. Es kommt nicht in eine Säuglingsstation und muß
nicht den Schock der Entfernung von der Mutter erleiden. Hier
trifft sich die Tradition schön mit der westlichen neuen Psycho-
logie, die das Verbleiben des Kindes in der Nestwärme der
Mutter fordert.

Man sagt, die Klinik hier sei eine der modernsten der Welt.
Sicher ist, daß sie schön ist, daß genügend Personal zuhanden ist
und daß es genügend Betten gibt und keine Wartezeiten. Daß
die koreanischen Krankenschwestern die besten sind, weiß man
auch bei uns. Freundlichkeit und Behutsamkeit sind der koreanischen Frau ohnehin angeboren. Die gründliche Ausbildung
garantiert ihr Fachwissen und ihr praktisches Können.

Zu meinem Programm gehört die Besichtigung des Elternhauses
Kim Il Sungs. Es ist wie neu. Es ist restauriert. Eins der üblichen
koreanischen, hübschen, kleinen Bauernhäuser mit drei Räu-
men, einem Stall und einem Schuppen daneben. Strohgedeckt.
Schön ist das Dach. Schade, daß man nirgendwo mehr mit Stroh
deckt, es ist ein warmes, lebendiges Material. Freilich nicht
dauerhaft. Plastik dauert ewig in all seiner toten Häßlichkeit.
Alle Geräte von damals, als Kim Il Sung hier lebte, scheinen
erhalten. Ein eifriges Mädchen in Tracht erklärt feierlich:
»Dies ist die Mistgabel, mit der der Vater des großen Präsidenten... Dies ist der Herd, auf dem die Mutter des großen
Präsidenten...« Warum zum Teufel kann man hier nicht
einfach sagen: des Präsidenten? Warum, wozu diese Byzantinismen? In der englischsprachigen Zeitung las ich heute
morgen: »Der große Präsident Kamerad Kim Il Sung...« Ich
las auch: »Der väterliche Führer...«

Muß das sein? Wer will das so? Ich kann mir nicht denken, daß
Kim Il Sung selbst das wünscht. Es widerspricht seiner Art, wie
man sie mir im Westen von sachlichen Beobachtern geschildert
hat. (Ich bin sehr gespannt, wie ich ihn sehen werde, wenn mein
Besuch bei ihm zustande kommt. Er ist mir versprochen.)
Neben mir die Schulkinder. Wie sauber und artig sie sind, wie
wohlgenährt und still. Sie langweilen sich wie alle Schulkinder

aller Länder bei solchen Lehrausflügen, aber sie schwätzen nicht, sie sind beängstigend diszipliniert. Niemand braucht sie zu ermahnen. Sie sind auch nicht zappelig nervös wie unsere Kinder im Westen. Es sind eben kleine Asiaten. Aber ich lasse mich nicht täuschen, ich weiß, daß hinter diesen glatten, ruhigen Gesichtern leidenschaftliche Seelen wohnen. Man ist nie sicher bei Koreanern, daß nicht plötzlich in unerwarteter Eruption Flammen ausbrechen. Koreanische Revolutionäre im Norden wie im Süden entwickeln todverachtende Kraft. Ich will jetzt nicht daran denken, was einige hundert Kilometer südlich, jenseits des 38. Breitengrads, in Südkorea geschieht dieser Tage. Ich sah noch im Westen im Fernsehen die Panzer nordamerikanischer Herkunft, welche die Studenten in der Hafenstadt Busan und in Gwangju überrollten, die sich ihnen im Kampf um eine freie Demokratie entgegenwarfen. Die jungen Koreaner sind wie biegsame metallene Klingen: sie schnellen plötzlich hoch und treffen. Sie sind bewundernswert, aber auch ein wenig erschreckend.

Am Nachmittag fahren wir noch zum Heldenfriedhof in Pyeongyang. Er liegt an einem Hügel: eine Ansammlung von Stein-Stelen mit Köpfen. Alle aus einer Art grellweißem Gips. Man sagt mir, sie seien alle portrait-ähnlich. Der Präsident, der diese Partisanen alle gekannt hat, habe korrigiert, wenn ein Gesicht nicht ganz so ausfiel, wie er es in Erinnerung hatte. »Und er hat ein unerhörtes Gedächtnis«, sagen mir meine Begleiter. Übrigens sind viele Frauen, junge Mädchen zumeist, unter den Helden. Partisaninnen. Ich fühle tiefen Respekt, obgleich ich denke: im Westen schreibe ich gegen den Eintritt der Frauen in die Bundeswehr...

Aber ich darf die Situation nicht vergleichen und nicht vermischen. Herr Kim sagt: Sie haben gekämpft, damit es nie mehr nötig sein wird, einen Krieg hier zu führen.

Jener Krieg WAR nötig: fünfunddreißig Jahre schlimmer japanischer Kolonialherrschaft machten den Befreiungskampf unumgänglich.

Herr Kim, der Historiker, sagt: Wir müssen über jene Zeit eingehend sprechen, man kann unser Land und unsern Präsidenten nicht verstehen, wenn man unsre Vergangenheit nicht kennt.

Ich kenne sie, aber ich werde sie mir von diesem Nordkoreaner erzählen lassen. Man muß die Geschichte Koreas von zwei Seiten her anschauen.

Ich habe vergessen zu notieren, daß wir gestern auch noch die Metro besichtigten. Ich war etwas ungnädig darüber, als man mir sagte, das gehöre eben »dazu«. Als ob ich nicht die Metro von Rom und Paris und London und New York und Moskau kannte. Was ist schon eine Metro. Aber die Metro von Pyeong-yang ist schon etwas, das man mit Interesse anschauen kann: sie hat nicht ihresgleichen. Sie verläuft sehr tief und kann, wie es die von Moskau 1944 konnte, im Kriegsfall als sicherer Luft-schutzbunker dienen. Jetzt, im Frieden, sehen die Bahnhöfe aus wie Theater-Foyers: mit Glaslüstern an der Decke, mit mosaik-bedeckten Wänden in hellen ungebrochenen Farben, wie man sie hier jetzt liebt: rosa, zitronengelb, smaragdgrün, himmel-blau. Die Mosaiken stellen die Hauptstadt mit ihrer Umgebung dar, naturgetreu, wie sie sich in den vier Jahreszeiten zeigt. Ein fröhliches Lehrbuch der Botanik, der Agrar-Produkte, der Pflanz- und Erntezeiten. Angesichts dieses simplen Naturalis-mus und der süßen Farben denkt man mit Trauer an die raffinierten Grau- und Brauntöne auf den hochstilisierten koreanischen Bildern aus der vorrevolutionären, der bösen feudalen Epoche.

Wie alle Staatsgäste muß auch ich ein paar Stationen mit der Metro fahren, und ein eifriges Mädchen erklärt mir allerlei, was mir eilig übersetzt wird und was ich sofort vergesse. An den Stationen sind Scheinwerfer und Photographen bereit, mich zu photographieren und zu filmen. Das gehört zum Besucher-Programm. Ich fühle mich unbehaglich. Man erwartet schwei-gend von mir ohne Unterlaß Lob und Bewunderung. Ich bin damit überfordert. Plötzlich aber sehe ich die Szene mit ande-ren Augen, mit denen der Nordkoreaner, mit politischen Augen: da, wo heute diese Metro fährt, da wo heute die Stadt Pyeongyang steht, da war vor gar nicht langer Zeit, vor drei Jahrzehnten nämlich, NICHTS. Da hatte der Zweite Weltkrieg abgeräumt und nichts übriggelassen als verbrannte Erde und Tote. Ganz Nordkorea war eine Wüste. Da wuchs nichts mehr auf den Äckern, da arbeitete keine Fabrik mehr, da kamen keine US-Dollars als Aufbaudarlehen, und auch keine Rubel. Was macht man mit einem so ganz und gar zerstörten, armen Land? Wer hat den Mut, hier einen Staat aufzubauen? Was macht man mit einem Volk von siebzehn Millionen, das nach fünfunddreißig Jahren japanischer Kolonialherrschaft kein na-tionales Selbstbewußtsein mehr hat? Was macht da ein junger Mann, der Partisanen-General war und kein gelernter Staatsmann? Was tat Kim Il Sung? Er begann den Wiederaufbau. Seine Guerillakrieger, seine Soldaten, haben Korea von den Japanern befreit, unter seiner Führung. Die Soldaten, das ganze Volk geht für den Befreier durchs Feuer. Er kann dem Volk jede Anstrengung zumuten. Wenn also heute hier die Metro fährt, wenn heute hier die schöne Stadt Pyeongyang steht, wenn alle Leute Brot und Arbeit und ein Dach überm Kopf haben, so ist das sehr wohl ein echter Grund zum Stolz. Jeder Nordkoreaner kann sich sagen: Das haben wir geschafft, wir allein. Ich empfinde Respekt und schäme mich meiner westlichen Überheblichkeit und meiner schweigenden Kritik an den Mosaiken und den so gar nicht funktionalen Kristall-Lüstern hier unten.

Um mich nicht zu sehr schämen zu müssen, sage ich mir trotzig: Nun, und wir Deutschen, haben wir nicht auch nach 1945 ... Aber da ist ein Unterschied: wir waren die große Investition für die USA, wir waren der unfreiwillige Partner, der dafür bezahlt wurde, daß er das Bollwerk gegen den sowjetischen Kommunismus war. Wie in Südkorea: da investierten auch die USA viel Geld (die deutsche Bundesrepublik auch), damit das Land nicht so verelende, daß es den Marxismus will, und da haben sich die USA auch ein Bollwerk geschaffen mit Raketenbasen und vielen militärischen Stützpunkten, den letzten, die ihnen verblieben im Fernen Osten und an denen sie zäh festhalten, so zäh, daß sie lieber das faschistische Folter-Regime unterstützen, als eine freie Demokratie zuzulassen, die vielleicht sozialistisch würde – der Vorwand für das Verbleiben: die nordkoreanische Gefahr, das nordkoreanische kommunistische System, das droht ...

Dies alles bedenkend, verstehe ich, daß die Nordkoreaner stolz sind auf ihren Führer und auf sich selber, und auch auf ihre Metro, ihr kollektives »Status-Symbol«.

II. Politischer Unterricht

Unter den Neuerungen, die Lykurg einführte, war die erste die
Einsetzung des Rates der Ältesten, welcher der Königsmacht
beigegeben und für die wichtigsten Entscheidungen gleichgestellt
ist. Denn der Staat, ungewiß schwankend bald zu den Königen nach
der Tyrannis hin, bald zur Menge nach der Massenherrschaft hin,
empfing in der Macht des Ältestenrates einen festen Anker, indem
die Ältesten sich zu den Königen schlugen, um der Massenherrschaft entgegenzuwirken, und wiederum, damit keine Tyrannis
entstünde, sich auf die Seite des Volkes stellten... War die Menge
versammelt, so war es keinem gestattet eine Meinung auszuspre-
chen, sondern es war dem Volk erlaubt, über die von den Ältesten
und dem Gesetzgeber eingebrachten Anträge zu entscheiden...

PLUTARCH

Herr Kim, einer meiner Begleiter, ist von Beruf Historiker, er
ist der Abteilungsleiter in der Kommission für die Wiedervereinigung Koreas. Ich soll ihm, sagt er, Fragen stellen.
Im Westen, sage ich, hält man Nordkorea für eine linke
Diktatur und Kum Il Sung für eine Art Stalin und sein Regime
für stalinistisch. Das Urteil liegt nahe, wenn man bedenkt, daß
hier alle Macht, die legislative, die exekutive und dazu die
militärische in der Hand eines einzigen Mannes ist, der vom
Marxismus herkommt.
Was denken Sie? fragt mich Herr Kim.
Nach der Lektüre mehrerer Bücher über Nordkorea halte ich
das für ein nicht unbegründetes, aber sehr undifferenziertes
Urteil, das, im Westen verbreitet, antikommunistischer Propaganda dient und vor allem in Südkorea die Angst vor einer
nordkoreanischen Invasion militärischer oder ideologischer
Art wachhalten soll. aber die Einheit von Staat und Partei ist
immer gefährlich nahe an der Diktatur und am Mißbrauch der
Macht.
Wir haben ein Parlament.
Das gibt es im faschistischen Südkorea auch, ein Scheinparla-
ment in einer Diktatur. Das Vorhandensein eines Parlaments,
einer Volksvertretung, beweist nichts. Es kommt darauf an,
wieviel Mitsprache- und Entscheidungsrecht die Volksvertretung hat. Jene in Südkorea hat keine Rechte außer dem Recht,

dem Diktator zuzustimmen. Aber ehe ich hier weiterfrage, möchte ich etwas über die Struktur des Staates wissen.

Oberster Grundsatz: uns beherrscht nicht der Staatsapparat, sondern wir beherrschen ihn.

Wir? Das Volk? In welcher Form?

In Form der Volksvertretung, deren ständige Einrichtung das Zentralkomitee ist. Hier liegt die eigentliche Regierungsgewalt.

Ist das nicht Theorie? Wird in der Praxis nicht von oben her entschieden? Der Präsident ist zugleich Generalsekretär der Partei. DER Partei. Es gibt nur eine, die kommunistische.

Sagen wir: die sozialistische. Unsre Politik ist sozialistisch. Der Kommunismus ist eine große Utopie.

Wie das?

Unser Ziel ist es, daß einst alle Völker der Erde sozialistisch sind, aber jedes Land auf seine eigene Weise, und daß alle zusammen das Ideal des Kommunismus, das Zusammenleben aller Völker in Frieden und Freiheit verwirklichen.

Utopie im Sinne von Fernziel also. Zurück zur gegenwärtigen Praxis: gibt es im Parlament eine Oppositionspartei?

Das ist ein westlicher Begriff. Wir haben innerhalb der Volksvertretung Gruppen mit jeweils verschiedenen Meinungen über bestimmte Fragen. Aber es gibt keine Opposition in der Form, daß eine Partei die andre bekämpfte oder den Sozialismus ablehnte. Es gibt nur die Diskussion über Einzelfragen. Wir haben in der Volksvertretung auch Delegierte für die Minderheiten, so haben wir die Gruppe, welche die Interessen der religiösen Gemeinschaften vertritt, der Buddhisten, der Christen und der Chong-do-Religion. (Eine neuere Sekte.) Die Regierungspartei ist die Partei der Arbeiter, wobei mit Arbeitern das ganze arbeitende Volk gemeint ist, also auch die Intellektuellen. Der Präsident wünscht ausdrücklich die Mitarbeit des gesamten Volks. Das Volk spricht sich aus in seinen Vertretern. Jedes Jahr einmal wird die Volksversammlung einberufen. Das Zentralkomitee dagegen ist eine ständige Einrichtung.

Wer stellt die Mitglieder des ZK auf?

Der Präsident macht Vorschläge. Aber die Mitglieder können auch direkt vom Volk vorgeschlagen werden.

Es gibt also Wahlen. Wie weit sind sie frei?

Wir haben ein eigenes Wahlkomitee, das den Namen »Demokratische Front der Vereinigung des Vaterlands« trägt. (Das ist die Übersetzung, die der junge Dolmetscher gibt. Ich muß mich auf ihn verlassen.)

Jeweils fünfzigtausend Einwohner bilden einen Wahlkreis. Wir haben das allgemeine Wahlrecht. Das Wahlalter, passiv wie aktiv, beginnt mit dem siebzehnten Jahr. Wir haben weiterhin einen Wahlausschuß, der die vom Volk gewählten Kandidaten überprüft. In der »Demokratischen Front« sind alle politischen Parteien und Gruppen zusammengeschlossen.

Es gibt außer den kleinen Gruppen und der Regierungspartei doch auch die sogenannte demokratische Partei. Wenn sie keine Opposition ist, was ist sie dann? Wozu gibt es sie überhaupt? Ist es wie in Südkorea eine Schein-Partei?

Nein. Es ist eine Partei, die, ich sagte es schon, in Einzelfragen andrer Meinung ist.

Also eine Partei der Diskussionspartner.

So kann man sagen.

Und die Stellung Kim Il Sungs? Genau gefragt: wenn ihm ein Delegierter nicht paßt, der vom Volk gewählt wurde?

Sie stellen sich unser politisches Leben viel zu bürokratisch vor, viel zu kompliziert. Wenn dem Präsidenten etwas nicht paßt, sagt er das, und die Sache wird diskutiert. Dazu eben haben wir ja ein Parlament.

Schon, aber die letzte Entscheidung hat eben der Präsident. Das ist praktisch die Möglichkeit, die Volksmeinung und die Wahlen zu überrennen.

Theoretisch, nicht praktisch. Praktisch ist es so, daß alles diskutiert wird.

Ich sage: ich sehe eine Parallele in der katholischen Kirche: Da hat das erste und letzte Wort der Papst, der Alleinherrscher ist, Parteispitze, Regierungsspitze. Theoretisch kirchenrechtlich kann er aus heiterm Himmel ein verbindliches Dogma aufstellen. Praktisch wird er das nicht tun. Er wird sein Parlament fragen: das Bischofskollegium. Er wird nichts tun, ohne die Bischöfe (die Funktionäre) und die Fachleute (die Theologen) zu fragen. Natürlich hat er dann alleinverantwortlich zu entscheiden. Die Kirche ist undemokratisch, sie ist ein Ein-Parteien-Staat, sozusagen..

Aber, sagt Herr Kim, ganz so ist das hier nicht. Bei uns befragt der Präsident wirklich zuerst das Volk. Er geht unters Volk und erforscht dessen Willen, dessen Bedürfnisse. Aus diesen Erfahrungen heraus entstehen seine Vorschläge an die Volksversammlung. Ein Beispiel: er schlug ein elftes Pflichtschuljahr vor, weil ihm seine Reisen durchs Land gezeigt hatten, daß das Volk nicht genug gebildet ist und daß es Bildungshunger hat. Ein Volk, sagt er, kann nur dann blockfrei sozialistisch bleiben, wenn es ein hohes intellektuelles Niveau hat. Er brachte seinen Vorschlag ans ZK, dieses gab ihn weiter an die Volksversammlung, dort wurde er diskutiert. Der Präsident schlug vor, das elfte Jahr solle in einer unsrer Provinzen ausprobiert werden. Das geschah. Das Ergebnis wurde dem Präsidenten mitgeteilt. Da es positiv war und von der Volksversammlung gutgeheißen worden war, erließ der Präsident das Gesetz. Verstehen Sie: jede Maßnahme, die er trifft, ist nur der Ausdruck des Volkswillens. Er lebt mit dem Volk, nicht irgendwo daneben oder darüber. Die Verbindung zwischen Regierung, Partei, Präsident und Volksversammlung ist eng.

Aber wenn Kim Il Sung entgegen der Volksversammlung etwas will, dann gilt eben sein Wort. Niemand kann ihm widersprechen. Es gibt eben keine echte Oppositionspartei. Also ist Nordkorea eine Diktatur.

Warum hören Sie nicht genau zu? Warum beharren Sie auf Ihrem Vorurteil?

Eine Frage: es gibt doch sicher Spannungen zwischen Partei und Regierung. Es muß doch Gegensätze geben. Soviel ich weiß, war einmal, in den sechziger Jahren, der Sturz des Präsidenten ganz nahe. Worum ging es da und warum blieb er dennoch an der Regierung?

Damals entwickelten sich unter den Kommunisten zwei Gruppen, eine sowjetisch-leninistisch orientierte und eine chinesisch-maoistische. Beide wollten sich durchsetzen. Obgleich sie untereinander feindlich waren, waren sie in einem Punkt einig: sie wollten den Sozialismus in der Form, die Kim Il Sung ihm gab, verändern. Sie wollten nicht Blockfreiheit, sondern Bindung an eine der beiden Großmächte. Der erste Schritt dazu war der Sturz Kim Il Sungs. Sie benützten eine seiner Reisen in den Westen dazu, den Putsch zu machen. Aber Kim Il Sung kehrte zurück.

Und sperrte die Oppositionellen ein.

Herr Kim lächelt.

Ihre Vorstellungen!

Wie war es?

Er wandte seine bewährte Methode an: er ließ die Oppositionellen kommen und fragte sie, was ihnen denn nicht passe. Es gab Diskussionen, in deren Verlauf der Anführer der Maoisten sich entschied, nach China zu emigrieren, der Anführer der andern aber seinen Irrtum einsah. Er hat heute einen wichtigen Posten in der Parteispitze inne. Der Präsident lehnt Gewalt ab. Er will überzeugen, nicht siegen. Und Lager für Oppositionelle haben wir nicht. Bei uns gibt es keine Gefängnisse für politisch Andersdenkende, es gibt keine Folter, keine erzwungenen Geständnisse. Es gibt das Gespräch. In einer Rede vor den Justizbeamten sagte Kim Il Sung 1958: »Das Recht muß der Politik untergeordnet sein.« Dieser Satz rechtfertigt theoretisch alle Maßnahmen gegen politische Gegner. Es scheint danach doch politische Gefangene gegeben zu haben, denn am 19. Juli 1978 wurde zum 30. Nationalfeiertag eine General-Amnestie für politische Gefangene erlassen, damit, laut Nachrichtenagentur Nordkoreas, »allen eine Chance gegeben würde, sich wieder einzugliedern in die großen revolutionären Massen unter der Parteiführung«.

Über Zahl und Namen der Gefangenen und Amnestierten ist nichts zu erfahren. Ich habe Kim Il Sung nicht danach gefragt. Noch nicht. Auch amnesty international, ausdrücklich von mir befragt, weiß nichts darüber, so wie amnesty international auch nichts weiß von heute inhaftierten politischen Gefangenen. Man weiß nur von zwei alten Fällen Genaueres: 1967 wurde im Zusammenhang mit dem inneren Aufstand der Sowjetfreundlichen und der Maoisten gegen Kim Il Sung ein Schriftsteller Ali Lameda aus Venezuela verhaftet und wegen Sabotage zu 20 Jahren Zwangsarbeit verurteilt, aber 1974 entlassen. Der andere Fall steht ebenfalls in Verbindung zu jener Krisensituation 1967. Der Verhaftete war der Franzose Jacques Sedillot. Er wurde entlassen, starb dann in Nordkorea. Es ist nicht anzunehmen, daß er an den Folgen etwa der Folter starb. Amnesty international kündigte die Veröffentlichung des Berichts Lamedas für 1979 an, aber ich konnte darüber bis heute nichts erfahren.

Es ist anzunehmen, daß einzig jene schwere Krise 1967 Kim Il Sung veranlassen konnte, politische Gefangene zu machen, und daß die folgende Festigung seiner Position und seiner Ideologie (die er gegen Sowjetmarxismus und Maoismus zu verteidigen hatte) weitere politische Verhaftungen unnötig machte. Doch ist zu bedenken, daß es kein Land der Welt ohne politische Gefangene gibt. Auch die Bundesrepublik hat eine Anzahl politischer Gefangener, die unter schlechten Bedingungen le-

ben. Warum dürfte dann Nordkorea keine haben, hätte es sie
tatsächlich?*

Es scheint also zu stimmen, was amnesty international sagt: daß
es in Ihrem Land keine Massenhinrichtungen gibt, keine Schauprozesse, keine Folter, keine erzwungenen Geständnisse und
keine Straflager?

> In alledem ist keine Spur von Ungerechtigkeit zu entdecken. Man
> sagte aber, es gebe bei ihm einen Geheimdienst. So erzählte
> Thukydides in seiner Geschichte des Peloponnesischen Krieges,
> daß diejenigen der unterworfenen Ureinwohner, die besonders
> tüchtig waren im Krieg, sich als Freie bekränzen durften, wenig
> später aber verschwanden mehr als zweitausend, ohne daß jemand
> hätte sagen können, auf welche Weise sie umgekommen waren. Ich
> für meine Person traue dem Lykurg eine solche Abscheulichkeit
> wie den Geheimdienst nicht zu, wenn ich von der sonst von ihm
> bewiesenen Milde und Gerechtigkeit auf seinen Charakter
> schließe ... PLUTARCH

Es stimmt. In den Regierungsstil Kim Il Sungs paßt es nicht,
Menschen zu diskriminieren, wenn sie eine andere politische
Meinung haben. Wir haben keine politischen Gefangenen.

Ja, weil die Gegner Kim Il Sungs schon 1945 und 1950 nach
Südkorea flohen, wo sie statt der gefürchteten linken Diktatur
im Norden jene der faschistischen fanden. Ich bin überzeugt,
daß viele von ihnen heute gern wieder hierher zurückkehren
würden, statt dort in den Gefängnissen zu sitzen oder erschossen zu werden. Soviel ich weiß, ist in Südkorea trotz aller
Gegenpropaganda die Angst vor Nordkorea im Abnehmen.
Das erleichtert die Vorbereitungen zur Wiedervereinigung.
Darüber ein andermal.

Aber, Herr Kim, ich möchte doch noch etwas zur Figur des
Präsidenten sagen.

Ich weiß, Sie halten Nordkorea immer noch für eine finstere
Diktatur.

Für eine finstere sicher nicht, aber für eine weiße. Ich sehe den
Präsidenten eher als einen Patriarchen, einen Vater, der alles
sieht und alles hört und alles überwacht und allgegenwärtig ist
und den gesamten Lebensstil bestimmt.

---

* Daß man als »politische Gefangene« nicht nur offene Gegner Kim Il Sungs
betrachtet, sondern jeden, der revisionistische, reaktionäre Vorstellungen hat,
und jeden, welcher mit unsozialistischem Verhalten der Revolution praktisch
schadet, wurde mir bei der dritten Reise, 1982, klar. – L. R.

Und was ist daran schlecht? Sehen Sie sich unser Land an: es lebt in Frieden und hat ein hohes Maß an Glück.

Ja, schon. Ich bedenke das. Ich bedenke auch, daß wir in westlichen Demokratien auch nicht frei sind, es gibt dort die von den Regierungen geschaffenen sogenannten Sachzwänge. Ich bedenke auch, daß in den westlichen Parlamenten sehr viel Zeit, Kraft und Volksvermögen vergeudet wird in Parteikämpfen, bei denen sich die Gegner wüst beschimpfen und verleumden und bei denen nichts herauskommt, was dem Volk wirklich zum Glück verhilft. Aber Sie müssen verstehen, Herr Kim: ich habe unter einer Diktatur gelebt und bin höchst empfindlich für offene oder schleichende Einschränkungen der individuellen Freiheit.

Ich habe, sagt Herr Kim, Jahrzehnte unter der japanischen Kolonialherrschaft gelebt, also in der echten Sklaverei, auch ich bin höchst empfindlich für Tyrannei. Aber ich lebe gerne hier, weil ich mich so frei fühle wie nur möglich, und weil die Einschränkungen meiner persönlichen Wünsche mit meinem freien Willen übereinstimmen.

Noch eine Frage: Finden Sie den Kult, den man um die Person Kim Il Sungs treibt, nicht übertrieben und überholt?

Darüber ein andermal.

III. Überraschungen

Was für ein freundliches und kultiviertes Volk! Woher wußte man meinen Geburtstag? Aus dem Paß natürlich. Wer macht sich da die Mühe, ein Datum aus einem Reisepaß zu notieren und zum Anlaß eines kleinen Festes zu machen? Nirgendwo habe ich derlei erlebt. Ich komme ahnungslos zum Mittagessen: da ist eine schön gedeckte Tafel, in der Mitte ein riesiger dreistöckiger Geburtstagskuchen, auf dem mit rosa und grünem Zuckerguß mein Name steht, beinahe richtig sogar, dieser Name, der so unselig schwierig ist für Koreaner, die für R und L nur einen einzigen Buchstaben haben und darum nie wissen, heiße ich Ruise Linsel oder Luise Rinsel... Es sind Gäste gekommen: der älteste Schriftsteller Nordkoreas, der wie ein chinesischer Buddha aussieht und eine chinesisch feierliche Rede hält, und ein andrer Herr, ein höherer Funktionär, der wie ein Aristokrat aussieht und sich so bewegt, und dazu meine Begleiter. Ein Festmahl: ein paar Dutzend kleiner erlesener Speisen, und Ginsengschnaps, der wie gesüßter Rettichsaft schmeckt und sehr rasch betrunken macht, und ein guter Rotwein aus dem Land, und Obst natürlich, einheimisches, ungespritztes, von nie chemisch gedüngten Bäumen, mir ist, als erführe ich hier zum erstenmal, wie ein Apfel eigentlich schmeckt: wie in meiner Kindheit, und jedes Salatblatt und jeder Streifen gelber Rüben wird zum Leckerbissen, weil man ihm seinen reinen Eigengeschmack läßt, den Geschmack der gesunden, unvergifteten Erde Nordkoreas.

Das Fest ging weiter; am Nachmittag fuhren wir zu einer Mittelschule, da sangen und tanzten und musizierten die Kinder eigens für mich. Sehr anmutig sind diese Kinder, sogar die Buben sind gelöst und graziös. Nur: man hätte das Klavier weglassen sollen. Es war verstimmt. Aber das war nicht einmal so arg störend, denn in dieser Verstimmtheit verlor es ein wenig seinen westlichen, wohltemperierten Klangcharakter, und seine Töne wurden unbestimmt, wie es sich für ostasiatische Musik gehört. Aber nicht genug unbestimmt: es ist und bleibt ein typisch westliches Instrument und paßt nicht hierher, und auch das Mode gewordene Akkordeon, die Matrosen-Ziehharmonika, paßt nicht hierher, aber, sagt man, Kim Il Sung liebe es, und also wird es gebraucht. Bitte, sage ich in wortlosem Gespräch mit dem fernen Kim Il Sung, bitte, Herr Präsident, lassen Sie nicht auf Schleichwegen das in Ihr Land eindringen, was Sie sonst so bewußt ablehnen: das Westliche, das »Amerikanische«! Bleiben Sie in Ihrer schönen Tradition!

Nach der Vorführung stürmen die Kinder auf mich los, jedes will mich berühren, umarmen, ansprechen, ich kenne das von Südkorea her. Hier wie dort haben die Kinder keine Spur von Berührungsscheu. Sie explodieren vor Vitalität und Zärtlichkeit, nicht nur die Kleinen, auch die Größeren. Nur die Erwachsenen sind reserviert und halten Distanz. Das gehört sich so. Aber vielleicht wären sie gern wie die Kinder.

Die Koreaner sind schwer zu verstehen, wenn man sie analysieren will. Sie entziehen sich dem gedanklichen Zugriff, sie lassen sich nicht fangen wie Bachforellen, sie sind Tiefseefische. Aber wenn man sich ihnen einfach überläßt in aller Herzlichkeit, sind sie lieb und warm und ganz ohne Falsch und Arg.

Der Abend brachte eine neue Überraschung: wir waren im Zirkus. Es war eine Mischung aus bewundernswerter Akrobatik und Tanz und Reiterkunststücken und Clownerien, und das Ganze hatte eine zusammenhängende Handlung wie ein Musical, sagte man mir, ich verstand nicht recht, worum es ging, aber das machte nichts. Was mir Eindruck machte, war: daß die politischen Sketches lustig sind, nicht böse, und daß die Clownerien nie gewalttätig und hinterhältig sind, obgleich sie, wie man mir flüsternd erklärt, den südkoreanischen Geheimdienst aufs Korn nehmen und die südkoreanischen Zollbeamten. Wie könnte man auch Böses sagen über die südkoreanischen Brüder, da man nichts sehnlicher wünscht als die Wiedervereinigung mit ihnen. Wie dürfte man den Süden erschrecken, verhöhnen, erbittern!?

Ich bin mir klar darüber, daß ich heute die Butterseite Nordkoreas sah. Ich frage mich, ob der Tag ebenso verlaufen wäre, wenn ich ihn in Südkorea verbracht hätte. Auch dort hat man mir Festessen gegeben, im Penclub, in Universitätskreisen, in Privathäusern, aber nirgendwo war die Stimmung heiter, überall war die Angst vor dem KCIA gegenwärtig, überall war feindseliges Mißtrauen untereinander fühlbar. Daß es hier anders war, das ist eine wichtige Information für mich.

Sehr wichtig war auch die Beobachtung auf der Heimfahrt längs des Flusses: in den Flußauen, in der halben Dunkelheit, ging ruhig und ganz allein eine junge Frau mit einer Tasche am Arm. Weit und breit kein Mensch, keine Polizei, kein Haus. Die Frau fühlte sich sicher. Hier gibt es keine Überfälle und keine Vergewaltigungen, sagt Herr Chang, der fünfzehn Jahre in der DDR gelebt hat; hier gibt es überhaupt keine Gewalttaten, sagt er.

Stehen so hohe Gefängnisstrafen darauf, daß niemand wagt, gegen ein Gesetz zu verstoßen?

Aber nein, sagt Herr Chang, wir haben keine solchen Gefängnisse, wie Sie sie im Westen haben, was denken Sie!

Herr Chang, sage ich, das kann ich nicht glauben.

Er lacht. Sie werden das schon noch glauben lernen in den nächsten Wochen. Wir erziehen uns selbst, auch ohne Strafen.

Ich schweige höflich skeptisch.

Sie Westlerin, sagt Herr Chang freundlich, und läßt das Gespräch für diesmal fallen.

Erster Mai. Ich erwarte gewaltige Aufmärsche und laute Reden, das ganze übliche Imponiergehabe von Staaten, die, ob rechts oder links regiert, den Tag der Arbeit zum Anlaß für ihre politische Propaganda nehmen.

Gehen wir nicht auf den Platz der Revolution?

Was wollen Sie dort sehen, fragt Herr Chang.

Nun, das Volk, die Arbeiter, den Präsidenten!

Der Präsident ist nicht in der Stadt, der ist irgendwo auf dem Land bei den Bauern, er berät sich mit ihnen.

Worüber?

Über landwirtschaftliche Fragen natürlich.

Und er hält heute keine Rede?

Nein. Wozu Reden? Er hat schon viele Reden gehalten. Er handelt. Er ist ein Praktiker. Er versteht sogar wirklich etwas von Landwirtschaft. Wir fahren heute zum Kirschblütenfest, das ist unsre Erste-Mai-Feier.

Ein Frühlingstag, wie er schöner gar nicht sein könnte. Wir fahren den Fluß entlang und den Hügel hinauf, er ist überflutet vom Blütenweiß. Kirschblüte auf ihrem Höhepunkt. Unter den Bäumen die Menschen: die Männer in ihren schwarzblauen Festanzügen europäischen Zuschnitts, die Frauen aber in ihrer Tracht, die weiten Röcke aus schimmernder Kunstseide, sehr farbig, und die Alten in Silbergrau. Tausende wandern hügelauf und hügelab und lagern sich unter den Bäumen. Kein Verbot, den Rasen zu betreten. Alles gehört allen. Alle schonen alles. Was für eine flutende Bewegung. Ich kann nichts dafür, daß mir der Osterspaziergang aus dem »Faust« einfällt. Es ist nicht der Goethesche Main, der »in Breit und Länge so manchen lustigen Nachen bewegt«, es ist der Taedong, und die Spaziergänger sind keine biederen Frankfurter Bürger, sondern Nordkoreaner, die eine große Revolution siegreich durchgeführt haben. Aber auch hier »darf man Mensch sein«.

Wir müssen aber programmgemäß ein weiteres Stück flußaufwärts fahren, denn dort begibt sich das eigentliche Fest mit Volkstänzen und Wettspielen, das muß man sehen, sagt Herr Chang. Man mußte nicht: es war langweilig und die Sonne brannte herunter und es gab viele Ausländer, meist Russen, die Sowjetbotschaft ist gewaltig besetzt, und die Russen fühlen sich recht zu Hause hier. Herr Chang sagt: Sie sind für uns das, was für euch die Amis waren nach dem Krieg.

Wirklich: sie benehmen sich sehr zu Unrecht als Sieger und Herren, sie sind inmitten der leisen und feingliedrigen Koreaner recht grobschlächtig und laut, sie haben etwas Ungehobeltes, Pubertäres.

Warum sollen wir sie lieben? sagt Herr Chang auf meine Bemerkung hin, man liebe die Russen hier wohl nicht.

Aber Ihr seid doch Brüder im Herrn Marx, sage ich, seid Ihr nicht alle Kommunisten?

Nein, sagt Herr Chang mit einiger Schärfe.

Aber Ihr kommt beide aus dem Marxismus-Leninismus!

Wir aber glauben an Marx nicht wie an Gott, sagt Herr Chang, der, wie ich weiß, einmal getauft wurde und bisweilen Wörter aus der Sprache seiner Kindheit benützt. »Glauben Sie denn an Gott?« frage ich ihn.

Ich? An Gott? Hören Sie: Gott hat uns nicht von den Japanern befreit und er hat uns kein Brot gegeben, das tat unser Präsident! Vergessen Sie das nie! Wir glauben an unsern Präsidenten. Das genügt.

Das Wort hat mich getroffen. Es gibt darauf nichts zu erwidern. Mir schmeckt der Satz bitter.

Nach einiger Zeit des Dasitzens in der Sonnenhitze wage ich einen höflichen Protest: mir gefällt es hier nicht, es gibt mir keine Informationen. Ich sage das Herrn Chang. Er schüttelt den Kopf über mich: Müssen Sie denn immer an Arbeit denken?

Ich muß. Ich habe nur drei Wochen Zeit, um das Land

kennenzulernen. Herr Chang sieht das ein. Ohne den Präsidenten zu fragen (wie ich scherzend sage, aber so ganz unernst ist das doch nicht), holt er die übrigen Begleiter zusammen (unter ihnen auch unsre Bedienerinnen aus dem Gästehaus) und wir wechseln den Ort. Wir fahren zum Vergnügungspark und finden dort auf einem Hügel einen zauberhaften Platz unter blühenden Bäumen. Unsre Mädchen decken einen der Steintische mit Mitgebrachtem: mit dem süßen Honig-Erdnuß-Konfekt, mit trockenen Reiskuchen und Limonade und Zigaretten, man raucht hier viel, zu viel, meine ich, man raucht die einheimischen Zigaretten, die rein und gut sind, aber stark.

Während ich so dasitze, gleite ich aus der vorhandenen Wirklichkeit sanft in ein altkoreanisches Bild und werde darin eine Figur wie alle andern: da sind die Mädchen auf den hohen Schaukeln, ihre schwarzen Zöpfe und ihre weiten bunten Röcke wehen im Wind, da sitzen in Grüppchen Familien, Großmutter, Großvater, Eltern und Kleinkinder, alle in einheimischer Tracht, da kommen fünf alte Frauen den Hügel herauf, weißhaarig und in Silbergrau, Hand in Hand wie Kinder, lachend und glücklich, da sitzen junge Leute vor Staffeleien und malen brav und säuberlich die Natur ab, und alles ist so bunt und so friedlich, als sei es nie anders gewesen, und als hätten die Alten nicht im Partisanenkampf gestanden, und als sei hier auf diesem Hügel nie ein blutiger Kampf gewesen. Friede, heitere Zufriedenheit. Ist das Bild echt? Ist hier die Wirklichkeit so?

Mir fällt auf, daß bei den Familien nur die kleinen Kinder sind. Die größeren sind in ihren eigenen Gruppen, sie müssen sich nicht bei den Alten langweilen, sie streunen auch nicht herum, sie sind wohlgeborgen, Jugend bei Jugend, geführt von ein wenig Älteren. Alle, Kinder und junge Leute, sind organisiert. Gibt es da kein Ausbrechen ins Individuelle? Geht da keiner auf eigene Faust spazieren oder bleibt zu Hause?

Das gibt es hier nicht. Alle tun alles gemeinsam.

Der Anblick der fünf lustigen Alten bringt mich zu der Frage, ob es hier Altersheime gebe. Es gibt einige, für solche, die keine Familie mehr haben oder lieber ohne ihre Familie leben. Der normale Zustand ist das aber nicht. Fast immer leben die Alten in Selbstverständlichkeit in der Großfamilie. Die Alten sind nicht lästig, sie sind geehrt. Gute alte konfuzianische Tradition, sage ich. Herr Kim mag das Wort nicht, er sagt, der Konfuzianismus sei überholt, er gehöre der vorrevolutionären Zeit an, er sei vom Prinzip her anti-revolutionär, er sei feudalistisch, undemokratisch, unsozialistisch, kurzum unbrauchbare Vergangenheit. Ja, schon, denke ich, aber ist die Verehrung der Vaterfigur Kim Il Sung denkbar ohne die uralte Neigung zur Verehrung eines Vater-Führers? Ist die Disziplin in diesem Land nicht die Frucht des verpönten Konfuzianismus mit seiner Vernünftigkeit und seiner Ehrfurcht vor dem Älteren?

Am Abend gehen Herr Chang und ich auf den Platz der Revolution. Kein Aufmarsch, keine Militärmarschmusik, keine Propagandareden, kein zündender Aufruf des Staatspräsidenten, nur ein Volksfest, ein ziemlich stilles, obgleich Tausende hier sich versammeln, um zu tanzen, einfach beisammen zu sein, sich gemeinsam zu freuen. Früher war das anders, da kam der Präsident und redete auf der Tribüne, und das Volk weinte vor Begeisterung, wie mir europäische Freunde berichteten, die das miterlebt hatten. Ein Stilwandel?
Der Präsident ist bei den Bauern irgendwo im Land, aber nicht um politische Reden zu halten, sondern um über das Reispflanzen zu reden. Das ist im Augenblick wichtiger als politische Festreden zu halten. Davon, ob der Reis rechtzeitig und richtig gepflanzt wird, hängt die Ernte ab, und von der Ernte hängt die Wohlfahrt des Volkes ab, und von der Wohlfahrt des Volkes hängt seine Lebensfreude und Arbeitswilligkeit und Gefolgschaftstreue ab.
»Reis, das ist Sozialismus«, hat Kim Il Sung einmal gesagt. Lenin hat das so gesagt: »Sozialismus, das ist Sowjetmacht plus Elektrifizierung des ganzen Landes.«
Beobachtung beim Maitanz: alte Volkstänze, Reigentänze, kein Paartanz. Alle tanzen mit allen, kein Paar bleibt für sich, es wird getrennt, mit andern vermischt und kehrt doch wieder zur Ausgangssituation zurück. Unaufhörliche Bewegung in langsamem Rhythmus. Keine aufpeitschende, sondern sanfte heitere Musik, keine Enthemmung, sondern Formung nach alten Mustern. Tradition, die Symbolwert hat. Auch die Revolution steht in der Tradition. Ich denke an westliche Diskotheken: da tanzt einer für sich allein, da sucht er sich auszuleben, weil er es sonst nirgends darf, da sucht er aber auch verzweifelt die hinreißende, Ich-auflösende allgemeine Bewegung aller, und findet doch nur eine zufällige Summierung einzelner gleich ihm, aber keine Gemeinschaft. Die Summe zerfällt am Ende der Tanznacht. Hier aber ist kein einzelner, hier ist gewachsene

Gemeinschaft, die nach dem Tanz weiterdauert und keinen in die Vereinzelung zurückstößt.

Frage: Suchen die Nordkoreaner keine individuelle Identität? Sind sie vollkommen zufrieden mit ihrer gesellschaftlich-nationalen Identität? Gibt es keine Selbstentfremdung mit dem Ziel der Selbstfindung? Die Menschen hier haben etwas so Kindliches, Unerwecktes, blind Vertrauensvolles, sind so bereit, dem Vater zu gehorchen und sich in die große Volksfamilie einzufügen. Auch das wird sich ändern. Die Wiedervereinigung wird auch dieses Problem aufwerfen. Identitätskrisen bleiben keinem Menschen und keinem Volk erspart.

IV. Geschichtsunterricht

Thema: der Koreakrieg. Herr Kim brennt darauf, mit mir darüber zu sprechen. Natürlich weiß er, daß ich einseitig informiert bin und wie alle Leute aus westlichen Ländern annehme, daß es Nordkorea war, das 1950 den Krieg begann. Er weiß nicht, daß ich mich seit Jahren frage, ob sich denn Nordkorea damals einen Krieg leisten konnte und wollte: es war im Zweiten Weltkrieg, den es bestimmt nicht wollte, zerstört und ausgeplündert worden durch Japan und die USA, für die es Kampfplatz war. Die Siegermächte USA und die Sowjetunion hatten 1945 Korea geteilt, so wie sie zu gleicher Zeit und in gleicher Absicht das besiegte Deutschland teilten. Die koreanische Teilungslinie verläuft von Ost nach West am 38. Breitengrad. Die Teilung ist so unselig wie die Teilung Deutschlands. Hier wie dort wurde ein Volk getrennt und zur Feindschaft gezwungen. Zwei Ideologien bemächtigten sich je eines Volks. Eine Wiedervereinigung lag und liegt nicht im Sinne der Großmächte.

Es ist denkbar, daß es einem der getrennten Teile einfallen könnte, von sich aus den andern Teil wiederzugewinnen durch einen Krieg, einen Blitzüberfall, wie man ihn Nordkorea zuschreibt. Jedoch: Für Nordkorea, das eben den mühsamen Aufbau begonnen hatte, mußte ein Krieg das Risiko des Selbstmords bedeuten. Südkorea war von den USA besetzt, das war ein übermächtiger Gegner. Nordkorea hatte allerdings auch Helfer im Notfall: noch war es mit der Sowjetunion alliiert und bekam von dort Waffen, und China stellte Freiwilligen-Truppen. Das zeigte sich bei Kriegsbeginn. Aber sagt das etwas aus darüber, ob es diesen Krieg wollen konnte? Man muß hören, wie denn dieser Krieg begann, und der Beginn eines Krieges liegt weiter zurück als die Kriegserklärung und der erste konkrete Kampf.

Die Kriegsursache, das ist klar, war die unselige Teilung Koreas. Aber der Anlaß, der Funke, der ins Pulverfaß fiel, was war das denn?

Alle Welt glaubt, daß Kim Il Sung eines Tages oder Nachts in Südkorea einfiel, in einem Blitzkrieg die Hauptstadt Seoul einnahm und bis zur südlichsten Hafenstadt Busan vordrang.

Die Frage ist, ob diesem Einfall nicht etwas vorausging, was ihn provozierte.

Ich gebe hier die nordkoreanische Version wieder, dabei bedenkend, daß es keine objektive Geschichtsschreibung gibt.

Nach der Teilung Koreas hat Kim Il Sung immer wieder versucht, mit Südkorea friedlich über eine Wiedervereinigung zu verhandeln. Ganz gewiß wünschte auch Südkorea die Aufhebung des unseligen Zustands, aber Südkorea stand unter amerikanischem Einfluß: es war antikommunistisch indoktriniert. Es betrachtete Nordkorea als ideologischen und politischen Feind. Die amerikanische Propaganda arbeitete erfolgreich: Südkorea fürchtete den Überfall durch Nordkorea, und es fürchtete den Kommunismus, den Nordkorea ins Land brächte. Die USA hatten das größte Interesse daran, Südkorea in der Angst vor Nordkorea und dem Kommunismus zu halten, denn eine Wiedervereinigung Koreas bedeutete für die USA den sicheren Verlust des letzten militärischen Stützpunkts im Fernen Osten. Den Stützpunkt konnten sie nicht aufgeben. Den konnten sie nur behalten, wenn Südkorea ganz in den Händen der USA blieb, und es blieb, wenn es die USA als die Beschützer vor dem Kommunismus Nordkoreas betrachtete und mit ihnen kollaborierte. Dazu gehörte die Mitarbeit des südkoreanischen Militärs: es mußte bereit sein, einen Überfall Nordkoreas abzuwehren. So sagt man. Tatsächlich aber wollten die USA einen Krieg mit Nordkorea, um es besetzen zu können bis zur sowjetischen und zur chinesischen Grenze im Norden. Aber die USA konnten den Krieg nicht beginnen, wenn es keinen Anlaß dazu gab. Nordkorea war friedlich, es baute auf. Wie konnte man Nordkorea dazu zwingen, einen Krieg anzufangen, der dann den USA den in aller Welt als berechtigt erscheinenden Anlaß zur kriegerischen Reaktion gäbe?

Indem man es provozierte. Das tat man. Etwa ein Jahr lang gab es jene kleinen »Zwischenfälle« an der Demarkationslinie, am 38. Breitengrad, von denen die Weltpresse schrieb, sie seien von den Nordkoreanern gemacht. Nordkoreanische Soldaten hätten südkoreanische oder vielmehr USA-Soldaten angepöbelt, bedroht, erschossen. Die Welt wurde langsam infiltriert von dieser Propaganda, und die allgemeine Stimmung war gegen Nordkorea. Tatsächlich waren es südkoreanische beziehungsweise UNO-Soldaten, die im Auftrag der USA provozierten. Kim Il Sung verbot seinen Soldaten streng, auf diese Provokationen zu reagieren. Er wollte keinen Krieg, er wollte aufbauen, nicht zerstören.

Schließlich, im Juni 1950, überschritten UNO- oder USA-Truppenteile den 38. Breitengrad und drangen einige Kilometer weit in nordkoreanisches Territorium ein. Das hatte nun den von den USA gewünschten Erfolg: Kim Il Sung reagierte endlich. Er schlug los, und tat das so vehement, daß die feindlichen Truppen durch ganz Südkorea gejagt wurden. Man hatte im Süden mit einem Gegenangriff gerechnet, man hatte ihn ja gewollt, aber man hatte nicht gedacht, daß der Norden derart stark sei. Schon war Südkorea fast ganz in Händen Kim Il Sungs, da holten die USA neue Unterstützung und schlugen die Nordkoreaner bis zur Demarkationsgrenze zurück. Warum gingen sie nicht weiter? Warum entschloß sich der verantwortliche General der USA, McArthur, zu Friedensverhandlungen? Fürchtete er, ein weiterer Vormarsch in den Norden provoziere die Sowjetunion oder China oder beide Weltmächte, und es käme zu einer Eskalation des Krieges? Vermutlich war es diese Sorge, die ihn den Friedensschluß mit Nordkorea vorziehen ließ.

Meine Frage an Herrn Kim: Gab es für die USA einen unmittelbaren Anlaß, den Einfall in Nordkorea zu machen?

Es gab ihn. Zwei Anlässe gab es. Der eine: in Südkorea waren Studenten-Unruhen, das Volk war unzufrieden mit seiner Regierung, mit dem faschistisch sich gebärdenden Präsidenten Park Chang Hee, der in Wirklichkeit nichts war als eine Marionette in der Hand der USA. Man mußte fürchten, die Studenten sympathisierten mit dem Kommunismus Nordkoreas, zumal es den Arbeitern Südkoreas miserabel ging. Der zweite Anlaß, ganz konkret: Kim Il Sung hatte schon mehrmals Südkorea Vorschläge unterbreitet, wie man zu einer friedlichen Wiedervereinigung käme. Die Verhandlungsangebote waren bis dahin an die Regierung gegangen, also von der USA-Besatzung kontrolliert. Nun aber wollte Kim Il Sung eine direkte Verbindung zu verhandlungsbereiten einzelnen Politikern und Persönlichkeiten des öffentlichen Lebens. Er schickte ein Schreiben an sie durch Geheimboten. Sie wurden an der Grenze abgefangen und eingesperrt. Die USA und die Regierung Park Chang Hee sahen in diesem Schreiben den strikten

Beweis nordkoreanischer Revolutionspläne und Vorbereitungen.

Meine weitere Frage: Wie war es möglich, daß Kim Il Sung mit seinen Truppen einen solchen Blitzkrieg machen und beinahe gewinnen konnte, wenn Südkorea–USA diesen Krieg provozierten und erwarteten? Waren sie nicht gerüstet dafür? Wenn nicht, wie konnten sie den Krieg dann provozieren? Hielt man Nordkorea für militärisch schwach? Vermutlich hat man Nordkorea unterschätzt. Glaubten die USA vielleicht gar nicht im Ernst an einen solchen Blitzkrieg?

Es gibt ein Dokument, das Aufschluß gibt, es stammt von einem hohen Offizier der in Südkorea stationierten USA-Truppen, ein Tagebuch mit detaillierten Plänen für einen Krieg gegen Nordkorea. Es fiel den Nordkoreanern bei der Blitz-Eroberung von Seoul in die Hand und kann eingesehen werden. Auch ich könne es sehen, wenn ich mir Zeit dazu nähme. Seine Echtheit ist nie bezweifelt worden.

Warum aber ist es nie veröffentlicht worden, damit die Kriegsschuldfrage eindeutig und für immer geklärt werde?

Weil es sich um ein privates Tagebuch handelt, dessen Inhalt nicht als offizielles Dokument anerkannt wird von den USA, obgleich es Hinweise auf bereits ausgeführte Anordnungen im Hinblick auf einen Angriffskrieg enthält, so über die Evakuierung amerikanischer Familien aus dem nördlichen Teil Südkoreas, zum Beispiel.

Aber, sage ich, diese Maßnahme kann auch das Gegenteil beweisen: daß man den Angriff aus dem Norden erwartete.

Man mußte aber doch wissen, daß Nordkorea keinen Krieg wollte und wollen konnte.

Aber es war gerüstet.

Zur Verteidigung.

Die Tatsache, daß Nordkorea der Überfall gelang, kann aber als Beweis dafür gelten, daß Südkorea–USA ihrerseits keinen Krieg wollten, sonst wären sie besser gerüstet gewesen.

Sie glaubten, genug gerüstet zu sein, und im Notfall wäre Nachschub sofort zur Stelle, wie es dann auch wirklich war.

Nun: wer immer den Krieg faktisch konkret begann, beide Länder hatten ihren guten Grund, meine ich. Nordkorea wollte die Wiedervereinigung erzwingen, die USA wollten sie verhüten. Nordkorea hätte gern ein geeintes sozialistisches Korea gehabt, Südkorea fürchtete diesen Sozialismus und Kim Il

Sung und kollaborierte willentlich mit den USA. Man könnte nun sagen, es sei müßig, weiterhin die Kriegsschuldfrage zu erörtern. Aber so ist es nicht, denn die USA benützen die angebliche oder wirkliche Schuld Nordkoreas zu weiterer Kriegshetze: So wie 1950 kann Nordkorea wieder handeln, man ist nie sicher, man kann nie genug gerüstet sein, man muß weiter und weiter Propaganda machen gegen die nordkoreanischen Kommunisten, man muß weiter und weiter US-Truppen in Südkorea halten, man muß den USA gestatten, daß sie ihre Raketenbasen dort stationieren und ihre nuklear ausgerüsteten Kriegsschiffe, Südkorea muß dankbar sein für diesen Schutz und muß brav antikommunistisch sein, es darf nicht einmal eine sozialistische Demokratie wollen, weil damit der wirtschaftliche und militärische Einfluß der USA hinfällig würde, was für die USA ein enormer Schaden wäre. Also muß man weiter Kriegshetze betreiben. Man muß weiterhin behaupten, Kim Il Sung habe die ständige Absicht, in Südkorea einzufallen, und seine Vorschläge zur friedlichen Wiedervereinigung seien Irreführungen und meinten außerdem nichts anderes als die, wenn nicht sofortige, so doch schleichende Indoktrinierung Südkoreas mit dem Kommunismus. Man erzählte mir vor sechs Jahren in Südkorea bei meinem Besuch an der Nordgrenze das Märchen vom Tunnel, den die Nordkoreaner durchs Gebirge gegraben haben, um hier ihre Spione und im Kriegsfall ihre Truppen durchschleusen zu können. Ein lächerliches Märchen, das schon nicht mehr geglaubt wird. Eine sonderbare Strategie wäre das, Militär durch einen Tunnel ins andre Land zu führen, wo natürlich sofort die Feinde anträten, um einen Nordkoreaner nach dem anderen abzuschießen. Der im Partisanenkampf, in der Guerilla erfahrene Kim Il Sung würde gewiß eine solch simple Strategie nicht wählen, wenn er ernstlich an Krieg dächte. Er denkt nicht daran. Was immer einmal gewesen sein mag: JETZT will er keinen Krieg, sondern das Gegenteil: die friedliche Wiedervereinigung, und was Südkorea heute in Übereinstimmung oder auf Antrieb der USA betreibt, ist schlechthin Kriegshetze. Das weiß ich auch ohne die Belehrung durch den Historiker Kim.

V. Die kleinen Könige des Landes

Sie haben ihre königlichen Paläste. Wir haben heute den
Kinderpalast von Pyeongyang besucht. Kinderkrippe, Kinder-
hort, Kindergarten, Kindertagesstätte. Ein weitläufiger Gebäudekomplex.
Der Pionierpalast für die Größeren ist andernorts.
Wir werden im Konferenzzimmer informiert über Entstehung
und Zweck des Hauses. Diese Konferenzzimmer gleichen sich
alle aufs Haar, sie sind so wie das Konferenzzimmer im
Gästehaus. Auch das Konfekt und die Zigaretten sind gleich,
und auch die Reden: »Der große Präsident Kim Il Sung hat . . .«
Es wird mir schon lästig, dies immer wieder zu hören. Aber
stimmt es nicht? Wer anders als er hat sich so um die Kinder
gekümmert? Wer sonst hat dieses Haus und alle Kinderpaläste
im Land einrichten lassen? Wer sonst als er gibt große Summen
aus der Staatskasse für die Jugend? Wer als er . . . Man kann
tatsächlich in diesem Land nichts berichten ohne zu sagen: Das
hat der große Präsident gemacht.
Man könnte das Prädikat »groß« weglassen, aber das würde
wenig ändern. Selbst wer nur sagt »Kim Il Sung« oder »der
Präsident«, spricht das mit Respekt und Liebe aus.
Willy Brandt hat mir erzählt, daß bei einer Sitzung in Genf der
nordkoreanische Delegierte jedesmal sich leicht vom Sitz er-
hob, sooft er den Namen des Präsidenten aussprach. Konfuzianische Tradition. Warum eigentlich nicht? In einer Zeit der
rüden Respektlosigkeit von Mensch zu Mensch haben Gesten
der Höflichkeit Zeichenwert und können formend wirken.
Ostasiatische Formen des Umgangs haben nicht nur einen
ästhetischen Wert, sondern einen moralischen. Höflichkeit ist
aggressionshemmend. Man kann sich nicht in Parlamentsde-
batten unflätig beschimpfen, wie es bei uns üblich geworden ist,
wenn man sich bei der Nennung des Namens eines Gegners
vom Sitz erheben muß. Ich stelle mir vor, wie einer unserer
Parlamentarier sagt: »Sie Rentenbetrüger, Sie moralisch Un-
qualifizierter . . .« und sich dabei höflich verbeugt. Die koreanische Höflichkeit ist zwar nicht immer das, was Goethe mit
Herzenshöflichkeit bezeichnet, die der Liebe verwandt sei,

aber sie schafft immer eine Atmosphäre der Freundlichkeit, der Menschlichkeit. »Freundlichkeit« scheint mir überhaupt ein Grundzug des nordkoreanischen Lebens zu sein. Ich beobachte diese Freundlichkeit auch beim Umgang meiner Begleiter, der Funktionäre, mit den Küchenmädchen und unserm Fahrer. Der Grundsatz der Gleichheit in dieser Demokratie wird praktisch gelebt.

Ehe wir die Räume des Kinderpalastes betreten dürfen, müssen wir die Schuhe ausziehen, weiße Mäntel umlegen und die Hände desinfizieren.

Die Kinder haben es hier gut. Besser könnten sie es nicht haben. Sie haben ihre Ärztinnen, ihre Untersuchungen, ihre Pflegerinnen, ihre ausgebildeten Kindergärtnerinnen. Eine Unmenge Personal. Ein beliebter Beruf. Ich sehe aber nur Frauen. Die jungen Männer scheinen nicht geneigt, Kindergärtner zu werden. Emanzipiert sind sie nicht, scheint mir.

In jedem Raum des Hauses geschieht anderes: hier lernen die Achtjährigen europäische Notenschrift und vom Blatt singen, dort improvisieren sie auf kindgemäßen Instrumenten ähnlich jenen des Orff-Schulwerks, hier ist Geographie-Unterricht, der den etwas Größeren spielerisch die Grundkenntnisse von Land und nationaler Geschichte beibringt, und in wohlgesetzter Rede das Gelernte wiederzugeben, ein kleines Mädchen spricht fließend frei wie eine Dozentin, aber mit tänzerischen Gesten über die Agrarprodukte, ein Junge doziert weiter, alle kommen dran, und alle reden sehr natürlich und mit Anmut. Jedoch: ich glaube nicht, daß sie spontan reden, das alles klingt so auswendig gelernt, so eingedrillt, so im alten Lern-Schul-Stil, und ich frage mich, ob diese Kinder selbständig denken lernen oder ob man ihnen nur Kenntnisse überstülpt. Lernen sie kritisch denken? Werden sie nicht nur bei jeder Gelegenheit politisch indoktriniert von klein auf?

»Kommunismus ist Umgestaltung des Menschen«, sagt Kim Il Sung. Aber ist Umgestaltung gleich Heranbildung zur Selbständigkeit, oder gleich Programmierung zum Kollektiv-Denken? Das ist die Frage.

Im Augenblick sind diese Kinder schlechthin glücklich. Sie haben alles, was sie wünschen können: ein Hallenschwimmbad, ein Solarium, Turn- und Spielgeräte, Musikinstrumente, Malsachen, freundliche Betreuung, gutes Essen aus unvergifteter heimischer Erde. Niemand schlägt sie, niemand schreit sie an, niemand läßt sie unbeaufsichtigt auf der Straße, ihre Mütter holen sie nachmittags ab, oder, wenn sie weiter entfernt ihren Arbeitsplatz haben, übers Wochenende, die Familie ist immer zuhanden, und Kameradschaft ist überall. Welchen Preis zahlen sie für ihr Glück? Ich meine nicht, wieviel Geld sie dafür bezahlen müssen: alles ist selbstverständlich kostenlos, die ganze Erziehung von der Kinderkrippe bis zur Universitäts- oder Fachhochschulreife ist ganz und gar kostenfrei, das zahlt alles der Staat. Womit finanziert er das, da die Bürger keine Steuern zahlen? Das ist eine andre Frage. Ich meine mit Preis das Opfer des selbständigen kritischen Denkens, die allzu große und willfährige Anpassung, den allzu freundlichen Gehorsam. Gibt es hier nicht eine Art langfristiger, unauffälliger Gehirnwäsche? Aber wo gibt es die nicht. Nur die Inhalte sind verschieden. Wir im Westen werden indoktriniert mit dem Dogma vom Fortschritt, vom hohen Wert des Besitzes, von der Notwendigkeit des Kriegführens und der Rüstung, von der Gefahr des Kommunismus und jeder Form von Sozialismus. Gibt es Erziehung zur Freiheit des Denkens, Redens, Handelns? Was wir tun und nicht tun dürfen, lehren uns das Bürgerliche Gesetzbuch, die Polizei und die Kirchen. Mir wird hier bewußt, wie sehr wir programmiert sind, so sehr, daß selbst ich das Gute, das ich hier mit eigenen Augen sehe, nur mit höchstem Mißtrauen betrachten kann.

Die Kinder hier sind ganz unbefangen in unsrer Gegenwart. Sie sind es gewöhnt, besucht zu werden. Sie mögen das. Sie wollen auf dem Arm getragen und gestreichelt werden, sie sind zärtlich, sie haben von Menschen nichts Böses erfahren und erwarten darum nichts anderes als Güte. Sie leben im Urvertrauen. Das unterscheidet sie grundsätzlich von den Kindern im Westen. »Geh nicht mit dem fremden Onkel«, »nimm nichts an von fremden Leuten, es könnte vergiftet sein«, »laß dich nicht ansprechen und nicht berühren von andern Leuten, es gibt böse Menschen, die dich mitnehmen und umbringen«, »es gibt Sexualverbrecher« . . . Hier in Nordkorea gibt es diese Reden und diese Erscheinungen nicht. Müssen aus so positiv erzogenen Kindern nicht gute Menschen werden?

Jetzt fällt mir auf, wie wenig Polizei es in der Stadt zu sehen gibt außer den Verkehrspolizisten, die meist weiblich sind und mit ernstem Gesicht den kaum vorhandenen Verkehr eher mäßig interessiert beobachten als regeln. Keine heulenden Polizei-Einsatzwagen. Keine Polizeiknüppel. Auch keine Strafzettel an Autos.

Herr Chang erzählt mir, daß ein japanischer Journalist im Hotel sich darüber beschwerte, daß er sein Zimmer nicht absperren könne, es habe weder Schlüssel noch überhaupt ein Schloß. Aber warum wolle er abschließen? Nun, weil gestohlen werden könnte. Der Hoteldirektor war tief beleidigt. »Weder in meinem Hotel noch im ganzen Land brauchen wir Schlösser und Schlüssel.«

Und Kindesmißhandlungen und Vergewaltigungen sind undenkbar. Eltern oder Lehrer, die ein Kind ohrfeigen, werden bestraft. Kind in Nordkorea sein!

VI. Die nordkoreanische Frau

> Lykurg hat auch den Frauen jede mögliche Sorgfalt zugewendet. Er
> ließ sie Sport treiben, gewöhnte sie an Schlichtheit und gab ihnen
> Sinn für Geschmack und ein edles Selbstgefühl...
>
> PLUTARCH

Heute war die Vertreterin der Erziehungsministerin bei mir.
Eine sehr hübsche, gescheite Frau, eine emanzipierte Frau, die
erste, die mir hier begegnet. Nichts mehr von der habituellen
Demutshaltung. Sie trägt zwar die einheimische Tracht, aber
ihr Denken ist nicht mehr gefesselt durch die Tradition. Sie
denkt selbständig. Sie hat ein angenehmes ruhiges Selbstwert-
gefühl, eine natürliche Sicherheit in Worten, Blicken, Bewegungen. Und sie sagt nicht bei jedem zweiten Satz: »Der große
Präsident«, sie erwähnt ihn nur, wenn es die Sache erfordert.
Sie steht positiv zu ihm und seinen Ideen, ohne auf den Knien zu
liegen vor ihm. Sie sagt: »Kim Il Sung schreibt: Jeder Wagen
braucht zwei Räder, der Staatskarren auch, den Mann und die
Frau.«
Die Gleichberechtigung von Mann und Frau wurde schon 1946
Gesetz. Natürlich: die Frauen hatten Seite an Seite mit den
Männern als Partisanen gekämpft und die Revolution mitgetra-
gen, sie hatten ein erworbenes Recht auf die durchgängige
Gleichberechtigung: Wahlrecht, Arbeitsplatz, gleiche Bezahlung, Studium. Da die Hälfte der nordkoreanischen Bevölkerung weiblich ist, müssen die Frauen dieser Proportion wegen
mit gleich vielen Sitzen in der Volksversammlung und im ZK
vertreten sein. Theoretisch. Praktisch ist es nicht so. (Wie bei
uns im Westen, denke ich. Das Patriarchat ist weltweit und uralt
und nicht so leicht auszurotten.)
Im ZK sitzen zehn Männer, und nur eine einzige Frau. In den
Ministerien sind, wie bei uns, jene für Erziehung und Gesundheit von Frauen besetzt. Unter den Studenten der Fachhochschulen und der Universität sind nur ein Fünftel Mädchen.
Frauen werden Lehrerinnen, Ärztinnen, Kindergärtnerinnen,
Pharmazeutinnen, Krankenpflegerinnen. Als Arbeiterinnen
sind sie beschäftigt in der Landwirtschaft, in der Leichtindu-

strie, im Handel. In der Schwerindustrie sind etwa ein Viertel Frauen. Unter den Volksschullehrern sind achtzig Prozent Frauen, unter denen der Mittelschulen siebzig, so nimmt die Zahl nach oben ab. Nur an den medizinischen Fachhochschulen überwiegen die weiblichen Professoren: etwa siebzig Prozent. Kinderkrippe, Kindergarten, Hort, Vorschule, Tagesstätten – das alles ist ausschließlich in weiblicher Hand. Meine Frage, ob Männer nicht auch Kindergärtner werden möchten, wird lächelnd abgetan.

Als ich 1975 an einigen südkoreanischen Universitäten über die Frage der Frauen-Emanzipation sprach und dabei erwähnte, daß zum Beispiel meine erwachsenen Söhne ihre Hausarbeit selber machen, wurde gelächelt, als erzählte ich ein Märchen, und als ich sagte, bei uns schöben die jungen Väter den Kinderwagen (den es übrigens in Korea nicht gibt, da werden die Kinder auf dem Rücken getragen), brachen die Studenten beiderlei Geschlechts in lautes Gelächter aus. Das wäre hier in Nordkorea auch so, spräche ich darüber zu Studenten.

Meine Besucherin sagt: Wie spielen immer noch das alte Rollenspiel: der Mann tut so, als arbeite nur er »draußen« und als arbeite die Frau nur »drinnen«, im Haus, in der Familie. Tatsächlich arbeiten fast alle Frauen beruflich. Die Männer haben es nicht gern, wenn die Frauen das tun. Warum nicht? Es widerspricht der Tradition.

Meine Besucherin erzählt, daß man begonnen habe, die Männer zu emanzipieren, das heißt zu erziehen: im Fernsehen laufe eben eine Serie zur Erziehung der Männer. Da werde, zum Beispiel, gezeigt, wie eine Frau müde von der Arbeit heimkommt und dann sofort den Haushalt macht, damit der Mann, wenn er heimkehrt, alles schön bequem vorfinde. Er kommt, schüttelt die Schuhe ab, wirft die Socken herum und lümmelt sich hin. Die Frau bückt sich demütig und räumt auf. Der Erfolg der Serie sei positiv, sagen die Frauen. Die Männer beginnen sich zu schämen. Sie sehen ein, daß sie sich feudal-vorrevolutionär benehmen.

Was hat, so frage ich, die Revolution der Frau gebracht?

Die Gleichberechtigung und die Geburtenkontrolle und das Recht auf die kostenlose Vornahme der Abtreibung, wenn nötig. Meist hat eine Familie drei Kinder, das hat sich als praktisch vorteilhaft erwiesen. Mehr Kinder halten die Frau zu lang ans Haus gefesselt. Wer aber mehr Kinder will, wird nicht benachteiligt. Die Frauen mit mehr Kindern haben kürzere

Arbeitszeit bei gleicher Bezahlung. Jede Frau hat einen jähr-
lichen Urlaub und natürlich Schwangerschaftsurlaub, bezahlt.
Den Urlaub kann jede Frau in einem der schönen Erholungs-
heime verbringen. Kostenlos. Erleichterung hat die Frau auch
im Haushalt: Gemeinschaftswäschereien und Gemeinschafts-
küchen stehen zur Verfügung. In jeder Dorfgenossenschaft gibt
es eine Küche, aus der man sich das Essen holen kann. Das ist
praktisch. Man kann aber auch selber kochen, wenn man will.
Das ist überhaupt hier so: Die Erleichterungen werden angeboten, aber nicht aufgedrängt oder befohlen. Natürlich nehmen
die meisten Frauen alle diese Vorteile wahr. Sie können am
Morgen ruhig zur Arbeit gehen, die Kleinen sind im Hort oder
im Kindergarten gut aufgehoben, die andern in der Schule und
in der Tagesstätte. Der späte Nachmittag findet die Familie
vereint.
Meine Frage: MÜSSEN die Frauen arbeiten, weil das befohlen ist,
oder weil der Verdienst des Mannes nicht ausreicht?
Aber nein! Wir WOLLEN einen Beruf haben, denn die Arbeit
außer Hauses ist die einzige Möglichkeit der Frau, sich selbst zu
verwirklichen. Fast keiner Frau genügt es mehr, nur den
Haushalt zu machen. Wir Frauen müssen auch Solidarität
untereinander lernen. Meine Gesprächspartnerin hat drei Kinder und arbeitet als Vizeministerin. Die Frau des Präsidenten
hat auch drei Kinder und ist berufstätig im Sozialministerium.
Die junge Frau, die mir unnötigerweise als Englisch-Dolmet-
scherin und für meine eventuellen »weiblichen Bedürfnisse«
beigegeben ist, hat ein kleines Kind. Mir scheint, sie bliebe
lieber daheim und wäre lieber nicht Funktionärin. Sie scheint
überhaupt, so jung sie ist, eher traditionell. Mit Eifer bedient sie
bei Tisch (wo wir ohnedies eine Bedienung haben) den jungen
hübschen Dolmetscher, sie spricht auch ganz leise, wie es früher
Sitte war, sie schlägt die Augen nieder und schweigt respekt-
voll.
Während des ganzen Gesprächs mit der Vizeministerin fühlt
sich mein junger Dolmetscher sichtlich unbehaglich. Er mag die
emanzipierte Frau nicht, er hat Angst vor ihr, er möchte auch
für sich selber lieber eine traditionelle Frau. Ich glaube, daß die
Vizeministerin sehr weit voraus ist in der Entwicklung und daß
die Masse der Frauen noch lange braucht, bis sie den Konfuzianismus und die durch ihn vorgeschriebene Rolle überwunden
hat.
Meine Frage: wie kommt es, daß die nordkoreanische Frau

nirgendwo eine Spitzenposition innehat, genau wie in andern sozialistischen Ländern?

Vom Rollenverhalten abgesehen, gibt es dafür hier in Nordkorea einen konkreten Grund: Während der japanischen Besetzung waren die Frauen meist ohne höhere Schulbildung, viele waren Analphabeten. Nach 1945 wurden sie gebraucht, aber nicht in der Wissenschaft und nicht in der Regierung, sondern als Partei-Kader. Sie bekamen eine rasche Spezialausbildung in politischer Ideologie und praktischer politischer Basisarbeit. Die höhere und umfassendere Ausbildung wurde auf später verschoben. Die Frauen haben viel aufzuholen. Die Ausbildung der Frau gehört zum Arbeitsprogramm Kim Il Sungs. Er sagt: »Alle Nordkoreaner müssen eine intellektuelle Ausbildung haben.« Heute gibt es eine Million Intellektueller, darunter zweihundertfünfzigtausend Frauen. Das ist zu wenig. Wir werden uns sehr bemühen, Versäumtes nachzuholen, und wir können dabei auf Kim Il Sung zählen, sagt meine Gesprächspartnerin.

VII. Kunstprobleme

> Die Zucht erstreckte sich auch auf die Erwachsenen. Keinem stand
> es frei, zu leben wie er wollte, sondern sie lebten nach strengen
> Vorschriften für all ihr Verhalten und überhaupt glaubten sie, nicht
> sich, sondern dem Vaterland zu gehorchen. Er gestattete nicht
> allen, die den Wunsch hatten zu reisen, das Land zu verlassen, so
> daß sie hätten fremde Sitten kennenlernen können.
>
> PLUTARCH

In der Oper von Weonsan. Das ist Provinz, also erwarte ich
nicht eine Spitzenleistung. Außerdem weiß ich schon, daß
hierzulande die Kunst der Politik dient und erziehend wirken
soll. Kunst um der Kunst willen, das gibt es hier nicht.
Die Handlung ist leicht verständlich, auch ohne das Programm-
heft, das in Englisch und Russisch vorliegt. Außerdem hängen
rechts und links der Bühne Tafeln, auf denen in Leuchtschrift
die Szenen-Inhalte und die Liedtexte erscheinen, ebenfalls in
Englisch und Russisch.
Die Handlung entstammt der Revolutions- und Kriegsge-
schichte. Es geht um die berühmte Entscheidungsschlacht auf
der Höhe 1211 während des Koreakrieges. Mitten in die letzte
Phase fällt der Beginn der Regenzeit, und der sonst leicht
durchschreitbare Fluß wird zum reißenden Strom. Damit ist der
Nachschub an Munition, Waffen und Essen abgeschnitten. Die
Lage ist denkbar schlecht, der Sieg scheint vereitelt. Da gibt es
aber eine Frau, die, nachdem ihr Mann und ihr Sohn gefallen
sind und ihre Tochter Partisanin wurde, selbst mitkämpft von
der Etappe aus: sie leitet den Nachschub über den Fluß. Als sie
nun sieht, daß der Fluß nicht mehr überquerbar ist, hat sie eine
großartige Eingebung: man muß über den Fluß ein starkes Seil
spannen, an dem entlang sich ein Fährboot hangeln kann.
Woher so ein Seil nehmen? Sie besitzt aus der Mitgift einen
Ballen fester Seide. Den opfert sie. Man zerschneidet die Seide
und dreht und knüpft aus den Stücken das Seil. Nicht genug: da
Munition und Waffen von dem hochgehenden Wasser benäßt
würden, opferte sie als sichere Verpackung ihre Hochzeits-
truhe, ihren einzigen Schatz. So geht der Nachschub weiter, der
Sieg ist sicher. Eine einzelne Frau hat ihn möglich gemacht.

Der Stoff ist historisch, ein Einzelfall, und zugleich beispielhaft für den Heroismus der koreanischen Frauen und des ganzen Volks. In der Tat ein Stück Geschichte, würdig, im Gedächtnis des Volks weiterzuleben.

Aber eine großartige Handlung ist noch keine Kunst, sondern muß erst Kunst werden. Was ich da sah, war aber nur eine lehrhafte Demonstration mit theatralischen Mitteln. Der Zweck ist die Stärkung des Nationalgefühls und der Ansporn zur Opferbereitschaft beim Wiederaufbau des Landes. Diesen Zweck betonen ganz unnötigerweise die Schriften auf den Leuchttafeln. Und hier wird mir die Laudatio auf Kim Il Sung zu dick. Das müßte er verbieten, derlei ist schuld daran, daß man im Westen von einem ungeheuren Personenkult spricht. Man weiß es doch, daß er ein Kriegsheld war, man weiß, daß er das Land aus der Zerstörung neu erstehen ließ, man weiß, daß er Größe hat. Warum das immer und immer wieder sagen, in so übertriebener Weise immer wieder sagen? Sicher: das Volk liebt ihn und ist ihm dankbar. Sicher, das Volk hat ihn, anstelle aller abgesetzten Götter, auf den Altar gehoben. »Gott gab uns kein Brot und nicht die Freiheit, das hat Kim Il Sung getan«, sagt Herr Chang, und so denkt das Volk. Aber man soll es nicht so viele Jahre lang jeden Augenblick sagen. Es greift sich ab, es wird Klischee, es wertet Volk und Führer ab, es weckt Abneigung im Ausland. Kurzum: man sollte das abschaffen, bald. Es würde Kim Il Sungs Ansehen im Ausland entschieden heben.

Auf der Bühne wird viel geschossen (aus echten Gewehren) zwischen bemalten Pappkulissen, eine Hütte brennt mit rotem bengalischem Feuer ab, jeder Gegenstand ist »echt« oder naturgetreu aufgemalt, und das Ganze erinnert mich an das oberbayerische Bauerntheater, wie ich es in meiner Kindheit erlebte. Volkstheater also? Ja, schon, aber nicht in der koreanischen Volkstradition verwurzelt, da hatte man mehr Kunstverstand.

Das Bühnenbild erinnert an Westernfilme. Die Musik ist eine Mischung aus Beethovens »Eroica« und Wagners »Ring« und Lehár-Operetten. Alles, nur keine koreanische Musik. Dabei hat man eine Tradition, man hat sehr gute Sänger und das Material zu einem guten Orchester, man lernt technisch viel auf den Musikschulen, und man hat darstellerische Begabung von Natur. Warum also diese mißglückte Nachahmung des Westens aus der Ferne, also mißverstanden? Nordkorea sollte nicht nur seine Techniker in den Westen schicken, damit sie dort lernen, sondern auch seine Künstler. Südkorea tut das. Es hat, zum Beispiel, Isang Yun nach Frankreich und dann nach Deutschland geschickt zum Weiterstudium, und der Erfolg ist bedeutend: Isang Yun gelang das Meisterstück, mit den Mitteln moderner westlicher Kompositionstechniken die koreanische Tradition weiterzuführen. Auch die Japaner lassen ihre jungen Musiker im Westen studieren, und sie kehren preisgekrönt und berühmt nach Japan zurück.

Dieser Dirigent hier haut die Sache herunter mit einer Verve, die ein Zirkusmusiker braucht. Schön sind die Tänze, das Ballett ist ausgezeichnet. Aber wie es eingesetzt wird, das tut weh. Da träumt zum Beispiel die Heldin mitten im Kampf vom Friedensfest, und natürlich tritt hier das Elfen-Ballett auf. Das Publikum klatscht lebhaft Beifall. Es klatscht sonst nie bei künstlerischen Höhepunkten, die ignoriert es, es klatscht bei bestimmten politischen Parolen, die ich in Leuchtschrift ablesen kann, und es klatscht leidenschaftlich bei der Erwähnung irgendeiner Tat des großen Präsidenten oder eines anderen Helden. Der Stoff interessiert es, aber nicht die Form. Die Zuschauer sind mit Leib und Seele mitten im Bühnengeschehen, so sehr, daß ich mir meine kunstketzerischen Gedanken für eine Weile verbiete. Das da oben auf der Bühne, das ist IHR Stück, IHR Schicksal, IHRE Vergangenheit, IHR Leben. Ob das Kunst ist oder nicht, wen gehts etwas an? Geht es mich etwas an? Ja, das tut es. Ich liebe dieses Land und Volk, und ich möchte, daß seine Kunst seiner Politik entspräche. Ich möchte, daß auch seine Kunst WELT-fähig würde. Ich möchte Kim Il Sung fragen, ob er seine Dschudsche-Ideologie nicht wirklich auch auf die Kunst anwenden wolle: Originalität, Anknüpfung an die alte Tradition.

Er wird antworten: Aber die Kunst der Vergangenheit war gebunden an die Feudalzeit, es war Hofkunst, Privileg einiger weniger Reicher und Mächtiger. Wir wollen Kunst fürs Volk und aus dem Volk. Das Theater hier gefällt dem Volk, es kann sich identifizieren mit den Schauspielern, wir wollen kein kulinarisches Theater, sondern ein politisch-lehrhaftes, das Politisch-Didaktische hat den Vorrang vor dem Ästhetischen, wir sind kein bürgerlicher Staat, sondern ein revolutionärer.

Ja, würde ich erwidern, wenn es je zu diesem Gespräch käme, ja schon, aber muß das Politisch-Didaktische schlechte Kunst sein? Hat nicht der Marxist Brecht am stärksten gewirkt in jenen Stücken, die keine Lehrstücke sein wollten, sondern einfach Theater, in »Mutter Courage« und »Herr Puntila und sein Knecht Matti«? Gibt es in Nordkorea keinen Bertolt Brecht, keinen Gorki, und ist unter den jungen Dramatikern kein Peter Weiss? Es muß doch Talente hier geben. Sie werden nur nicht ermutigt. Es fehlt nur der Startschuß aus Pyeongyang, meine ich. »Geben Sie Kunstfreiheit, Sire«, möchte ich Kim Il Sung sagen. Vielleicht kann ich es ihm wirklich eines Tages sagen.

Gibt es überhaupt eine nordkoreanische Literatur?
Wir im Westen wissen darüber nichts. Aber was besagt das schon: ich sah in der Universitätsbibliothek von Pyeongyang auch nur wenige deutsche Bücher, und welche? Natürlich Marx und Hegel, und einen einzelnen Band Schiller, und drei Bände »Dichtungen Richard Wagners«: die Texte zum »Ring« und »Tristan« und »Tannhäuser«. Korea hatte im Mittelalter eine bedeutende Dichtkunst, es gab Dichterakademien und Dichtertreffen, bei denen das Neueste vorgelesen wurde.
Wie steht es mit der neuen Literatur? Was schreiben die Schriftsteller hier?
Ich bitte, mir einige vorzustellen. Da es hier keinen PEN-Club gibt und offenbar überhaupt keine Schriftsteller-Vereinigung*, muß man Schriftsteller ins Gästehaus einladen. Sie kamen: eine ältere Kollegin und ein jüngerer Autor, der nur historische Romane schreibt. Ich denke daran, daß dies eine Flucht ins Unverbindliche sein könnte, ein Akt der inneren Emigration. Falls das nötig sein sollte. Falls ein Schriftsteller sich politisch nicht exponieren will. Derlei gibt es in allen totalitären Staaten.
Gibt es hier eine Zensur? Gewiß. Sicher auch Selbstzensur. Die vor allem, scheint mir, aber vielleicht nicht einmal aus Furcht vor der Fremdzensur als aus der Gewissenssorge, der Revolution nicht genug zu dienen. Natürlich kann ich mit den Kollegen nicht darüber sprechen, ich versuche nur sie zu beobachten.
Die Frau, etwa meines Alters, sehr sympathisch, kommt aus dem Gebirge zurück, wo sie in einem Dorf Studien zu einem neuen Roman macht. Wenn ich recht verstehe, will sie beschreiben, wie aus einer nur pragmatischen Genossenschaft eine echte menschliche Gemeinschaft wird.
Hat sie den Stoff selbst gewählt?
Gewiß.

* Es gibt einen Schriftstellerverband – Zusatz 1981, L. R.

Ich denke an ein Wort Herrn Changs, als ich dem Kameramann vorschlug, sich an modernere Stoffe zu wagen: »Was er filmt, bestimmen wir.« WIR, die Partei. Oder wer ist dieses WIR? Herr Chang sagt: Das ist das Volk, die Masse des Volks. Das ist nackte Theorie. Eine Volksmasse bestimmt nie etwas, schon gar nicht in der Kunst. Das ist immer Sache einzelner. Es ist allenfalls Kim Il Sung selbst, der bestimmt, was geschrieben werden soll. Ich kann mir denken, daß, wenn er es tut, das gar nicht diktatorisch gemeint ist, sondern einfach als Anregung.

In meinem Arbeitszimmer fand ich ein Buch zum Thema. Ich zitiere daraus Sätze Kim Il Sungs:

»Literatur und Kunst können das Herz des Volkes nur dann erreichen, wenn der sozialistische Inhalt genau gebunden ist an die verschiedenen Formen, die charakteristisch sind für unser Volk. Es besteht keine Notwendigkeit für uns, über das hinauszugehen, was unser Volk braucht. . . . Sozialistische Kunst muß die gleiche Luft atmen wie das Volk. . . .

Die Massen sind die Herren aller Dinge. . . . Kunst ist kein geheimnisvolles Wort, es gehört nicht einigen Privilegierten. . . . Die Künstler müssen das Volk kennen, die Arbeiter in den Fabriken, die Landarbeiter auf den Feldern, die Freuden und Leiden des Volks. . . . Die Geschichte Koreas ist reich an Stoffen. Was gehen uns die privaten Geschichten weniger Privilegierter an. . . . Alle geistigen Arbeiter, also auch die Künstler und Literaten, müssen Revolutionäre sein. . . .«

So sagte auch Mao. Kunst muß zu Herzen gehen. Also muß sie einfach sein. Nur: wer befindet darüber, was einfach ist? Für wen einfach? Und wenn alles immer nur ganz einfach ist, so daß es allen rasch und glatt eingeht, wo bleibt das Experiment, wo die Entwicklung? Ist eine nicht-populäre Kunst Luxus und unerlaubt? Ist damit nicht das Todesurteil gesprochen über viele große Dichter und Maler und Musiker? Und was das Volk heute noch nicht versteht, wird es das nicht morgen verstehen? Es wird die Sonnenblumen von van Gogh und die roten Rehe von Marc in seine Wohnzimmer hängen und Debussy im Konzert hören und Beckett auf dem Theater beklatschen, und das war doch einmal, vor nicht langer Zeit, unerhört modern und fremd. Was will das Volk? Das, wozu es erzogen wird. Und will es immer nur politisch erzogen werden? Gibt es als Alternative und Abwechslung nur den Tanz und den Zirkus? Mir fällt Brecht ein: »Was sind das für Zeiten, wo ein Gespräch über Bäume fast ein Verbrechen ist . . .« Natürlich, ich verstehe

Kim Il Sung schon: Für ihn und sein Volk, wenigstens für die älteren Generationen, war der Befreiungskrieg DAS große Erlebnis und die Revolution DIE Erfahrung. Daran soll immerfort erinnert werden. Darauf ist man stolz, und mit Recht. Das ist DER Stoff für die Kunst. Die Quelle ist noch lange nicht ausgeschöpft. Das verfolgte Erziehungsziel ist noch nicht erreicht, die Revolution nicht beendet, die Erinnerung an das Geleistete muß frischgehalten, der Ansporn zu großen Taten immer neu gegeben werden.

Aber: nicht das WAS entscheidet darüber, ob etwas Kunst ist, sondern das WIE.

Wenn die Wiedervereinigung Koreas kommt, wird Nordkorea einen großen Vorsprung der Südkoreaner einholen müssen. Aber auch jetzt schon sollte es sich nach dem Westen öffnen. Man kann heute nicht hermetisch abgeschlossen eine Binnenkunst betreiben.

Über all das rede ich nicht mit den Kollegen, die zu mir kommen. Ich frage sie vielmehr etwas, was zu fragen mir sonst nie einfällt: ich frage nach ihrer finanziellen Lage. Ich sage, daß in der Sowjetunion die Schriftsteller vom Staat bezahlt werden, sie haben ein festes Einkommen, wenigstens solange sie das schreiben, was der Partei gefällt.

Während ich das sage, beobachte ich die beiden. Aber sie nehmen das ganz natürlich auf, sie spüren keine Fangfrage heraus.

Wir bekommen auch ein festes Monatseinkommen, sagt die Kollegin, wir gehören zum arbeitenden Volk, dafür werden wir bezahlt wie alle Arbeiter. Wir bekommen auch Papier und Schreibmaschine bezahlt und alle nötigen Studienaufenthalte im Land. Außerdem haben wir eine Altersversorgung. Dafür brauchen wir nichts einzuzahlen. Für uns ist gut gesorgt. Wir haben unter uns einen alten Schriftsteller, der erblindet ist; ihm bezahlt der Staat auch die Sekretärin.

Richtet sich das Monatseinkommen nach dem Erfolg? Ich meine: wenn einer von Ihnen das hat, was man im Westen einen »Bestseller« nennt, bekommt er dann mehr?

Ja, den Fall haben wir eben. Zwei junge Autoren haben einen solchen Erfolg. Der Präsident schickte ihnen einen Scheck über (wir rechnen rasch um) fünftausend Mark. Aber sie schickten ihn zurück, der Präsident solle das Geld anderweitig verwenden. Der Präsident schickte ihn wieder an sie und ließ ihnen sagen, sie sollten selber etwas Vernünftiges damit tun.

Das ist kein Märchen, das ist wirklich geschehen, das konnte in Nordkorea geschehen, und es konnte deshalb geschehen, weil man hier nicht in Geld denkt.

Um mich nicht von meiner Begeisterung hinreißen zu lassen, zwinge ich mich zum Zynismus. Ich sage: Was sollten die jungen Dichter denn mit dem vielen Geld hier kaufen? Häuser sind nicht zu erwerben, Grundstücke auch nicht, Gold nicht, Kunstgegenstände nicht (die gehören alle dem Staat), und Weltreisen können sie auch nicht machen, das wird ihnen nicht erlaubt, oder doch?

Studienreisen schon, aber die zahlt ja der Staat.

Ich verstehe: das Geld hat hier nur Symbolwert etwa wie ein silberner Pokal für einen Sportsieger, das Silber ist nicht viel wert, aber die Ehre ists, was zählt.

Ich schlage den Kollegen vor, an den Internationalen PEN-Club den Antrag auf Beitritt zu stellen. Sie zögern. Eigentlich wünschen sie das nicht. Aber ich meine, sie sollten es wünschen. Ihre südkoreanischen Kollegen sind im PEN-Club. Warum sie? Vor einigen Jahren war sogar eine Südkoreanerin Vizesekretärin im PEN. Das konnte nur jemand werden, der ausreisen durfte aus dem faschistischen Südkorea unter Park Chang Hee. Wer aber ausreisen durfte, der hatte sich als regierungstreu ausgewiesen. Das aber heißt, daß er einverstanden war (oder sich so zeigte) mit den Verhaftungen der Kollegen aus dem Widerstand, mit Folter und Hinrichtungen. Dieses Südkorea also ist im PEN, und Nordkorea nicht?

Ergiebig war das Gespräch mit den beiden Kollegen nicht. Ich kann nicht Koreanisch, sie haben zwar Französisch, oder auch Englisch gelernt, doch fehlt ihnen die Übung, und die asiatische Aussprache erschwert die Verständigung. Das Problem war aber nicht nur ein sprachliches. Ich spürte, daß unsre Anschauungen von Kunst grundverschieden sind.

Ich hätte gern mit ganz jungen Schriftstellern gesprochen, um zu erfahren, ob sie nicht neue Wege zu gehen wünschen. Aber dazu hatte ich keine Gelegenheit. Meine Zeit war zu kurz.

In der großen Kunstausstellung in Pyeongyang.

Hier ist alles versammelt, was Nordkorea verblieb an alter Kunst, was die Kriege überlebte und was sich nicht die Japaner geholt haben und was nicht auf dem Weg über Südkorea in den Westen verkauft worden war. Elegante Formen, raffinierte Farben, Szenen »aus dem Leben«, realistisch und zugleich hochstilisiert: eine lauernde Katze auf einem Baum, ein Bauer mit dickem nacktem Bauch schlafend neben seinem Ochsengespann, das sich anschickt ihm wegzulaufen: Szenen aus dem Volksleben, nicht vorwiegend aus dem der Aristokratie. Da ist der Beweis dafür, daß etwas allgemein Verständliches, ein volksnaher Stoff, bedeutende Kunst sein kann und eben als Kunst wieder volksnah. Jeder Nordkoreaner kann die Bilder dieses Museums »verstehen« und sich an ihnen freuen. An diese Kunsttradition könnte die neue koreanische Kunst bruchlos anschließen. Sie tut es nicht.

Was da in den Sälen für neue Kunst hängt, ist plattester »sozialistischer Realismus«. Riesige Tafelbilder mit naturalistischen Darstellungen von Kriegs- und Revolutionsszenen und Szenen aus dem Leben des Volks mit seinem Führer Kim Il Sung, immer wieder Kim Il Sung. Und alles in dicken grellen Farben. Das schreit einen rot und blau und gelb und grün an, das ist unkoreanisch laut, das ist eine Gegenkunst.

So müßte das nicht sein. Natürlich verstehe ich die Absicht: hier geht es nicht um Kunst, sondern um Politik und Erziehung. Aber derselbe Zweck kann auch mit echter Kunst erreicht werden. Das Volk hat einen besseren Geschmack. Volkskunst ist immer Kunst, und das koreanische Volk hat Stil. Warum sollte es keine echte Kunst hervorbringen können? Es ist begabt für Formgebung in allem. Das Ästhetische spielt eine große Rolle. Wie man sich kleidet, wie man den Tisch deckt, wie man sich bewegt, das alles ist SCHÖN. Warum wendet man diesen Sinn für das Schöne nicht in der Malerei und Bildhauerei an? Warum steht da in der Halle (und nicht nur hier, auch in andern öffentlichen Gebäuden) die Figur Kim Il Sungs, überlebensgroß in einem Material, das ganz und gar nicht zu ihm paßt: eine Art Gips, weiß und tot. Warum das?

Kim Il Sung hatte nie Zeit in seinem Leben, sich mit Kunst zu befassen. Er soll das andern überlassen. Er fordert ja selbst in der Dschudsche-Ideologie, daß das Volk schöpferisch sein müsse. Nun: man schreibe dem Volk nicht vor, was und wie es malen soll. Es wird schon seinen Stil finden, ohne Kim Il Sungs politische Idee außer acht zu lassen.

Meine Begleiter erwarten, daß ich mich zu den neuen Bildern äußere. Immer muß ich etwas sagen. Ich versuche, leere Worte zu gebrauchen, aber dann sage ich doch, was ich wirklich denke. Ich sage: Wissen Sie, wo ich solche Art Kunst gesehen habe? In Moskau. Das ist sozialistischer Realismus.

Meine Begleiter zucken zusammen.

Ja, sage ich mutig, wirklich, so malen die Russen. Das hat mit koreanischer Kunst nichts zu tun. Ihr habt doch eine große Tradition, die solche Anleihen aus dem Westen nicht braucht und nicht machen darf. Oder wollt Ihr, daß mit dem internationalen Kommunismus russischer Prägung auch eine internationale, vielmehr sowjetische Kunst gemacht wird überall auf Erden? Wo bleibt da die koreanische nationale Eigenart, die in der Dschudsche-Ideologie geforderte Selbständigkeit auch in der Kultur?

Ich scheine damit in ein Wespennest gestochen zu haben. Meine Begleiter beginnen eine heftige Diskussion, in Koreanisch, sie haben keine Zeit mehr, mir die Reden zu übersetzen. Ich ahne, worum es geht: »sowjetisch« ist das Reizwort. Das Sowjetische mag man nicht. Was hat man hier gegen die Sowjetunion? Sind die beiden Länder nicht marxistisch? Was trennt sie denn?

Kim Il Sung ist Marxist insofern, als er die Grundgedanken Marx' aufgegriffen hat: Planwirtschaft, Landverteilung, Enteignung der Enteigner, durchgängige Ausrichtung auf eine »kommunistische« Zukunft, das heißt auf die Utopie des Weltfriedens und der allgemeinen Gleichheit und Brüderlichkeit.

»Wir glauben an Marx nicht wie man an Gott glaubt«, hatte Herr Chang gesagt. Das heißt: Nordkorea lehnt den sowjetischen Welt-Imperialismus ab, es lehnt einen Kommunismus ab, der allen Völkern der Erde dieselbe Form des Sozialismus aufzwingen will, nämlich die sowjetische, die, weil sie international sein will, aggressiv wird, wenn sie auf den Widerstand andrer Nationen stößt. Nordkorea will seine eigene Vision von Sozialismus verwirklichen, und die ist nicht-sowjetisch, sondern eben eigenständig. Nordkorea ist gegen den Imperialismus, sei es gegen den der Sowjetunion, sei es gegen den der USA. Es will auch keinen dogmatischen Kommunismus, sondern einen lebendigen, sich fortentwickelnden, an der jeweils nationalen Gegebenheit und den Bedürfnissen jedes einzelnen Volks sich orientierenden Sozialismus. Es will Frieden und nicht Eroberungen territorialer oder ideologischer Art.

Darum kann Nordkorea nicht Partner der Sowjetunion sein.

Aber war es nicht einmal Partner?

Es gibt eine Rede, die Kim Il Sung im Oktober 1945 hielt, darin heißt es: »Es gibt Leute in unserm Volk, die eine sofortige

Einführung des Sowjetsystems fordern. Sie verstehen die Situation in unserm Lande nicht ...«

Damit wollte er sagen, daß Nordkorea noch ein halbfeudalistischer Staat war und nicht Hals über Kopf sich radikal sozialisieren könne, sondern eine langsame organische Entwicklung brauche, also eine langfristige Revolution. Er wollte aber auch andeuten, daß er daran denke, Nordkorea aus der zu engen Verbindung mit der Sowjetunion zu lösen, mitten in einer Phase also, in der er militärisch und wirtschaftlich von der Sowjetunion abhängig war. Nordkorea war im Krieg von der Sowjetunion mit Waffen und Geld unterstützt worden, und nach dem Krieg war es Handelspartner: die Sowjetunion importierte Rohstoffe aus Nordkorea, Eisen vor allem, und sie exportierte Fertigwaren aus der Metallindustrie, da Nordkorea nach der Zerstörung seine Industrialisierung erst neu begann. Diese Verbindung aber drohte sich zu intensivieren: Nordkorea sah die Gefahr der Sowjetisierung. Es entschied sich, ein »blockfreies« Land zu werden nach dem Muster Jugoslawiens. Kim Il Sung war mit Tito befreundet.

Nachdem Nordkorea sich von der Sowjetunion gelöst hatte, schlug es, im Hinblick auf die künftige Wiedervereinigung, Südkorea vor, sich der Bevormundung durch die USA zu entledigen. Aber was Kim Il Sung gelang, brachte die Marionettenregierung des ersten Präsidenten Südkoreas, Singman Ree, nicht zuwege und auch sein Nachfolger Park Chang Hee nicht, der wollte die Freiheit Südkoreas gar nicht, der wollte die Anwesenheit der USA-Wirtschafts- und Militärmacht, denn diese Anwesenheit garantierte ihm den Schutz vor der politischen Infiltration nordkoreanischer sozialistischer Ideen, den Schutz vor einem nordkoreanischen Überfall.

Während Südkorea also zwar eine »freie Demokratie« ist oder besser: zu sein vorgibt, ist es nichts anderes als eine Kolonie der USA, wie es vordem eine Kolonie Japans war. Nordkorea aber ist kein Vasallenstaat der Sowjetunion, es hat keine militärischen Bündnis-Partner, auch nicht unter den Chinesen.

Ich habe mir aus verschiedenen Büchern der kleinen Bibliothek in meinem Arbeitszimmer Sätze aus Reden Kim Il Sungs abgeschrieben:

»Wir haben den Marxismus in Theorie und Praxis überwunden, wir haben unsere eigene Ideologie. Wir sind ein blockfreies Land, wir haben keine Alliierten. Wir haben freundschaftliche Beziehungen zur Sowjetunion, aber nicht mehr als das, wir wollen unsere vollständige Unabhängigkeit. Wir haben die Fehler der Sowjetunion gesehen und wollen sie vermeiden. Wir wollen kein Volk, das überwacht und unterdrückt ist. Wir haben keinerlei Expansionsstreben. Wir wollen nur eines: in Frieden leben. Unser Volk soll frei und glücklich sein. Wir stehen auch mit China gut, haben aber kein Bündnis mit ihm.«

Ich nehme an, daß dies alles mehr oder minder der Inhalt der erregten Diskussion ist, die mein Wort vom »sowjetischen Realismus« unter meinen Begleitern entfacht hat. Ich werfe schließlich einen Satz ein, den ich bei Kim Il Sung gelesen habe und der geeignet ist, ausgleichend zu wirken, ohne dem Problem die Aktualität zu nehmen:

»Das Bildungsniveau des Volkes muß zuerst gehoben werden, damit auch das Niveau der Kunst sich hebt.«

Freilich: dazu ist ein bestimmtes Maß an Freiheit notwendig. Wieviel Freiheit Kim Il Sung seinen Intellektuellen und seinen Künstlern künftighin lassen wird, weiß ich nicht. Aber mir scheint, daß er, der immerzu Lernende, Lebendige, diese Freiheit gewähren wird, wenn die Revolution das Staatsschiff in ruhiges Gewässer gebracht hat. Die Zeit dafür scheint gekommen.

Man kann mir natürlich sagen, daß ich die Kunst überbewerte und daß die Wirtschaftsentwicklung wichtiger sei fürs Volk. Aber in einem Land, in dem soviel Geld ausgegeben wird für die Heraufbildung des Volks und für die »Kultur«, ist Kunst wichtig. Kim Il Sung ist kein Materialist, er schätzt den Geist. Also wird er auch sein Augenmerk der Kunst zuwenden und wäre es nur im Hinblick auf die Wiedervereinigung mit Südkorea, das die koreanische Kunst weitergeführt hat, weil man ihm wenigstens künstlerische Freiheit ließ, solange man die Kunst nicht als Mittel des direkten Widerstands benutzte.

VIII. Die Dschudsche*-Ideologie

> Es war nicht das Hauptziel Lykurgs, Sparta als Herrscher über recht
> viele zu hinterlassen, sondern, in der Überzeugung, daß, wie im
> Leben des einzelnen, so in dem der ganzen menschlichen Gemein-
> schaft, das Glück in der Tugend und in der inneren Harmonie
> begründet sei, baute und formte er den Staat so, daß seine Bürger
> lange Zeit frei, genügsam und vernünftig leben sollten...
>
> PLUTARCH

Ich lese die Sätze, die mir Herr Kim heute in der »Unterrichts-
stunde« als Kern- und Schlüsselsätze der nordkoreanischen
Politik sagte, wie ich sie so einfach hinschrieb während des
Gesprächs. Ich muß sie dann, soweit möglich, zum System
ordnen und dann vergleichen mit dem, was ich schon vor der
Reise wußte, und mit dem, was ich nun in Nordkorea mit
eigenen Augen sehe.

Der Mensch ist das Wertvollste und Kostbarste in der Welt. Die
Politik muß sich am Menschen orientieren und für den Menschen arbeiten.
Der Mensch ist das einzige Geschöpf, das eine IDEE haben und
nach ihr leben kann.
Der Mensch ist schöpferisch und kann die Welt verändern mit
seinen eigenen Kräften.
Der Mensch entscheidet über das Schicksal der Erde.
Der technische Fortschritt per se ist NICHTS, wenn er nicht
ausgerichtet ist auf den Menschen und die Erleichterung seiner
Lebensbedingungen. Der Sinn des Fortschritts ist nicht, immer
mehr materielle Güter zu produzieren, damit einige immer
mehr Güter anhäufen können, sondern die allgemeine Anhe-
bung des Lebensstandards. Maschinen müssen dem Menschen
dienen, nicht Menschen den Maschinen.
Der Mensch ist ein soziales Wesen, darum ist einer für alle da
und alle sind für einen da.
Jedes Volk hat die Eigenkraft, sich zu befreien vom Imperialismus jeder Herkunft.

* In westlicher Art geschrieben: Juche.

Revolution ist ein Prozeß, der immer erneuert werden muß. Jedes Volk muß sich aus eigener Schöpferkraft seinen eigenen Sozialismus aufbauen. Kein Modell kann übernommen werden, weil jedes Volk eine andere Ausgangsbasis hat. Aber das Ziel ist bei allen dasselbe: Selbstverwirklichung und schließlich, als große »Utopie«, der »Kommunismus«, aber nicht als imperialistisch-zentralistische Macht, sondern als freie, freundschaftliche Gemeinschaft aller Völker der Erde. Anders gibt es keine Zukunft. Der Sozialismus eines Volks darf kein nationaler Egoismus sein, sondern muß immer den Blick auf die Wohlfahrt aller Völker richten.

Über die Politik eines sozialistischen Landes muß die Masse des Volks entscheiden, denn in ihr liegen die schöpferischen Aufbau-Kräfte.

Die Volksmassen müssen sich mit einer IDEE identifizieren, eben mit der Dschudsche-Ideologie, und diese Identifizierung muß aus eigener Einsicht geschehen, nicht unter Zwang.

Die sozialistische Revolution muß dahin führen, daß kein Mensch von andern unterdrückt werden darf, und daß die Volksmasse nicht von der Herrschaft des Kapitals unterdrückt werden darf und auch nicht von der Arbeit.

Alle Menschen verfügen gleichberechtigt über die Produktionsmittel und -kräfte und bestimmen selbst ihre Ziele und die Mittel zur Erreichung dieser Ziele.

Der Kern der sozialistischen Revolution ist die UMGESTALTUNG der Menschen. Das Wichtige ist nicht das Wohlergehen des einzelnen oder einer Klasse oder Gruppe, sondern der Besitz eines neuen nationalen Selbstbewußtseins.

Die sozialistische Revolution ist nicht an einen bestimmten Stand der Wirtschaft, der Produktionsverhältnisse gebunden und nicht nur aus dem Widerspruch zum Kapitalismus geboren, sondern aus der genuinen Idee der Umwandlung des Menschen.

Soweit Herr Kim.

Nun also der Versuch einer Ordnung dieser Gedankenfetzen. Kann man sie in ein System bringen, so wie man die Gedanken über den Marxismus-Leninismus in ein System bringen kann?

Mir scheint: nein.

Die Basis ist keine Philosophie, auch wenn das in Nordkorea behauptet wird. Kim Il Sung ist kein Theoretiker. Er hat zwar schon als junger Mensch den Marxismus genau studiert, aber ihm nur das entnommen, was für seine eigene politische PRAXIS paßte. Er ist ein ganz gewiß genialer Praktiker. Daher liest sich alles, was er über seine Ideologie sagt, als eine direkte Anweisung zur Durchführung der spezifisch nordkoreanischen Politik des ganz eigenen Sozialismus. Die Sprache Kim Il Sungs ist eine gesprochene, man hört immer die REDE: er spricht wirklich zu seinem Volk, er schreibt nicht für Schreibtische. Er hat das gelernt in den Jahren, in denen er einem Volk, das unter der japanischen Herrschaft zur Unbildung verdammt war, schwierige politische Sachverhältnisse erklären mußte. Er selbst ist, obwohl höchst gescheit, kein Intellektueller. Er SIEHT, was er sagt. Er LEBT, was er denkt. Er denkt, was er sieht. Das wirkliche Leben seines Volks inspiriert ihn zu seinen Ideen.

Jemand schrieb, der Unterschied des »Kim-Il-Sungismus« zum Marxismus-Leninismus bestehe darin, daß Kim Il Sung einen normativ-idealistischen Begriff der Revolution habe anstelle des historisch-materialistischen. Das heißt, daß zwar auch Kim Il Sung sich keine echte Revolution (im Sinne der Umwandlung des menschlichen Zusammenlebens) denken kann ohne vorherige Veränderung der politischen Machtverhältnisse, daß diese Veränderung aber nur eine Durchgangsphase sei. »Die Enteignung der Enteigner« kam in Nordkorea nicht mit klassisch marxistischer dialektischer »Notwendigkeit«, sondern ergab sich bei der politischen Befreiung Nordkoreas vom japanischen Kolonial-Imperialismus. Da war nicht die marxistische naturwissenschaftlich-außermenschliche Gesetzmäßigkeit am Werk, sondern da traf in einer historischen Stunde alles zusammen: die internationale Politik bei Kriegsende mit der Niederlage der imperialistischen Kolonialmacht Japan, das Auftreten des richtigen Mannes im richtigen Augenblick der Geschichte, und die Notwendigkeit, ein Land vom Punkt Null aus ganz neu aufzubauen, unter neuen Bedingungen und mit neuen Mitteln und zu neuen Zielen.

Man kann nicht sagen, daß die Dschudsche-Ideologie eine Fortführung, eine Aktualisierung, eine Abart des klassischen Marxismus sei. Sie ist MEHR und ANDERS. Sie ist eine IDEE nichtmaterialistischer Herkunft.

(Ich denke mir, es wäre ein gutes Thema für eine Doktordissertation, zu untersuchen, wie weit Fichte und Hegel das Denken Kim Il Sungs geformt haben, ohne daß er, dessen bin ich sicher, je eine Zeile von ihnen gelesen hat.)

Kim Il Sung spricht nie von einem »Gott«, aber er hat,

unreflektiert, einen Bezugspunkt ober- oder außer- oder innerhalb des Materiellen, von dem aus alles seinen Sinn bekommt. Er hat eine idealistische Philosophie, ohne es eigentlich zu wissen. »Der Mensch« ist seine Utopie, sein Credo. Er ist zutiefst human.

Nun aber konkret: was sagt die Dschudsche-Ideologie zur Politik. DSCHUDSCHE bedeutet nicht nur, wie oft gesagt wird, Selbständigkeit, sondern SELBSTVERWIRKLICHUNG.

Ein Volk, das in dreieinhalb Jahrzehnten der harten Fremdherrschaft sein Selbstbewußtsein so verloren hat, daß es nicht mehr weiß, wer und wie es ist, also seine Identität nicht kennt, muß alles dransetzen, sich zu erkennen und dann sich zu wagen. Kim Il Sung sagt das sehr einfach: »Dschudsche bedeutet das Beharren auf dem Prinzip, alle Probleme der Revolution und des nationalen Aufbaus unabhängig von fremdem Einfluß und fremder Hilfe zu lösen. Es bedeutet die kreative Anwendung des Marxismus-Leninismus und der Erfahrungen, die bisher mit der sozialistischen Revolution in andern Ländern gemacht wurden, auf die historischen und materiellen Bedingungen des eigenen Landes.« Er schrieb das bald nach dem Krieg, also in der Phase, in welcher er noch nahe am sowjetischen Marxismus agierte. Wenn man den zitierten Satz heute liest, erkennt man, daß er zwar ein Bekenntnis zum internationalen Marxismus ist, aber zugleich die Absetzung davon. Ein wesentlich unterscheidendes Moment ist, daß Kim Il Sung den sowjetischen Imperialismus ablehnt und überhaupt jede Einmischung in die inneren Angelegenheiten eines anderen Landes. Dieses Prinzip ist wichtig im Hinblick auf seine Vorschläge des Modus der Wiedervereinigung Koreas. Darüber muß ich mich noch genauer informieren, wenn ich mich mit dem Generalsekretär des ZK treffe, was mir vorgeschlagen ist.

Praktisch bedeutet Dschudsche also:

– Originalität der Ideologie
– Politische Unabhängigkeit von anderen Ländern, also »Blockfreiheit«
– Unabhängigkeit auf dem Verteidigungssektor, also keine militärischen Bündnisse, weder mit China noch mit der Sowjetunion noch mit westlichen Ländern
– wirtschaftliche Autarkie.

Meine berechtigte Frage: Ist wirtschaftliche Autarkie heute überhaupt noch möglich und insbesondere für Nordkorea?

Die Antwort: Nordkorea hat zwei Drittel der Rohstoffe, die es für seine Produktion braucht, im eigenen Land, es hat Eisenerz, Kohle, Wismut, Graphit, Wolfram, soviel, daß es ausführen kann und daß das Verbleibende der einheimischen Leicht- und Schwerindustrie genügt, um die Bedürfnisse des Landes zu decken. Der wichtigste Handelspartner war nach dem Krieg die Sowjetunion. Nordkorea lieferte Rohstoffe, die Sowjetunion gab industrielle Fertigwaren und dazu Aufbauhilfe für die Rüstung. Dieses Wechselverhältnis brachte das schwächere Nordkorea in eine Abhängigkeit von der Sowjetunion, die Kim Il Sung möglichst rasch lösen wollte. Das war nötig, wenn er die Dschudsche-Ideologie durchführen wollte. Es war konkret nötig, da sich in der Mitte der sechziger Jahre zeigte, wie sehr die Sowjetunion darauf wartete, Nordkorea in politische Abhängigkeit zu bringen: bei einer innerpolitischen Spannung, die Kim Il Sungs Präsidentschaft in Frage stellte, wollte Moskau die Gelegenheit benützen. Aber die Spannung löste sich, und Kim Il Sung trieb seine Politik der Unabhängigkeit weiter. Das war riskant, denn nun mußte Kim Il Sung seinem eigenen Land die hohen Kosten für die Rüstung auferlegen. Das brachte einen Rückschlag für die Wirtschaft, aber sie wurde in Kauf genommen. Man sagt mir, daß Kim Il Sung nur zähneknirschend Geld für den Verteidigungshaushalt ausgebe. Er will Frieden, er will ihn für sein Land und für die Nachbarn und für die Völker der Erde. Wieviel lieber gäbe er das Geld aus für Schulen und Kliniken. Aber wenige hundert Kilometer entfernt ist die Grenze gegen Südkorea, dort sitzen die US-Truppen, dort haben sie ihre Raketenbasen, dort die Kriegsschiffe. Die Wiedervereinigung würde dieses Problem mit einem Schlag lösen. Ein einiges Korea hätte keine Feinde. Aber solange die USA Südkorea nicht verlassen, muß Nordkorea gerüstet sein, zumal es keinen militärischen Partner hat, weil es keinen will.

Mit der Erwähnung der Wiedervereinigung kommen Herr Kim und ich auf die Frage zurück, ob Nordkorea wirklich wirtschaftlich autark bleiben könne.

Das kann es nicht, es braucht Südkorea, so wie Südkorea den Norden braucht. Südkorea muß für Nordkorea Absatzmarkt werden, und Südkorea braucht den leeren Raum und die freien Arbeitsplätze im Norden.

Hat Nordkorea Erdöl?

Bis jetzt nicht. Es arbeitet mit einheimischer Kohle, die Förderung steigt von Jahr zu Jahr. Aber es braucht zusätzlich Erdöl und auch Erdgas. Um es einzukaufen zu können, braucht es für seine Industrieprodukte Absatzmärkte im Ausland.

Aus Südkorea bekäme es bei der Wiedervereinigung auch Wolle, Baumwolle, Häute. Bis jetzt behilft es sich mit der Herstellung von Kunstfaser, die wie Seide aussieht und sehr haltbar, auch schön ist, aber vielleicht doch nicht den künftigen Ansprüchen genügt, zumindest nicht für den Export.

Ich frage, ob es denn stimme, daß Nordkorea wirtschaftlich rückständig sei. Im Vergleich zu hochentwickelten Industriestaaten ja. Aber im Hinblick darauf, daß es ein Land der Dritten Welt ist und daß es 1945 ein völlig zerstörtes Land war, müsse man das erreichte Niveau als hoch bezeichnen. Ist es nicht hoch, wenn man denkt, daß hier wirklich niemand hungert, niemand schlecht gekleidet, niemand ohne ärztliche Hilfe und ohne Arbeit ist und jedermann gut wohnt, kurzum: daß jeder hat, was er braucht, und daß keiner Angst haben muß vor dem Alter? Braucht ein Land Überfluß? Wirklich: was brauchen wir alle außer dem Notwendigen? Brauchen wir nicht so viel dringender ein gutes, friedliches Miteinanderleben, Freundlichkeit, Selbstvertrauen, Geborgenheit, Freiheit von Weltangst? Warum unsre Überbewertung der Wirtschaft?

Mir geht hier in diesem »atheistischen« Land plötzlich scharf auf, daß Jesus, der Meister des Lebens auf unsrer Erde, sagte: »Eines nur ist notwendig.« Was meinte er mit diesem EINEN? Doch wohl das, was ich hier als allgemeines Wohlwollen erfahre. Es ist gewiß eine Art der im Christentum gemeinten Liebe.

Ich kehre im Gespräch noch einmal zur Wirtschaft zurück. Ich erwähne das Versagen des Marxismus-Leninismus in der Wirtschaft sozialistischer Länder, so in Polen, auch bereits in der DDR, und gewiß auch in der Sowjetunion. Wenn der Sozialismus schließlich Mißwirtschaft bewirke, dann ist etwas falsch an ihm. Oder liegt es daran, daß die Idee überwuchert und erstickt wurde von der Bürokratie? Wieso liefert Polen Maschinen an die Sowjetunion, und dort liegen sie ungebraucht und verrotten? Warum muß die riesige und fruchtbare Sowjetunion Weizen einführen statt ihn auszuführen? Warum gibt es in Polen eine so große Wohnungsnot? Warum? An der Idee liegt es gewiß nicht. Es liegt an den Menschen, es liegt an der Miß-Verwaltung. Ist das nicht auch für Nordkorea zu fürchten? Wird Kim Il Sung die Bürokratie im Zaum halten? Wird er für Wegeverkürzung zwischen Partei, Regierung, Produktion und

Verteilung der Güter sorgen? Er hat einen Vorteil: sein Land mit nur siebzehn Millionen Einwohnern ist überschaubar. Er überschaut es tatsächlich. Das gibt Hoffnung. Wird er aber auch der Eigen-Initiative genug Raum lassen? Wird der in seiner Ideologie geforderten Kreativität der Volksmassen in der Praxis der Wirtschaft Rechnung getragen? Wird die Zentralisation nach Bedarf gelockert? Wird die »Tong-san-ri«-Methode von oben her befohlen oder kommen die Vorschläge und Erfahrungen direkt aus dem arbeitenden Landvolk?

Tong-san-ri ist der Name eines Dorfes. Dort wird landwirtschaftlich experimentiert. Dort wird ausprobiert, ob die aus Pyeongyang kommenden Vorschläge zu realisieren sind. Es gibt nicht nur dieses eine Modelldorf. Jede Provinz hat ihr eigenes, denn jede Provinz hat andere Probleme: eine andere Art von Boden und ein anderes Klima.

Man hat gelernt, daß eine perfekte Planwirtschaft, am grünen Tisch ausgearbeitet von Funktionären, die keine Bauern sind, sondern Bürokraten, zur Mißwirtschaft führt. Also dezentralisiert man. Da Kim Il Sung selbst kein Beamtentyp ist, sondern ein Bauernkind und ein Praktiker, behält er den Überblick über das, was wirklich geschieht und geschehen soll. Er reist unermüdlich durchs Land und hört auf die Vorschläge und Erfahrungen der Landarbeiter. Die Bilder, die man allerorten sieht, sind kein Propagandatrick: Kim Il Sung sitzt wirklich mit untergeschlagenen Beinen bei den Bauern auf der Erde und diskutiert mit ihnen.

Man erzählt mir, daß es klare Fälle von Eigeninitiative in der Bevölkerung gebe: ohne Anweisung von oben habe ein größerer, gutgehender Industriebetrieb einem kleineren, schlechtgehenden geholfen, indem er entbehrliche Arbeiter hinschickte und vom überschüssigen Gewinn einiges abführte zur Sanierung des andern Betriebs. Derlei kann als Zeichen dafür genommen werden, daß Eigeninitiative gewährt wird.

Natürlich passieren hier wie überall Pannen. Man ist mitten im Lernprozeß. Man wird an den Fehlern andrer sozialistischer Länder lernen.

IX. Intermezzo am Drei-Tage-See

Die gewagteste politische Maßnahme Lykurgs ist die Landverteilung. Denn da eine furchtbare Ungleichheit bestand, viele besitz- und erwerbslose Menschen dem Staat zur Last fielen und der Reichtum in ganz wenige Hände zusammengeflossen war, so ging er daran, die größten Gebrechen des Staates, Armut und Reichtum, auszutreiben. Er überredete die Bürger, den gesamten Grund und Boden zur Verfügung zu stellen und ganz neu aufzuteilen, damit danach alle gleich unter gleichen Bedingungen leben und einen Vorrang nur durch Tüchtigkeit erstreben konnten...

PLUTARCH

Großer Ausflug mit vier Autos, auch Koch und Küchenmädchen fahren mit, denn wir werden ein Picknick dort machen.

Der See ist ein Stausee, einer der vielen künstlichen Seen, die Teil des ausgedehnten, kunstreichen Bewässerungs-Systems hier sind. Man pumpt das Wasser der Flüsse auf eine zentrale Höhe, von der aus es nach Bedarf durch Kanäle über das ganze Land hin verteilt wird. So gibt es nie Überschwemmungen und nie Dürren. Diese Art der Wasserversorgung ist so vorbildlich, daß ich mich frage, warum sie denn nicht auch andernorts durchgeführt wird, etwa in Italien, wo es jährlich riesige Überschwemmungen gibt am Po und am Arno, und wo Unsummen ausgegeben werden müssen, um die so entstandenen Schäden zu beheben, während der Süden des Landes aus Wassermangel verkarstet. Was Kim Il Sung kann, sollten doch andre Regierungen können, möchte man meinen.

Der Drei-Tage-See (so heißt er) ist entzückend zwischen Wäldern gelegen. Es gibt viele Wälder überall. Kim Il Sung hat für Aufforstung des im Kriege verwüsteten Landes gesorgt. (Schon sehe ich mich von den Sachen her gezwungen, immer Kim Il Sung zu erwähnen. Wirklich: er war und er ist es, der dem Land zum Wohlstand hilft. Er forstet auf, er legt Stauseen an, er... Schon verstehe ich etwas von dem, was man den »Personenkult« nennt.)

Der See hat mehrere kleine Inselchen. Wir rudern ans andre Ufer. Wir sind nicht die einzigen: eine Schar russischer Touristen sind auch da. Auf einem der Inselchen liegen drei

Russinnen auf dem Rücken, in Bikinis, die Achselträger gelöst, fast nackt, die Schenkel lässig gespreizt, drei stämmige, rosahäutige Frauen. Ich beobachte meine männlichen Begleiter. Derlei sieht man in ganz Nordkorea sonst nicht. Nordkoreaner entblößen sich nicht. Die Verhülltheit gehört zu ihrem Wesen genauso wie die ruhigen Bewegungen und das leise Reden. Es ist schon westlicher verderblicher Einfluß, wenn Männer Hemden mit kurzen Ärmeln tragen und Frauen enge Pullover. Das lernen sie, wenn sie im Westen studieren.

Meine männlichen Begleiter werfen einen erstaunten Blick auf die schier nackten Russinnen, auf dieses viele rosa Fleisch, das sich hier so ungeniert darbietet, absichtslos gewiß, doch eben ohne Gefühl fürs Hier-Gehörige. Dann wenden sie sich diskret ab, mit einem Lächeln, das besagt: Da sieht man die westliche Verkommenheit, den Mangel an Stilgefühl.

Ich denke: einmal waren die Sowjet-Kommunisten doch auch recht prüde, recht puritanisch, und betrachteten westliche Besucherinnen in Hosen und ärmellosen Pullovern als Zeugen der Unmoral kapitalistischer Länder. Das war einmal. Sie haben die Unsitten und Geschmacklosigkeiten der USA längst übernommen, während sie noch immer dagegen losziehen, theoretisch.

Ich identifiziere mich hier mit den Nordkoreanern und schäme mich plötzlich unsrer westlichen Libertinage, unsrer Stillosigkeit, unsres Mangels an Kultur, unsrer Ehrfurchtslosigkeit, unsres lauten Geschreis, unsres brutalen Umgangs untereinander. Das Negative ist nicht an den Kapitalismus gebunden, es zeigt sich überall. Auch der Ferne Osten wird seine noble Kultur verlieren, ganz gleich unter welcher Regierungsform. Nordkorea besitzt noch Kultur. Freundlichkeit ist eine ihrer Früchte.

Wir lagern uns auf einem Felsplateau überm Meer, in der Nähe einer Quelle. Hier kann man das Wasser unabgekocht trinken, aus jedem Bach kann man trinken, und die Wildkräuter pflückt man und ißt sie ungewaschen, hier gibts keine Verschmutzung und Vergiftung. Die Industrie ist weitab im Norden. Nach dem Essen wird aufgeräumt. Da bleibt kein Papier liegen, keine Bierflasche, keine Limonadendose. Nirgendwo im Land sehe ich Unrat und Abfall. Das Land gehört allen, und alle fühlen sich verantwortlich für seine Sauberkeit und Schönheit. Auf der Fahrt von Pyeongyang nach Weonsan war mir schon aufgefallen, daß die Autostraße (die wenig befahren ist) nicht von

Kehrmaschinen gesäubert wird; Gruppen von Frauen und Jugendlichen kehren sie mit Besen. Ich habe das kritisiert, ich finde es ungesund und unwirtschaftlich und unpassend. Man erklärt mir, jede Anliegerortschaft ist für ihren Teil der Autostraße verantwortlich. Ob ich nicht gesehen habe, daß jede dieser Ortschaften bestrebt ist, ihren Straßenrand schön zu bepflanzen, nach eigenem Geschmack? Doch, ich sah das. Aber... Und ob ich es nicht recht finde, daß die Leute, die jungen, dazu erzogen werden, sich verantwortlich zu fühlen für die Landschaft? Und ob ich es nicht gut finde, daß dort, wo Menschen etwas tun können ohne große Mühe, es nicht Maschinen tun sollen? Ob es nicht im Sinne der Ökologie sei, wenn die Technik nur dort angewendet werde, wo sie wirklich nötig ist? Das Kehren der Straßen und das Schönhalten der Randstreifen sei eine leichte Arbeit, dazu brauche man keine Maschine und kein Öl.

Aber der Staub...? Ich sah doch auch in Weonsan eine Gruppe von Schulkindern, die gebückt mit kleinen Besen die Uferstraße kehrten. Das, so sagte man mir, sei nicht ungesünder als chemisch vergiftete Luft einzuatmen. Und es stärke den Gemeinschaftsgeist. Das ist einzusehen.

Mir fällt auf, daß es hier am See und auch sonst nirgendwo Privat-Badestrände und Privatvillen gibt. Nirgendwo ein Warnschild: Privateigentum, betreten verboten.

Hier gibt es schlechthin kein Privateigentum an Erde und Wasser. An NICHTS. Sieht man einen schönen Platz, so steht dort ein Erholungsheim für das arbeitende Volk oder auch ein Gästehaus für ausländische offizielle Besucher. Haben die Spitzenfunktionäre keine eigenen Villen? Sie besitzen so wenig ein eigenes Haus wie alle andren, aber natürlich haben sie die Möglichkeit, sich kostenlos in eines der dafür vorgesehenen Häuser zurückzuziehen. Alles ist Gemeinbesitz, alles ist nur Leihgabe, widerruflicher, nicht verkauf- und nicht vererbbarer Besitz.

Nicht einmal in der Sowjetunion ist man so radikal, dort kann man den Grund und Boden für eine Datscha auf dem Land für die Dauer von fast hundert Jahren pachten. Hier nicht. Das ist Ur-Kommunismus, wie ihn auch Mohammed für Persien anordnete: Erde, Wasser und Feuer (Energie) sind Gemeingut.

Ich denke an die ungeheure Bodenspekulation im kapitalistischen Westen, und an die unselige Verwechslung von Haben und Sein. Hier macht das Viel-Haben einen Menschen nicht zum Mächtigen und allseits Privilegierten. Hier gilt einer nach dem, was er ausdrücklich für die Gemeinschaft leistet.

Natürlich gibt es in sozialistischen Ländern statt des Besitzes an Geld und Gut den der Macht, und nirgendwo auf Erden, in keinem politischen System, ist es unmöglich, Macht nicht zu mißbrauchen. Korruption der Funktionäre ist überall zu finden. Ich werde darüber hier nichts erfahren, ich nehme aber an, daß Kim Il Sung selbst frei davon ist, denn mit seiner moralischen Integrität steht und fällt seine Ideologie und sein Regierungssystem. Seine Unbescholtenheit garantiert seine Stellung. So wird er vermutlich auch von all seinen Mitarbeitern Integrität verlangen. Das ist eine Hypothese, die sich mir aus dem gesamten Kontext der nordkoreanischen Politik ergibt.

Kim Il Sung bei den »Kisängs«, den Edelhuren, in einem Luxushotel, ist schlechthin undenkbar. Der südkoreanische Präsident Park Chang Hee wurde bei solcher Gelegenheit ermordet. Oder Kim Il Sung, sein Privatvermögen in die Schweiz rettend, wie der persische Schah es machte – undenkbar: er hat keines.

Keinen Privatbesitz haben, scheint den Bürgern westlicher kapitalistischer Länder das Schlimmste, was ihnen der Sozialismus antun kann. Ist es denn wirklich so, daß uns unser Privatbesitz glücklich macht? Alte Weisheit: Geld macht nicht glücklich. Ja, aber macht Geld nicht frei? Wer Geld hat, kann frei damit schalten, er kann auch für seine Nachkommen Sicherheit schaffen. Das wohl. Aber sind die Nachkommen dafür dankbar? Und sind die »Sicherheiten« sicher? Und MUSS man gesichert leben? Wir, die wir Christen sind, haben noch immer nicht begriffen, daß Besitz keineswegs frei macht, sondern versklavt. »Unser tägliches Brot« sollen wir erbitten, nicht einen Kornspeicher.

Der reiche junge Mann, der zu Jesus kam und sagte, er wolle ihm nachfolgen, also ein Leben im Geist und in der Liebe führen, aber seinen Besitz nicht aufgeben wollte . . . »Und Jesus blickte ihm traurig nach.« Hier in Nordkorea ist das kein Problem. Der Nichtbesitz verringert die Sorgen um seine Mehrung und Sicherung, er mindert die Lebensangst, er macht frei. Aber wer im Westen will so ein Christ sein, wie die Nordkoreaner Sozialisten sind?

Freilich: hier in Nordkorea ists auch leicht, besitzlos zu leben, da der Staat für alles sorgt: für Alter und Invalidität (Rente), für

Krankheitsfälle (Medikamente, Klinik, Operationen kostenlos), für die Schulbildung der Kinder (Schulwesen kostenlos), für alles, was einem Menschen schwere Sorgen machen kann. Arbeitslosigkeit gibt es auch nicht, Mieten sind spottbillig, die Preise für alles, was man zum Leben braucht, niedrig, seit 1953 gab es keine Preiserhöhungen. Das kann der Staat leisten, weil es keine Ansammlung von Kapital in wenigen privaten Händen gibt und weil die allgemeinen Bedürfnisse bescheiden sind. Devisen werden gespart, vor allem wird wenig Geld ausgegeben für Erdöl, und für Luxusgüter überhaupt keines.

Das hört sich nach grauer Kargheit an. Aber hier ist kein Grau und kein Mangel an dem, was wir »Lebensqualität« nennen. Das Volk ist heiter und sorglos. »Der Vater sorgt für uns.« Kim Il Sung ist, ob er das will oder nicht, an die Stelle Gottes getreten. Wenigstens ist das noch jetzt so. Das Urvertrauen der Nordkoreaner ist beneidenswert.

> Lykurg wies alle, die aus keinem triftigen Grund ins Land kamen, wieder aus, damit sie nicht als Lehrmeister des Schlechteren wirken konnten. Denn mit fremden Menschen kommen notwendig fremde Gedanken herein. Fremde Gedanken führen zu neuen Werturteilen, aus denen neue Begierden und neue Zielsetzungen entspringen, die nicht im Einklang sind mit dem bestehenden Staate.
>
> PLUTARCH

Natürlich bin ich nicht so naiv, zu meinen, daß man hier im Paradies lebe. Man hat beschnittene Freiheiten, wenn man gewisse Einschränkungen als Freiheitsberaubung empfindet. Man kann nicht ins Ausland reisen, außer man hat einen Auftrag. Man kann sich den Arbeitsplatz nicht immer aussuchen, man wird zugeteilt. Man kann nicht immer studieren, was man will, man richtet sich nach der Nachfrage. Man kann nicht einfach nichts-tun, man muß mitarbeiten. Vom Kapital schön leben in Ruhe, das geht hier eben nicht. Man kann auch nicht alles schreiben, was man will. Aber ohne Zensur (die es sicher gibt) ist man vom Geist der Revolution her zu bestimmten Themen und Stilen gezwungen, und die Wünsche des Präsidenten werden respektiert. Wöge man die Vor- und Nachteile der (bedingten) westlichen Freiheit auf gegen jene der nordkoreanischen Unfreiheiten im einzelnen...

»Gemeinnutz geht vor Eigennutz.« Dort.

X. Reise durchs Land

Ehebruch galt bei den Spartanern für etwas Unglaubhaftes. So wird
ein Wort des Geradas überliefert, der auf die Frage eines Fremden,
was man bei ihnen mit den Ehebrechern macht, erwiderte: »Bei uns
gibt es keine Ehebrecher, lieber Fremdling.« Und als der andere
beharrte: »Wenn es aber doch einen gäbe?« antwortete Geradas:
»Dann muß er als Buße einen Ochsen zahlen, so groß, daß er mit
dem Kopfe über den Taygetos schauen und aus dem Eurotas saufen
kann.« Und als der Fremde erstaunt sagte, wie es einen so großen
Ochsen geben könne, lachte der Spartaner und sagte: »Wie kann es
also in Sparta Ehebrecher geben?«

PLUTARCH

Weonsan, östliche Hafenstadt. Das Hotel liegt am Meer. Ein
sehr großes Hotel mit einer halbwegs prunkvollen Halle und
freundlichen Zimmern, aber man sieht, wann es gebaut wurde:
kurz nach dem Krieg, sehr eilig und ohne gute Fachkräfte.
Improvisiert. Ich erinnere mich an das, was X. mir gesagt hatte
nach der Rückkehr aus Nordkorea: Manches funktioniert
nicht, aus dem Warmwasserhahn kommt nichts oder es gibt nur
warmes Wasser, kein kaltes, die Türen schließen nicht, und so
fort. Nun, ich hatte mir alles schlechter vorgestellt, aber auch
das Unzulängliche stört mich nicht. Was nützt uns der westliche
»Komfort«? Sind wir mit unsern Luxushotels glücklicher?
Illusion, daß Reichtum und Perfektion unsere Lebensqualität
steigern. Im Gegenteil. Das Ratten-Experiment des Verhal-
tensforschers König zeigt es: zwei Käfige mit Ratten, gleich alt,
gleich gesund; die einen werden ein wenig karg gehalten, die
andern werden überfüttert. Die Folge: die im Luxus leben,
werden aggressiv und pervers und bringen sich gegenseitig um.
Die andern leben normal und lang und gesund. Wer wie ich die
armen Nachkriegsjahre in Deutschland erlebte, der weiß, daß
man in der Kargheit intensiver und hoffnungsvoller lebt als in
der Sattheit. Ich entbehre hier nichts.
Eines aber stört mich: daß die Zimmertür zwar Schloß und
Schlüssel hat, daß man sie aber dennoch mit einiger Gewalt
aufdrücken kann. Ich sage das Herrn Chang, setze aber hinzu,
daß das nebensächlich sei, mir bedeute technische Perfektion

wenig. Aber Herr Chang ist empfindlich in diesem Punkt, er war zu lange im Westen. Er sagt, sein Land sei immer noch erst im Aufbau und es werde den Westen einholen.

Um Gotteswillen, wollen Sie das doch nicht.

Ich erzähle ihm das Ratten-Experiment.

Er meint, es gebe doch ein mittleres Maß, und eben das strebe man hier an: einen technischen Fortschritt, der sich an den echten Bedürfnissen der Menschen ausrichtet, statt daß er ihnen aufgezwungen wird. Konsumzwang soll es hier nie geben.

Vielleicht, oder wahrscheinlich, seid Ihr hier im Vorteil in der Zukunft: Ihr seid an gewisse Entbehrungen gewöhnt und werdet viel leichter eine Weltwirtschafts-Krise überstehen als wir Verwöhnten. Ihr habt nie technische Perfektion und Wohlstand mit Glück verwechselt.

Aber, sagt Herr Chang, der Präsident will, daß wir Fortschritt haben. Wir nennen es technische Revolution. Im übrigen: wir sind von der Ölkrise nicht betroffen, wir haben Kohle und Wasserkraft, wir sind in hohem Maße autark, das zu sein ist das Ziel unsrer Dschudsche-Ideologie: Selbständigkeit auf allen Gebieten. Darüber muß Herr Kim mit Ihnen reden.

Heute morgen bemerkte ich eine große Bewegung im Hafen. Ein Schiff ist eingelaufen, ein großes weißes Passagierschiff. Viele Menschen stehen dort herum, viele Schulkinder auch, und Berge von Gepäck werden ausgeladen. In der Hotelhalle ist ebenfalls ungewohnte Bewegung, und auch dort stapeln sich Koffer und Tasche und Bündel. Kein Gepäck normaler Reisender, und die Leute sind sichtlich keine Touristen. Es sind Koreaner vom Typ her, manche sehen eher wie Japaner aus. Was für Leute sind das? Es sind Rückkehrer, Heimkehrer aus dem japanischen Exil. Ich kenne ihre Geschichte, da ich die Geschichte meines Freundes Isang Yun kenne. Während der Zeit der japanischen Besetzung Koreas verschleppten die Japaner als Kolonialherren viele Koreaner nach Japan als »Gastarbeiter«, genau gesagt als rechtlose Sklaven. Sie durften ihre Muttersprache nicht mehr sprechen, darauf stand Strafe, sie durften keine höheren Schulen besuchen und keine bürgerlichen Berufe lernen und ausüben. Sie durften nicht einmal mehr ihre koreanischen Namen tragen. Sie waren echte Parias. Warum wurden sie 1945 nach der Niederlage Japans durch die USA nicht in ihre Heimat zurückgeführt? Vermutlich weil man in Japan Aufbaukräfte brauchte und weil die USA ein Interesse daran hatten, daß Japan rasch wieder ein einträglicher Handelspartner werde und daß Nordkorea schwach bevölkert bleibe. Die südkoreanische Regierung hat sich, soviel ich weiß, nicht um die Emigranten bemüht. Kim Il Sung erreichte nach langen Verhandlungen, daß 1959 die ersten Koreaner zurückkehren konnten, seither kommt Gruppe um Gruppe zurück.

Ich denke an unsre Aussiedler aus dem deutschen Osten. Sie kamen in Lager, bis man einen Arbeitsplatz für sie fand. Hier sind Wohnung und Arbeitsplatz vorbereitet. Die Heimkehrer sind höchst willkommen, nicht nur, weil Kim Il Sung sein Volk beisammen haben will, sondern auch weil Nordkorea ein Land ohne Volk ist, es hat nur siebzehn Millionen Einwohner. Südkorea ist nicht größer und hat sechsunddreißig Millionen. Es quillt über von Menschen. Nordkorea braucht sie.

Die Ältesten wurden 1909 verschleppt. Ich sehe unter den Angekommenen einige Uralte. Die Jüngeren sind in der Sklaverei geboren und aufgewachsen. Jetzt sind sie freie Staatsbürger im befreiten Land. Noch warten viele in Japan auf die Erlaubnis zur Rückkehr. Es ist klar, daß die Heimkehrer dem Präsidenten dankbar sind und daß sie willige, freudige Mitarbeiter der sozialistischen Revolution sein wollen, nachdem sie in Japan den Kapitalismus in krasser Form kennengelernt haben.

Wie sind jetzt die Beziehungen zwischen Japan und Nordkorea? Der bessere und junge Teil der Japaner schämt sich der Vergangenheit. Viele Japaner kommen nach Nordkorea, um sich zu informieren. Ich habe in der Bibliothek meines Arbeitszimmers im Pyeongyanger Gästehaus mehrere Bücher gefunden mit Aufsätzen japanischer Journalisten und Politiker aller Parteien. Sie sind positiv, ja voller Bewunderung für das, was in Nordkorea geleistet wurde. Auch die Person Kim Il Sungs wird geschätzt. Man scheint sich im heutigen Japan sehr mit dem Modell Nordkorea zu befassen. Aber für Japan ist es kein Modell, kann es nicht sein. Es muß seinen eigenen Weg zum Sozialismus finden, wenn es ihn haben will.

Besuch in der Musikschule Weonsan. Keine Musikhochschule, also keine Ausbildung zu Berufsmusikern und Künstlern. Einfach eine Stätte, an der begabte Kinder und Jugendliche singen und Instrumente spielen lernen zum Hausgebrauch. Wer sich als sehr begabt erweist, wird dann zur Musikhochschule aufsteigen. Was die jungen Leute hier leisten, ist schon beachtlich. Es gibt Einzel- und Gruppenunterricht. Ich höre einzelne geigen, flöten, Cello und das einheimische Saiten-Instrument Kayagum spielen. Mir zu Ehren gibt man ein Konzert. Ein Student dirigiert. Aber nicht gut. Viel zu dick ist das Orchester, viel zu laut. Es hört sich an wie im Zirkus: gleich werden die Pferde und Löwen in die Arena traben. Das Stück kenne ich nicht, es ist westlicher Herkunft und mittelmäßig. Alle Volksmusik dagegen ist schön. Auch die Tänze sind ungemein reizend. Alles Einheimische gelingt, alles Westliche wird schief. Da ist noch viel aufzuholen. Die Südkoreaner studieren in Europa und den USA. Das müßten die Nordkoreaner auch tun. Vorläufig schicken sie nur ihre Techniker in die sozialistischen Staaten des Westens. Übrigens ist die musikalische, die musische Ausbildung natürlich kostenlos, wie alle Schulbildung hier.

Frage: warum legen alle sozialistischen Staaten so großes Gewicht auf die musische Ausbildung ihrer Jugend? Steht bei ihnen die Kunst höher im Kurs als in den kapitalistischen Demokratien? Es scheint tatsächlich so. Wo sonst gibt es diese musischen Bildungsstätten, die der Staat bezahlt? Wo sonst lernen die Kinder kostenlos Instrumente spielen? Wo vermag man die Jugend so lebhaft für Kunstausübung zu begeistern und so beharrlich bei der Stange zu halten, obgleich kein Zwang besteht?

Was ist die Absicht des Staates, wenn er soviel Geld zur Verfügung stellt für Kunsterziehung? Gehört die musische Erziehung zum proklamierten Ziel der Hebung des Bildungsniveaus? Oder ist die Kunst das am besten geeignete Medium, die Jugend für den Staat zu begeistern, der ihr diese schönen Möglichkeiten schafft? Ist die Kunst, vorweg die Musik, die unauffälligste und wirksamste Methode der Indoktrinierung von Kindheit an? Führt der Weg zum Einheitsdenken über die Musik, welche das kritische Denken überflutet mit unbewußten Inhalten? Nimmt der Staat die künstlerische Erziehung so kräftig in die Hand, damit eine Einheits-Volkskunst entstehe und unerwünschte Einflüsse westlich-dekadenter Art ausgeschlossen sind? Liegt der gesamten musischen Erziehung in Nordkorea ein bestimmter durchgängiger Plan zugrunde?

Die Sowjetunion sieht in ihren Kunstschulen, in den Pionierpalästen, Stätten der Ausbildung zu Künstlern, die weltkon-

kurrenzfähig sind, und in der Tat gehen aus diesen Bildungsstätten große Musiker und Tänzer hervor. Will Nordkorea das
auch? Es scheint nicht. Es denkt nicht an Weltkunst, es will
eigentlich nur eine Volkskunst. Aber es kann nicht umhin, sich
für die westliche Kunst zu öffnen. So herrscht vorerst eine
peinliche Unsicherheit.

Schon Platon hat für seinen idealen Staat der Musik eine große
Rolle zugeteilt, er hat sogar vorgeschrieben, welche Tonarten
verwendet werden dürfen, welche nicht. Es gibt Tonarten, die
verweichlichen, und andre, die stärken und anregen. In der
koreanischen Volksmusik, wie ich sie hier allerorten aus den
öffentlichen Lautsprechern höre, herrscht eine reine Dur-
Tonart, ohne Halbtöne, scheint mir. Sie klingt reizend und
beruhigend und kinderliedhaft. Ist das Absicht und Methode?

Ich höre, daß man in Nordkorea alle Instrumente selbst baut,
nur die Ziehharmonika führte man ein. So sind alle Instrumente
noch sehr jung. Daher kommt es wohl, daß sie noch keinen
Schmelz haben und etwas roh klingen.

Überall in der Welt hat Musik mit Politik zu tun. Marschmusik
feuert an, macht aggressiv und kollektiv gehorsam. Volkslied-
Melodien in Moll drücken Klage aus. Protestsongs wecken
politische Emotionen. Und so fort. Was man hier in Nordkorea
hört, ist heiter. Es macht zur Arbeit geneigt und zur Freundlichkeit. Musik hat hier auch einen demokratischen Zeichenwert:
Sie war, wie Kunst überhaupt, das Vorrecht der insgesamt
privilegierten Klasse: der Feudalherrenschicht. Nur die feinen
reichen Leute konnten sich den Luxus der Kunst leisten. Jetzt
können alle teilnehmen. Alles gehört allen, auch die Kunst.
Hier verkommt kein Talent, weil das Geld zur Ausbildung
fehlt. Übrigens hat jeder Betrieb, jede Fabrik ein eigenes
Orchester, und zudem gibt es ein Orchester, das nur aus Frauen
besteht. Ich hörte es im Radio und sah es im Fernsehen.

Im Kumgangsan-Gebirge

Ich schaue verwirrt von meinem Hotelzimmer aus in die Landschaft: bin ich in Korea oder in den Dolomiten? Ein hohes Zakkengebirge, grauer Fels, und ein Gebirgstal mit viel maifrischem
Laubwald und einem rauschenden Bach, der sich weiter unten
im Tal unter blühenden Kirschbäumen verliert. Wunderbar

reine Luft, kühl, fast kalt und winterlich scharf. Und am Himmel viele Sterne, groß und blank. Im Hotel wird geheizt jetzt am Abend. Bei unsrer Ankunft war es draußen heiß.
Warum heißt das Gebirge Diamantgebirge? Gibt es hier Diamanten?
Herr Chang sagt: Oh, ja, und Gold.
Man schürft also?
Nein.
Nein?
Der Präsident hat es verboten. Er will kein Goldfieber im Land. Und er will nicht, daß die wunderschöne Landschaft zerstört oder auch nur aufgestört wird. Dieses Gebirge ist uns heilig.
Warum?
Weil hier unsre Schutzgeister leben, die acht Feen.
Herr Chang! Sie als moderner Aufgeklärter!! Brauchen Sie einen Mythos, weil Sie keine Religion mehr haben?
In diesem Gebirge wurde im Koreakrieg heiß gekämpft. Da drüben liegt Südkorea. Ganz nahe. Das Gebirge blieb in unsrer Hand. Der Sieg hat große Opfer gefordert. Das ist unser Mythos, denn es ist unsere Leidens- und Siegesgeschichte.

Heute sind wir ins Gebirge gegangen und haben einen sehr steilen Aufstieg gemacht zu den Wasserfällen. Ein steiniger Pfad, der über schwankende Hängebrücken führt. Darunter eisklares reißendes Wasser, darüber blühende Kirschbäume. Wo das Wasser sich in tiefen Steinbecken sammelt und ruht, spiegeln sich die Blütenbäume. Am Ende des Aufstiegs ein Rasthaus in Tempelform. Gegenüber der Wasserfall, eine Sturzflut von Wasser aus großer Höhe, aus dem nackten Fels. Dort drüben, oben, sind acht Seen, in denen die acht Feen wohnen.
Dort also ruhen Diamanten und Gold im Boden. Und es wird nicht geschürft. Ich bewundere die Entscheidung. Welches andere Land der Welt würde auf den Schatz verzichten?
Das Gebirge ist ein Ort der Erholung für das arbeitende Volk, sagte Kim Il Sung, es ist kein Ort der Zerstörung um des Geldgewinnes willen.
Umkehrung der Werte. Ich erinnere mich meines kalten Entsetzens, als ich bei meinem ersten Besuch in den USA bei der Erwähnung eines Mannes die Frage hörte: Wieviel ist er wert?
Wieviel? Nicht: was ist er wert. Wieviel also. Die Antwort:

Drei Millionen. Sein Wert wurde gemessen an seinem Geld.
Mir fällt auf, daß hier nie von Geld die Rede ist.
Wir haben, was wir brauchen, sagt Herr Chang.
Was heißt das?
Jeder Einwohner bekommt vom Staat eine monatliche Rente.
Sie wird bestimmt nach dem Grad der Verantwortung, die einer
hat. Aber die Unterschiede sind nicht groß. Es gibt keine
Armut und es gibt keinen Reichtum. Es gibt auch keine Hütten
der Armen und keine Luxusvillen der Reichen. Jeder hat ein
Haus oder eine Wohnung. Weder die Wohnung noch das Haus
gehört ihm. Die meisten haben zwei Zimmer und Küche und
Bad. Die hohen Funktionäre und die Universitätsprofessoren
haben drei Zimmer, und sie haben ein Auto zu ihrer Verfügung,
aber es gehört ihnen nicht. Wir haben sehr gute Verkehrsmittel,
wir können auf ein Privatauto verzichten. So sparen wir Benzin
und halten unsre Luft sauber. Es geht sehr gut so.
Man muß hoffen, daß hier die Parallele mit Lykurg NICHT
stimmt: »Nach seinem Tode strömte wieder Geld ins Land und
mit dem Geld kam Habsucht und Streben nach Reichtum, und
die Gesetze des Lykurg wurden so untergraben ...«

XI. Dorf-Erfahrungen

Mit der Erziehung, die er für die wichtigste Aufgabe des Gesetzgebers ansah, fing er ganz von vorne an und richtete sein Augenmerk auf Eheschließung und Kinderzeugung ... Die Knaben gab er nicht in die Hände von gekauften oder gemieteten Pädagogen, noch durfte jeder seinen Sohn aufziehen wie er wollte, sondern er nahm selbst alle, sobald sie sieben Jahre alt waren, zu sich und teilte sie in Gruppen ein, in denen sie miteinander aufwuchsen, erzogen und gewöhnt wurden, beim Spiel wie bei ernster Beschäftigung immer beisammen zu sein. Als Führer der Gruppe wählten sie selbst denjenigen, der sich durch Klugheit und Kampfesmut auszeichnete. Auf ihn blickten sie und unterwarfen sich seinen Strafen, so daß die Erziehung wesentlich in der Übung des Gehorsams bestand ...

PLUTARCH

Herr Chang hat mir einen Übernamen gegeben, der auf deutsch heißt: Frau »Was-tun-wir-morgen?«
Man mag hier diesen Eifer nicht, mit dem ich Informationen sammle. Nicht als sei man unwillig, sie mir zu geben. Nur: warum diese Eile?
Schauen Sie die Leute an, sagt Herr Chang. Die laufen nie, und die Arbeiter auf den Feldern, die überanstrengen sich nie, auch bei der Reispflanzung nicht, sie setzen sich immer wieder hin, der Präsident will, daß die Leute in Ruhe und Freude arbeiten, ohne Nervosität. Aber gut: was wollen Sie morgen sehen?
Eine Dorfschule und eine Dorfklinik, bitte.

Wir fahren also über Land. Ein heißer Tag. Es hat lange nicht geregnet, wir fahren in Staubnebeln, hinter denen rot die Sonne steht. Aber auf den Straßen gehen Scharen von Menschen, viel Jugend, sie gehen zur Feldarbeit, hier wird nicht Reis, sondern Mais gepflanzt, also ins Trockene, nicht in Schlammfelder. Keine angenehme Arbeit. Ich bitte den Kameramann, das zu filmen. Er tut es ungern. Das gebe ein ungutes Bild von Nordkorea, meint er. Ich widerspreche ihm. Also filmt er ein weites Feld mit Pflanzern hinter Staubschleiern.
Die Klinik gehört zu einem Dorf, das, Dach an Dach, in eine flache Talmulde geduckt ist. Fünfzig Häuser wie überall bilden

das Dorf. Diese Dörfer scheinen alt, aber sie wurden fast alle nach dem Krieg gebaut, also nach einem Plan. Aber wie bringen die Nordkoreaner es zuwege, daß das Ganze keinen öden Siedlungscharakter hat, da doch die Häuser alle sich gleichen? Die geschweiften Dächer mit den Giebelschnitzereien schaffen den Eindruck lebendiger Bewegung. Man sollte ähnliche Lösungen auch bei uns im Westen finden. Die Ausschließlichkeit der Verwendung gerader Linien und scharfer Kanten ist schlecht, die Natur kennt sie nicht, sie stören also in der Landschaft, sie schaffen böse Disharmonie.

Das Dorf ist wie ausgestorben. Alle sind auf den Feldern. Nur Kinder sind da, sie sind in der Kinderkrippe und im Kindergarten, gut betreut. Dort bekommen sie auch zu essen. Kostenlos. Den arbeitenden Frauen ist es freigestellt, ob sie zu Hause selbst kochen oder ob sie in der Gemeinschaftsküche essen wollen. Das scheint hier Prinzip zu sein: die Erleichterungen werden der Frau angeboten, aber sie wird nicht gezwungen, sie anzunehmen.

Die Klinik ist klein, sie genügt für das Dorf und seine Umgebung, und für leichtere Fälle. Fünfzehn Kilometer entfernt ist die Klinik der Kreisstadt, wo operiert werden kann. Hier behandelt man die ortsüblichen Krankheiten: Erkältungen und Rheuma. Die Klinik hat fünf Räume. Zwei sind jetzt besetzt: ein alter Mann mit Blasenkatarrh, ein andrer mit Halsentzündung. Es gibt drei Ärzte, einer ist auf Station, die andern sind ambulant tätig. Dazu gibt es hier zwei Pfleger. Für die Rheumakranken gibt es zwei »Ondul«-Kammern, Räume mit der üblichen Fußbodenheizung, wo die Patienten auf dem warmen Boden liegen. Im Badezimmer bekommen sie Kräuterbäder, zum Trinken reinigende Tees.

In der Apotheke der Klinik hängen Bündel getrockneter Pflanzen, in unzähligen Schubfächern fertige Medikamente, alle rein pflanzlich. Der Arzt wiegt sie auf einer empfindlichen kleinen Waage. Er sagt, es sei ein Irrtum, zu meinen, pflanzliche Medikamente könnten »einfach so« gegeben und genommen werden, denn auch ihre Wirkung hängt von der Dosierung ab, zu kleine Dosen seien unwirksam, zu große können gefährlich sein, man bekommt daher auch Naturheilmittel nur auf ärztliches Rezept und nach ärztlicher Untersuchung.

Gibt es keine chemischen Medikamente?

Doch, wenige, es gibt für schwere Fälle Antibiotika wie Penicillin, aber man vermeidet sie nach Möglichkeit. Unsre gesamte

Medizin hier ist weniger auf Behandlung vorhandener Krankheiten abgestellt als auf Vorbeugung. Wir führen viele Pflicht-Untersuchungen durch. Die Kinder werden sehr häufig untersucht, die Schwangeren ebenso, die Frauen überhaupt jedes halbe Jahr, die übrigen je nach Bedarf, wir haben eine äußerst geringe Säuglings-Sterblichkeit.

Welche Krankheiten sind hier häufig?

Erkältungen.

Tuberkulose?

Ausgerottet durch gute Ernährung und Vorbeuge-Untersuchung.

Lepra? In Südkorea ist sie noch häufig, ich war dort in einer Leprastation.

Wir haben keinen einzigen Fall, auch Malaria nicht, auch venerische Krankheiten nicht, und Krebs wird im Frühstadium erkannt.

In Südkorea sträuben sich die Bauern besonders entlegener Gegenden, einen Arzt aufzusuchen und moderne Medikamente zu nehmen, sie halten viel mehr vom Schamanen und Zauberer, selbst Ärzte holen in verzweifelten Fällen den Medizinmann.

Ja, das gibt es hier auch, aber die unentwegte Aufklärung ist wirksam, und im übrigen wissen wir, was aus der Kunst der Schamanen für die moderne Medizin entnehmbar ist. Wir halten viel von Naturheilkunde. Wir kennen siebenhundert Heilkräuter. Hier in unserm kleinen Vorgarten haben wir einige der gebräuchlichsten.

Wo bekommen die Frauen ihre Kinder?

In der Klinik natürlich.

Wird bei der Geburt Akupunktur angewendet?

Kaum, die Frauen bringen ihre Kinder auf ganz natürliche Weise zur Welt. Bei Operationen natürlich wenden wir Akupunktur an.

Wie verläuft das Medizinstudium?

Ich habe an einer medizinischen Fachhochschule studiert, vier Jahre. Um Facharzt zu werden, studiert man länger. Es gibt viele medizinische Hochschulen. An der Universität Pyeongyang, der einzigen Universität im Land, wird Medizin nicht gelehrt. Wir haben keinen Ärztemangel. Sehr viele Frauen studieren Medizin.

Wer bezahlt die Ärzte?

Der Staat natürlich. Wir haben ein festes Monatseinkommen.

Ich denke an den Westen, an unsre Ärzte und Zahnärzte, und wie sie kassieren und sich Luxusvillen bauen, und wie ungründlich viele sind, und was für Herren und Despoten in den Kliniken, und wie lange ein normaler Patient auf ein Klinikbett warten muß und wie unfreundlich man vielerorts behandelt wird. Ich denke auch an die Sowjetunion, wo die Privilegierten schon einen Privatarzt wählen und bezahlen können, denn die Kassenärzte sind ihnen zu schlecht. Wo auf Erden ist Gleichheit und Gerechtigkeit?

Ich interessiere mich natürlich für den Stand der Psychiatrie in Nordkorea. Der Arzt gibt zu, daß er darüber nichts wisse. Er habe nie mit psychischen Krankheiten zu tun, nicht einmal mit Neurologie, das ist Sache der großen Kliniken und der Fachärzte. Aber einmal habe er einen Fall von Wahnsinn erlebt in diesem Dorf: ein Mann habe im Gebirge plötzlich einen Tiger gesehen, es gibt hier Tiger, und der Schock habe ihn irregemacht, er mußte in die Klinik gebracht werden, da blieb er fünf Jahre, jetzt ist er als geheilt entlassen.

Ich möchte wohl wissen, ob der Mann einen echten, einen materiellen Tiger gesehen hat oder ob er eine Angstneurose hatte, die ihn einen Tiger sehen ließ, wo keiner war. Aber zu solchen Erörterungen ist jetzt und hier nicht die Gelegenheit.

Der Arzt zeigt mir seine große Kartei. Hier ist jedermann aus seinem Amtsbezirk erfaßt, jede Krankheit und jede Medikation ist aufgezeichnet.

Ich frage vorsichtig nach Mißbildungen und nach dem, was wir seit Hitler Euthanasie nennen: die Tötung unwerten Lebens. Der Arzt schaut mich entsetzt an. Gibt es denn das irgendwo in der Welt?

Ich habe bis jetzt keine Krüppel gesehen. Verbirgt man sie in Anstalten wie bei uns? Oh, nein, es gibt welche, aber sie leben in ihren eigenen Familien.

Mir fiel schon auf, wie blühend gesund die Leute aussehen. Die Alten freilich haben gekrümmte Rücken und sehen verhärmt aus: die Generation, die zwei Kriege und Hunger und den harten Wiederaufbau erlebte und in der Jugend keine medizinische Betreuung hatte, als die Japaner das Land besetzt hielten. Aber die Jüngeren, besonders die Kinder platzen vor Gesundheit und Lebenslust. Natürlich: Sport und Tanz von Kindheit auf, keine Drogen, kein Alkohol, gesunde unvergiftete Nahrung, keine Medikamente während der Schwangerschaft, unablässige medizinische Überwachung, und ein freundliches Zu-

sammenleben, das schafft innere Harmonie, die sich als körper-
lich-seelische Gesundheit zeigt.

Nur: man raucht unmäßig viel. Ist das gesund?

Herr Chang lacht. Ein Laster müssen wir doch haben dürfen,
oder?

Jetzt will die Frau »Was-tun-wir-morgen« noch eine Dorfschule sehen. Herr Chang hat den Besuch schon vorbereitet. Aber
viel Zeit zu Sondervorbereitungen war nicht, also werde ich die
Schule wohl in ziemlich alltäglichem Zustand sehen. Keine
Musterschule. Sie liegt in der ländlichen Stille, etwas entfernt
von einem Dorf. Eine Volksschule, Grundschule, vier Klassen,
für Knaben und Mädchen, aber keine Ko-Edukation, wie ich
erfahre. Warum nicht? Der Schulleiter, noch sehr jung, erklärt
es mir: Knaben müssen anders erzogen werden als Mädchen,
denn sie haben einen anderen Charakter, eine andere Mentalität. Knaben müssen mutiger sein, Mädchen zarter. Nun, sage
ich, als Partisaninnen waren Mädchen und Frauen genauso
mutig wie Männer, oder etwa nicht?

Aber jetzt ist nicht Krieg.

Nun, lassen wirs dabei bewenden.

Die Schule hat über dreihundert Schüler, je vierzig in einer
Klasse, und zwölf Lehrpersonen, davon zehn weibliche. Der
Lehrberuf, so sagt der Schulleiter, eignet sich sehr gut für das
weibliche Geschlecht. Das alte Rollenspiel also, denke ich, und
ich denke daran, wie die kleinen Nordkoreanerinnen, nicht
anders als die Mädchen in Südkorea, dazu erzogen werden,
weiblich zu sein, sich hübsch zu machen, sich anmutig zu
bewegen, leise zu sprechen.

Ich sage: Hat die nordkoreanische Frau nicht volle Gleichberechtigung? Lebt sie in einem sozialistischen Land nicht emanzipiert?

Mit dieser Frage fühlt sich der Schulleiter überfordert.

Wir gehen durch das Schulgebäude. Aus den Klassenzimmern
höre ich den Unterricht: hier wird gesungen zur miserablen
Begleitung einer Ziehharmonika, dort wird im Chor gelesen,
dort liest ein Mädchen den andern aus einem Buch vor. Wir
treten ein. Wie diszipliniert die Kinder sind! Erschreckend.
Keines hebt den Kopf vom Buch, keines blickt nach uns. Die
Wunschkinder einer reaktionären Lernschule, einer reaktionären Gesellschaft, einer autoritären Regierung. Ich sehe keine
Lehr- und Lernmittel. Kein Zeichen selbständiger schöpferi-

scher Arbeit. Eine Lehrerin spricht etwas vor, die Kinder sprechen nach. Ich, einmal Lehrerin gewesen, bin bestürzt. Da sitzen intelligente Kinder, die später mitverantwortlich sein werden für den Staat. Aber vielleicht, so denke ich ketzerisch aufsässig, vielleicht gehört es zu den Grundsätzen eines totalitären Staates, die Kinder zum Sprechen und Nachsprechen zu erziehen statt zum kritischen Denken. In Gedanken schreibe ich einen Brief an den Präsidenten Kim Il Sung: »Herr Präsident, in Ihrer Ideologie ist von Selbständigkeit die Rede, Selbständigkeit in der Wirtschaft, in der Verteidigung, in der Staatsphilosophie. Aber was Sie hier zulassen oder anordnen, das ist das Gegenteil von Selbständigkeit, das ist altmodischer Schuldrill. Brauchen Sie nicht selbständig, kritisch denkende Staatsbürger? Las ich nicht, daß Sie ein Volk von Intellektuellen heranbilden wollen? Was verstehen Sie unter einem Intellektuellen? Gehört zur Intellektualität nicht Kritik-Fähigkeit? Wäre es nicht gut, Sie würden Ihre Professoren an pädagogische Hochschulen im Westen schicken, um moderne Methoden zu lernen?«

Aber da stocke ich. Haben wir im Westen denn moderne Methoden? Wir hatten sie einmal. Wir hatten in den zwanziger Jahren die Zeit der schöpferischen Pädagogik, der Arbeitsschule anstelle der Lern- und Drillschule. Aber heute? Lernen unsre jungen Leute nicht auch nur für die Schule, für das Examen? Und hat die Arbeits- und Denkschule meiner Zeit die Jugend wirklich kritikfähig gemacht? Hat sie gelernt, über Hitler nachzudenken oder über den Kommunismus? Ich bin verwirrt. Hier stimmt etwas nicht, aber dort auch nicht. Das gesamte Schulsystem in der zivilisierten Welt stimmt nicht mehr.

Ich wende mich jetzt lieber dem Positiven hier zu: Strafe gibt es nicht. Wehe, wenn ein Lehrer ein Kind schlüge! Es gibt nur positive Anreize zur schulischen Leistung und zum Wohlverhalten. Im Korridor hängen Tabellen mit Zahlen bei den Namen der Schüler. Man bekommt Sterne für Freundlichkeit im Verhalten, für besondere Hilfsbereitschaft, für sportliche Leistung, für besonderen Eifer in der Aufzucht von Kleintieren (es gibt hinter der Schule Kaninchenställe).

Sonderbar: die Kindergärten sind vorbildlich, nach dem Modell der Montessori geführt. Warum sind die Schulen im Rückstand? Aber darf ich so rasch urteilen? Ich fürchte jedoch, ich habe recht: hier ist Nordkorea wirklich im Rückstand.

Ich bemerke auch, daß, ganz im Gegensatz zu den prunkvollen Stadtkindergärten, diese Dorfschule schäbig ist. An verschiedenen Stellen fehlt der Deckenverputz, die Wände haben Flecken, schön ist kein Raum – außer dem Festraum, in dem die Kinder politischen Unterricht bekommen und nationale Feiern mitmachen. Da hängt das große farbige Bild Kim Il Sungs, und die Kinder singen: »Wir sind glücklich, wir leben im Paradies«, und das stimmt, denn hier gibt es keine »Schlüsselkinder«, keine Verwahrlosung, kein Abschieben unerwünschter Kinder in Heime, keine Jugendkriminalität, keine Kindesmißhandlung, keine Sexualverbrechen an Kindern, keine Schülerselbstmorde. Ich sehe mich gezwungen zu denken, daß unsre antikommunistischen, rechts-konservativen Parteien im Westen Nordkorea zum Modell nehmen müßten, wenn sie eine so brave Jugend wollen. Ich habe Lust, laut zu lachen über die Absurdität unsrer ideologischen Streitereien. Ich denke sogar für einen Augenblick, ob die Demokratie wirklich die beste aller Regierungsformen ist.

Die Kinder hier haben ihr Glück einem einzigen Mann zu verdanken. Er hat ihnen dieses Kinderparadies geschaffen. Ihm allein sind sie Dank schuldig. Wem sollten die Kinder im Westen danken? Dem Staat? Wer ist das? Wer ist »die Regierung«? Wer sorgt für die Kinder des Volks? Die Eltern, die Steuern zahlen und hohe Studiengelder, und die nicht einmal wissen, ob ihre Kinder dann einen Arbeitsplatz bekommen. Ein Staat, der nicht imstande ist, Kindergärten und Tagesstätten für Kinder berufstätiger Mütter einzurichten, ein reicher Staat ... Ketzerische Gedanken? Sind sie unberechtigt?

Und was eigentlich geben wir unsern Kindern mit auf den Lebensweg? Sind wir imstande, ihnen Gemeinschaftsgeist zu vermitteln, wir Egoisten? Und was sagen wir, wenn unsre Kinder nach dem Sinn des Lebens fragen?

Aber diese Kinder hier werden einseitig indoktriniert mit sozialistischen Ideen.

Nun: werden unsre Kinder nicht indoktriniert mit Parolen wie »Fortschritt« und »Konsum« und »Wohlstand« und mit Partei-Programmen? Ist das besser als die Ideologie Kim Il Sungs, die wenigstens nicht allein auf materielle, sondern wesentlich auf geistige Werte zielt? Hier gilt wirklich das Sein und nicht das Haben.

Ich stellte dem Schulleiter einige Einzelfragen. Vor allem interessierte mich, ob die Eltern ein Mitbestimmungsrecht haben. Es gibt einen Elternbeirat und es gibt jedes halbe Jahr eine Elternversammlung. Hier wird den Eltern über den

Stand der Schüler berichtet. Mir wird klar, daß die Eltern dabei passiv sind. Ein Mitspracherecht haben sie nicht. Jedenfalls nicht in wichtigen Fragen. Aber: wie weit reicht das Mitspracherecht bei uns im Westen? Hat man die Eltern gefragt, ob es ihnen recht sei, daß ihre Kinder, statt in die nahe Dorfschule zu gehen, eine Stunde im Bus fahren müssen zur nächsten Gesamtschule? Haben unsre Eltern mitzureden bei Fragen der Unterrichtsgestaltung und der Prüfungsmethoden? Wird nicht auch bei uns alles »von oben her« bestimmt? Bilden wir uns vielleicht nur ein, in einer freien Demokratie zu leben?

Angesichts der Verhältnisse in Nordkorea wird man aus gewohnten Denkbahnen gerissen. Man sieht vieles in Frage gestellt, was man als einfach gegeben hinnahm. Das ist sehr heilsam. Sehr gut ist das, wenn man Vorurteile überprüfen muß. Aber sehr unbequem ist es und bisweilen verwirrend. Man muß aber den Mut haben, sich immer wieder einmal verwirren zu lassen, um dann die Welt mit neuen Augen zu sehen.

Auf der Rückfahrt nach Pyeongyang besuchen wir das Pionierlager in Weonsan. Pioniere werden die Kinder mit neun Jahren und bleiben es fünf Jahre lang. Das Lager, ein großer Gebäudekomplex, liegt sehr schön in einem Park am Meer. Vor dem Haupthaus ein kleiner künstlicher See mit vielen Booten: die Kinder haben Ruderkurs. Auf einem freien Platz üben Mädchen einen Volkstanz und singen dazu. In den Lagern sind, im Gegensatz zur Schule, Knaben und Mädchen beisammen.

Das Prinzip ist mir nicht einsichtig.

Die Kinder, die hier zusammen sind, kommen aus dem Norden des Landes, aus dem Gebirge, für sie ist das Meer das große Neue. Die Kinder von der Küste sind im Gebirge, und für sie ist dort die neue Erfahrung. Es gibt auch Lagerzeiten, in denen Kinder aus der Stadt mit Kindern vom Dorf beisammen sind. So lernen sie alle Land und Leute kennen.

Früher war es ein Privileg für die Tüchtigsten, ins Lager geschickt zu werden, heute ist es Teil der allgemeinen Erziehung. Jeder Schüler ist einmal im Jahr im Lager.

Sie treiben Sport, sie singen und musizieren, sie wandern, sie lernen Zeltbauen und wie man sich bewährt, wenn man ohne jede Hilfe Erwachsener beim Wandern in Schwierigkeiten gerät. Sie bekommen nebenbei auch Unterricht. Man zeigt mir Räume mit Sammlungen aller Gesteinsarten, die es hier gibt, und mit allen Meerestieren, allen Schlangen, allen Vögeln und Küstentieren, und mit Landschaftsmodellen. Es gibt auch einen Raum für Vorträge. Man sagt mir, daß Kinder hier Kinder unterrichten. Leider wurde mir nicht erklärt, wie das vor sich geht. Vielleicht müßte ich meine Ansicht der Lern- und Drillschule korrigieren.

Jedenfalls sind die Pioniere hier selbstverantwortlich für den Zustand des Lagers. Ich sehe Buben beim Putzen der Schlafsäle und Mädchen beim Kontrollieren der Betten. Die Räume sind hübsch. Man sagt mir, daß das nicht immer so war. Der Präsident habe bei seinem Besuch gesagt, es sei recht ungemütlich und nicht kindgerecht hier. Da habe man sich bemüht, es besser zu machen. Mit Erfolg, wie ich sehe.

Zur Besichtigung des Lagers wird mir ein kleiner Pionier zugeteilt, ein reizender Zwölfjähriger. Er trägt auf der Uniform drei Sterne. Kein Rangabzeichen, sondern eine Art Orden für besondere Freundlichkeit und Hilfsbereitschaft. Ich hätte ihm gern noch einen Stern aufgenäht: für seine angeborene oder anerzogene Fähigkeit, zugleich ein sehr disziplinierter Pionier und ein liebes Kind zu sein. Ein Zwölfjähriger, der seine kleine Hand in die meine schiebt, um mich zu führen, wie er seine Großmutter führen würde, und der nach einem kleinen Zögern mir meine Umhängetasche abnimmt, um sie mir zu tragen. Ich versuche mir einen deutschen Hitlerjungen vorzustellen, der das getan hätte. Undenkbar. Ein winziges Symptom, nicht gering zu schätzen: hier bleibt ein Mensch immer Mensch, ein menschenliebendes Wesen, auch wenn es eine Uniform trägt, und die Disziplin dient dazu, daß man die natürliche Trägheit und den Egoismus leichter überwindet. Ihr Ziel ist nicht der gedrillte angriffsbereite Soldat, sondern der Mensch, der sich so im Griff hat, daß er ganz natürlich den Gemeinnutz über den Eigennutz stellt.

Wie machen es denn die Nordkoreaner, daß sie spartanisch erziehen und die Kinder doch Kinder sein lassen, liebe zutunliche Kinder wie dieser Bub, der mich zum Schluß umarmt und endlos unserm Auto nachwinkt? Er hat mir übrigens feierlich das rote Dreieckstuch der Pioniere umgebunden und mich zum Ehrenpionier erklärt.

Mir fällt ein Satz Kim Il Sungs ein: »Mit Geld kann man nicht lachen, aber mit Kindern.«

XII. Information über Selbstkontrolle

Um der Üppigkeit noch mehr zu Leibe zu gehen, führte er die gemeinsamen Mahlzeiten ein, so daß die Bürger nicht mehr daheim von ihren Kochkünstlern gemästet werden konnten und sich nicht mehr zugleich mit dem Körper den Charakter ruinierten. Es gab keine Gelegenheit mehr, eine reiche Ausstattung zu brauchen, ja nicht einmal mehr sie sehen zu lassen, um mit ihr zu prunken, wenn alle zum selben Mahle gingen . . .

Dann ging Lykurg daran, den Hausrat aufzuteilen, um jede Ungleichheit vollends auszurotten. Als er aber sah, daß die Leute es übel aufnahmen, wenn man ihnen die Sachen geradezu wegnahm, beschritt er einen anderen Weg. Er setzte alles Gold- und Silbergeld außer Kurs und ordnete den Gebrauch nur eisernen Geldes an. Diesem gab er bei geringem Wert ein so großes Gewicht, daß schon eine mäßige Menge zur Beförderung eines zweispännigen Wagens bedurfte. Damit verschwanden viele Verbrechen aus dem Land. Denn wer wollte wohl stehlen, sich bestechen lassen, betrügen oder Raub verüben um einer Sache willen, die er nicht verbergen konnte und deren Besitz nicht glücklich machte.

PLUTARCH

Heute machte man mich ärgerlich. Herr Chang eröffnete mir freudig, wir führen ans Meer zu einem Picknick, zu Fischen und Hummer und Krebsen, frisch aus dem Wasser, selbst zu fangen. Ich will aber nicht schon wieder einen Tag ohne wesentliche Information vergehen lassen. Meine Zeit ist kurz. Ich will nicht Ferien hier machen, sondern lernen.
Aber der Präsident will, daß Sie schöne Tage hier erleben und sich nicht überanstrengen.
Der Präsident will . . . Aber ich will anders.
Herr Chang blickt mich besorgt an. Was wollen Sie denn?
Irgend etwas, was mich informiert.
Morgen.
Nein, heute.
Herr Chang bleibt sanft, aber fest. Ich kann nicht aufmüpfig werden als Gast. So fahren wir denn ans Meer. Es ist, zugegeben, eine herrliche Fahrt. Der Platz fürs Picknick ist ungemein schön: zwischen Klippen am reinen blaugrünen »japanischen«

Meer, einem Teil des Pazifiks. Man bereitet eifrig das Essen vor. Herr Chang bringt Hummerkrebse an, selbstgefangen, und die andern sammeln Wildkräuter und Seetang für die Suppe, machen Holzfeuer und schneiden Fleisch, kurzum, es geht eifrig und lustig zu. Ich aber mag nicht, ich sitze grollend, die verlorene Zeit betrauernd, auf einem hohen Felsen, vielmehr auf den Ruinen eines Forts aus dem Krieg. Ich bin gereizt und ungerecht. Will man mich von wesentlichen Orten und Erfahrungen absichtlich fernhalten? Soll ich nur das Schöne hier sehen und nicht die Wirklichkeit? Also doch Potemkinsche Dörfer? Ich suche Herrn Chang auf, der glücklich im Wasser steht und Krebse fängt.

Herr Chang, ich reise nächste Woche ab, ich erfahre nichts hier, das ist Zeitverlust für mich.

Ist es nicht schön hier?

Schöne Plätze gibt es überall auf Erden.

Aber Sie können nicht jeden Tag arbeiten.

Doch, ich kann und will und muß. Statt daß ich heute hier herumsitze, könnte ich Informationen sammeln. Kann ich nicht ins Dorf fahren und mit Leuten reden, mit dem Ortsvorsteher etwa?

Herr Chang seufzt und fährt ab. Er kommt zurück mit einem Mann, der halb Bauer, halb Arbeiter ist und der sich offenbar so rasch umgekleidet hat, daß ihm einiges noch schief sitzt, er kommt vom Feld, vom Reispflanzen, da ist jetzt jedermann, Kinder und Studenten und Soldaten und Funktionäre. Dieser Mann ist Ortsvorsteher. Ich könne ihm Fragen stellen, sagt Herr Chang und geht Krebse fangen. Der junge Dolmetscher bleibt bei mir.

Einige Anfangsverlegenheit. Ich überbrücke sie mit Fragen nach der Landwirtschaft. Ich will vor allem wissen, womit man hier düngt und wie man Pflanzenschädlinge bekämpft.

Man düngt mit Schlamm: man baut niedrige Dämme um die Felder, dann leitet man über Schleusen das Wasser auf das Feld, läßt es stehen, bis es verschlammt, und dann setzt man die Pflanzen. Die Baumschädlinge bekämpft man mit einer Lösung aus dem Pulver weißer Steine, die man aus dem Gebirge holt. Ich denke, es ist einfach Kalk. Damit haben wir früher auch unsre Bäume abgespritzt, und Kalk ist unschädlich, und billig auch, und keine chemische Fabrik verschmutzt die Luft und verteuert die Aktion und vergiftet den unschuldigen Kalk mit anderen Präparaten. Man macht, sagt der Mann, eine Rinne rund um den Baum, spritzt ihn ab und sprüht mit klarem Wasser nach. Das ist alles. Das Obst hier ist wurmlos und ungewöhnlich wohlschmeckend.

Ich frage nach dem Funktionieren der Planwirtschaft hier in der Provinz.

Was und wann und wie gepflanzt wird, das bestimmt die Regierung.

Meine Frage: diese Planwirtschaft, ist das nicht ein Vorschreiben vom grünen Tisch aus?

Nein, man weiß dort, was das Land braucht, und man richtet die gesamte Landwirtschaft nach diesen Bedürfnissen. Wir haben in jeder Provinz ein eigenes Landwirtschafts-Komitee und in jedem Landkreis wieder eines, das ist durchorganisiert von unten nach oben und von oben nach unten, und der Präsident Kim Il Sung reist immer durchs Land und sieht selbst, was man hier und dort braucht. So ist die Zentrale immer mit uns verbunden. Unser Ziel ist es, das Land unabhängig zu machen, es muß sich selber versorgen können mit allen Lebensmitteln.

Wollen Ihre jungen Leute nicht lieber in der Fabrik arbeiten und in die Stadt ziehen?

Doch, schon, früher war das so. Da gab es für Pyeongyang eine Zuzugssperre. Jetzt braucht es die nicht mehr. Erstens gibt es mehr Fabriken über das Land verstreut, und zweitens haben wir hier Vorteile: wir haben Häuser, und die in der Stadt haben nur Wohnungen und weniger Platz, wir haben auch einen Garten.

Gibt es Arbeitslose?

Nein, im Gegenteil, wir könnten mehr Arbeiter brauchen.

Ich sehe überall auf den Feldern eine Unzahl von Menschen arbeiten und ich sehe nur wenige Maschinen. Wäre es denn nicht rentabler, wenn man mehr Reispflanzmaschinen hätte?

Das geht nicht schneller, und Maschinen arbeiten nur geradlinig, in den vielen Kurven muß man doch mit der Hand nachsetzen.

Aber es ist nicht gesund, wenn die Leute, vor allem Frauen, immer im kalten Schlamm stehen. Ich weiß aus Indonesien, daß sie sich Erkältungen und Infektionen holen.

Aber sie tragen ja wasserdichte Strümpfe, und sie werden sehr oft ärztlich untersucht. Wir wissen nichts von Krankheiten.

Herr Chang, der wieder einmal vorbeikommt, sagt: Sie meinen, wir seien rückständig, nicht wahr?

Lieber Herr Chang, ich sehe keinen echten Gewinn in der Mechanisierung der Arbeit. Meine Frage war keine Kritik, sondern eher das Gegenteil. Was gewinnen wir in den hochautomatisierten Ländern, wenn wir alles mit Maschinen und Computern erledigen und dabei Menschen arbeitslos machen und damit demoralisieren? Wo die Technik triumphiert, verliert der Mensch mehr als seinen Arbeitsplatz, er verliert seine lebendige Verbindung mit den Dingen, er erleidet die große Entfremdung, von der Marx sprach.

Aber, sagt Herr Chang, wir haben doch auch unsre technische Revolution. Wir mechanisieren auch, denn anders geht es nicht mehr. Aber wir hoffen, das richtige Verhältnis zwischen Technik und Mensch und Boden zu finden und zu behalten. Es ist aber doch schade, daß Sie kein Interesse zeigten für unsere große Fabrik, die landwirtschaftliche Maschinen produziert. Unsre Traktoren werden schon exportiert.

Meine Frage an den Ortsvorsteher: wer bezahlt die Arbeit der Bauern oder vielmehr Landarbeiter? Der Staat?

Natürlich. Jeder von uns hat sein festes Einkommen, unabhängig von der Wirtschaftslage und der Erntequantität. Jeder bekommt gleich viel.

Herr Chang hilft mir, dieses Einkommen in Mark zu übersetzen, so über den Daumen gepeilt. Es scheint niedrig. Aber das täuscht: die Leute zahlen keine Miete, keine Steuern, keine Sozialversicherungen, keine Schulgelder, keinen Arzt und keinen Zahnarzt. Und sie haben keine besonderen Bedürfnisse. Keine Reklame reizt zum Konsum, kein Vergleich mit dem Besitz Reicher weckt Wünsche.

Wie macht das der Staat eigentlich, daß er allen Bürgern Gehälter auszahlt, ohne Steuern zu verlangen? Wie kommt Geld in die Staatskasse?

Wir haben Bodenschätze, Eisen und Kohle und Wismut, wir haben eine sich entwickelnde Schwer- und eine Leichtindustrie, wir exportieren deren Produkte, wir geben wenig aus für Importe, wir geben kaum Devisen aus, wir reisen nicht als Devisenbringer in andre Länder, wir wirtschaften sparsam, wir führen wenig Erdöl ein, bei uns sammelt sich kein totes Kapital in den Händen einzelner, wir produzieren unsre Textilien selbst, wir machen Kunststoffe, unsre Funktionäre beziehen keine hohen Gehälter, für Luxusgüter geben wir gar nichts aus, wir haben keine Auslandsverschuldung im Gegensatz zu Südkorea, das völlig verschuldet ist an Japan und die USA, und unser Lebensstandard ist nicht hoch, aber verglichen mit anderen Ländern der Dritten Welt, zu der wir ja zählen, ist er sehr hoch, hier hungert kein Kind, hier gibt es keine Slums, hier hat jeder, wirklich jeder, sein Dach überm Kopf und seine sichere Arbeit und sein sicheres Einkommen. Darum ist unser Land für andre Länder der Dritten Welt das Modell, auch wenn Kim Il Sung sagt, Nordkorea könne nicht nachgeahmt werden, da es seine besondere Art von Sozialismus hat, und jedes Land müsse da seinen ganz eigenen Weg gehen.

Ich wende mich wieder dem Ortsvorsteher zu, der unser Gespräch nicht verfolgen konnte, denn wir sprachen deutsch, Herr Chang spricht es fließend.

Wie groß ist Ihr Dorf?

Es hat eintausend Einwohner, das ist die normale Zahl für eine dörfliche Siedlung.

Wie viele Kinder hat eine Familie?

Drei. Die Zahl hat sich als günstig erwiesen. Mehr als drei belasten die Frauen zu sehr.

Ist Abtreibung erlaubt?

Gewiß. Man kann so viele Kinder haben wie man will. Frauen, die mehr Kinder haben, bekommen einige Erleichterungen, sie arbeiten eine Stunde weniger am Tag, werden aber gleich bezahlt.

Werden die Ehen auch heute noch von den Eltern bestimmt?

Man heiratet meist nach Übereinstimmung mit der Familie, man lebt ja auch meist mit ihr zusammen. Man heiratet früh, das ist gut für die Leute, so kommen sie früh in Ordnung.

Gibt es vor-eheliche Kinder?

Wieso? Wenn zwei miteinander schlafen, lieben sie sich, also heiraten sie.

Und sind die Ehen immer gut? Gibt es Ehebrüche?

Schon. Aber in einem Dorf weiß man alles, da hütet man sich.

Wenn es aber vorkommt?

Dann wird einer der Partner für einige Zeit an einen andern Ort geschickt, bis er wieder einen klaren Kopf hat.

Was macht Ihr mit Mördern?

Was ist das?

(Mein Dolmetscher hat Mühe, ihm das Wort zu erklären.)

Mörder? Die gibt es doch nur im Krieg. Warum sollte ein Mensch im Frieden einen andern töten?

Habt ihr keine Feindschaft untereinander?

Streit, ja, aber deshalb einen andern töten, nein.

Was macht Ihr mit Räubern und Dieben?

Räuber? (Wieder hat mein Dolmetscher erhebliche Mühe, ihm das Wort zu erklären.)

Das gibt es nicht.

Aber Diebe?

(Ich hoffte, es gäbe wenigstens Diebe, sonst wäre mir die ganze Moral hier unheimlich und auch unglaubhaft.)

Also, ich bin jetzt fünf Jahre hier Vorsteher, ich habe keinen solchen Fall erlebt. Aber anderswo gibt es das wohl, aber selten. Was soll man stehlen, wenn jeder hat, was er braucht, und keiner mehr hat, und außerdem: in so einem Dorf geht das doch nicht, da weiß man es sofort.

Wie bestraft man einen Dieb?

Bestrafen? Wir reden mit ihm, wir sagen, er falle der Revolution in den Rücken, das sei eine Schande.

Wenn einer mehrmals rückfällig wird?

Dann kommt er ins Erziehungshaus.

(Das ist die Übersetzung meines Dolmetschers, er sagt auch: Arbeitshaus.)

Das ist also ein Gefängnis.

Nein, sagt der Dolmetscher, wir haben keine Gefängnisse.

Aber wie denn: ist ein Arbeits- und Erziehungshaus kein Gefängnis?

(Der Dolmetscher hat in der DDR studiert und weiß, was Gefängnisse sind.)

Nein, das ist etwas ganz anderes: bei uns wird man nicht bestraft, sondern belehrt und überzeugt, und man bleibt auch nicht lange darin, meist sechs Monate, das genügt.

Habt Ihr Arbeitslager wie die Sowjetunion in Sibirien?

Wieso, wer sollte da hineinkommen?

(Ich spreche deutsch mit dem Dolmetscher, der Ortsvorsteher kann das Gespräch nicht verfolgen.)

Nun, die Dissidenten, die Oppositionellen!

Aber was denken Sie! Das gibt es hier nicht.

Was gibt es nicht? Oppositionelle?

Doch, die gibt es natürlich. Aber sie kommen in kein Lager. Sie werden höchstens abgesetzt als Funktionäre, sie werden belehrt, aber nicht in Straflagern. Wir sind nicht in der Sowjetunion!

Und Todesstrafe gibt es auch nicht?

Aber gewiß nicht. Keine Schauprozesse, keine Folter. Wir sind nicht in Südkorea.

Herr Chang mischt sich ein. Er sagt: Kim Il Sung lehrt, daß Druck immer Gegendruck erzeugt. Gewalt ruft Gegengewalt. Konflikte löst man nicht mit Waffen und nicht mit Strafen, sondern in Gesprächen, wie es Kim Il Sung im Konflikt in den sechziger Jahren machte. Warum sollte das nicht möglich sein unter vernünftigen Menschen?

Das klingt gut, aber wie funktioniert denn diese Moralität eigentlich praktisch? Mir wird allmählich klar, daß sie auf der Überschaubarkeit beruht. Das Volk ist aufgeteilt in kleine natürliche Gruppen, in denen jeder jeden kennt, so wie es früher auch bei uns war auf dem Dorf, da hütete man sich, ins Gerede und in Verruf zu kommen, da war keiner anonym und keine Tat blieb verborgen. Nur die Anonymität der Städte, die aufgelöste Gesellschaft ermöglicht Kriminalität. Daß Diebstahl und Raubüberfälle hier nicht geschehen, ist glaubhaft: der Überschaubarkeit wegen und der Besitz-Gleichheit wegen. Aber Nordkoreaner sind auch Menschen wie überall und haben doch wohl Aggressionen und explodierende Leidenschaften. Eifersucht zum Beispiel. Sicher. Aber sie haben eine starke Hemmung: nicht Angst vor Strafe, aber die Scham, als Konterrevolutionäre zu gelten. Unmoral ist ein Relikt aus der Feudalzeit und gehört zum kapitalistischen System. Ein echter Revolutionär ist freundlich. Die sozialistische Revolution dient dem Menschen und dem Menschlichen, sie ist humanitär. So lernt es der Nordkoreaner von Kindheit an. Die Lehre wird praktiziert, das gesellschaftliche Leben funktioniert nach dem Moralkodex eines transponierten revolutionären Konfuzianismus.

Politik und Moral sind einheitlich, deckungsgleich sogar.

Ich stelle noch eine kleine Frage, die sich eigentlich erübrigt, aber ich möchte die Reaktion des bäuerlichen Ortsvorstehers sehen. Ich sage, daß ich in Südkorea erfuhr, daß die Kisängs (die Edelhuren) eine bedeutende Devisenquelle seien: sie locken Devisen-Ausländer ins Land.

Der Mann schaut bestürzt, als ihm mein junger Dolmetscher das übersetzt. Er kann nur den Kopf schütteln.

Herr Chang sagt: Wer von uns hat genug Geld, um es für derlei auszugeben? Und die Fremden finden keine käuflichen Mädchen hier, das Hurenwesen gehört zum Kapitalismus. Und ein Volk, das arbeitet, hat keine ausschweifende sexuelle Phantasie, das gehört zum Luxus. Wir haben ja auch keine Drogensüchtigen und wir brauchen keine Psychotherapeuten. Wir haben ein konkretes Ziel: die Weiterführung der Revolution.

101

Unsre ganze Kraft gehört dieser Arbeit. Da bleibt kein Raum für Perversitäten.

Ich habe den Eindruck, daß Nordkorea trotz der wachsenden Industrialisierung wesentlich ein bäuerliches Land ist, das von einem bäuerlichen Vater gelenkt wird.

Unübertragbare Verhältnisse.

Wie bringt man dem pervertierten Westen eine gesunde Moral bei? Mir wird Nordkorea zum Stachel. Wir im Westen mit all unsrer christlichen Sittenlehre, mit unsern Dogmen und Kirchen bringen es nicht fertig, Menschen von Ehebruch, Diebstahl, Raubmord abzuhalten. Die Religion der Liebe erreicht nicht, was der Konfuzianismus und Sozialismus hier erreicht: die Freundlichkeit der Menschen, den Opferwillen, das Übersteigen des individuellen Egoismus. Wozu ist eigentlich das Christentum gut? Ich kann nicht umhin, mich dieser Frage zu stellen. Sie ist quälend.

XIII. Land ohne Gott

Ein wahrer Atheist ist nur der, welchem die Prädikate des gött-
lichen Wesens, wie zum Beispiel Liebe, Weisheit, Gerechtigkeit
NICHTS sind, aber nicht der, welchem nur das Subjekt dieser
Prädikate nichts ist. Und keineswegs ist die Verneinung des Sub-
jekts auch notwendig zugleich die Verneinung der Prädikate an sich
selbst.

ANSELM FEUERBACH

Bei dem Gespräch mit Herrn Kim über die Verfassung habe ich
gehört, daß im Parlament auch Vertreter der Religionen sitzen
und daß es eine christliche und eine buddhistische Minderheit
gibt, die aber keine »Partei« bilden, sondern je einen »Bund«.
Ich hörte auch, daß es die religiöse Gruppe der Chong-do [vgl.
S. 30!] gibt, eine neuere Sekte aus dem 19. Jahrhundert. Immer,
wenn von Christen die Rede ist, sprechen meine Begleiter nur
von Katholiken, meinen aber auch Protestanten.
Ich habe vor Jahren den Roman »Die Märtyrer« von dem in die
USA emigrierten Koreaner Richard E. Kim gelesen. Ich erinnere mich: Im Koreakrieg 1950 haben die Kommunisten
Nordkoreas vierzehn Geistliche (Protestanten) verhaftet.
Zwölf wurden erschossen, zwei ausgespart, aber jene, welche
die zwölf erschossen hatten, wurden selber erschossen. Von
wem und warum? Wer weiß es. Ein Hauptmann des südkoreanischen Nachrichtendiensts erhält den offiziellen Auftrag vom
(amerikanischen) CIA, den Tod der »Märtyrer« propagandistisch groß auszuwerten, im Dienst der amerikanischen Kam-
pagne gegen den Kommunismus und gegen Nordkorea. Der
junge Offizier mag das nicht, er will die Wahrheit wissen, er
geht ihr lange nach, und er findet schließlich, daß unter den
»Märtyrern« ein einziger echter war: ein Pfarrer aus Pyeongyang, der nicht mehr Pfarrer und nicht mehr Christ sein wollte
und konnte, da er keinem Gott dienen konnte, der die Leiden
eines Volks mitansieht ohne einzugreifen. Andrerseits weiß er,
daß die Menschen seines Landes die Religion brauchen, um ihr
Leben und Sterben ertragen zu können.
Das Buch ist dem Andenken Camus' gewidmet. Der Verfasser,
Südkoreaner, früher Verbindungsoffizier zur UN-Armee, ist

längst in den USA, und er ist nicht Christ, das macht seinen Standpunkt interessant, teils glaubwürdig, teils einseitig. Das Wichtige daran ist, daß er versteht, warum Christen, die Koreas Leiden erlebt haben, sich vom Christentum abwenden. Der Held des Romans, der Pfarrer, will fortan nicht mehr Gott, sondern den leidenden Menschen dienen.

Ohne daß er es genau bedenkt, stellt sich der Amerikaner, der Antikommunist, auf die Seite jener Nordkoreaner, die »keinem Gott mehr dienen wollen, sondern den leidenden Menschen«. Gott hat Korea nicht geholfen ... Hiob wurde von Gott verlassen. Hiob verläßt Gott. Genau gesagt: er verläßt die Kirche und das, was man Christentum nennt.

Ich hatte gebeten, daß man mir Christen einlade zu einem Gespräch. Es kamen der Vertreter des evangelisch-lutherischen Geistlichen von Pyeongyang und ein anderer Mann, von dem ich hoffte, er sei Katholik, damit ich auch vom Katholizismus etwas hörte, aber auch er war evangelisch. Es gibt nur sehr wenige Katholiken, hörte ich, und sie seien im Norden des Landes. Warum gerade da, kann ich nicht erfahren. Vielleicht sind sie 1950 dorthin geflohen und hielten sich in den Bergen versteckt. Kann sein. Ihre Zahl fällt nicht ins Gewicht. Die katholische Mission war aber einst wichtig im Land, es waren die Benediktiner, die hier arbeiteten und starben, wenn sie nicht fliehen konnten. In Südkorea, in Daegu, traf ich Benediktinerinnen, die einst in Nordkorea arbeiteten. Sie erzählten mir von den Grausamkeiten ihrer Vertreibung und ihrem Leben in den Konzentrationslagern. Sie lügen sicher nicht, sie übertreiben nicht einmal, das weiß ich von einem höchst glaubwürdigen Zeugen, Pater Fabian Damm, den ich persönlich kannte.

Ich fragte meinen Gesprächspartner, warum er denn nicht mit den vielen andern Christen nach Südkorea geflohen sei. Er sagt ganz schlicht: »Ich habe zu lange gezögert, dann war es zu spät.« Ob er es nicht bereut habe?

Nein. Ich habe drei Kinder, sagt er, und alle haben hier studiert, alle drei haben sehr gute Stellungen inne, einer ist Arzt, der andre ist Hochschullehrer, die Tochter ebenfalls. Und das Studium kostete nichts, das hätte ich in Südkorea nie leisten können, da kostet das Studium viel zu viel für einen nichtbesitzenden Mann. Ich bin dem Präsidenten dankbar, daß er mir die Ausbildung meiner Kinder ermöglicht hat.

Und Ihre Kinder, sind sie religiös?

Nein, sagt er, sie sind nicht das, was wir religiös nennen. Ich habe natürlich früher manchmal mit ihnen darüber geredet, sie sind auch getauft, aber sie haben mir ein für alle Male erklärt: Schau, Vater, du bist aufgewachsen in einer schlimmen Zeit, du warst Sklave der Japaner, du hast nichts anderes erlebt als Not und Hunger und Bomben und Angst. Du hast den Trost der Religion gebraucht. Sonst hättest du ja nicht überleben können. Aber wir, wir sind frei und glücklich, was soll uns Religion?

Der Mann und ich schauen uns eine Weile schweigend an, dann frage ich: Und Sie sind darüber nicht traurig?

Ein bißchen schon, sagt er.

Mir kommt natürlich der Gedanke, daß man diesen Kindern einer glücklichen Epoche sagen könnte, versuchsweise, daß es vielleicht doch »Gott« war, der den Helfer geschickt hat, den Kommunisten Kim Il Sung. Aber ich weiß natürlich selbst, daß das diese Jugend nur mitleidig lächeln machen würde. Denn: warum hat dieser Gott so lange gewartet, bis er den Helfer schickte? Nein, der kam aus eigener Vollmacht. Wir brauchen keinen Gott, der allzu lange unsre Leiden ansah. Wir haben einen Mann, der schon als junger Mensch die Leiden sah – und handelte, ER ist unser Befreier, nicht dieser seltsame Gott irgendwo.

Warum, so frage ich, haben Sie kein Gotteshaus hier in der Hauptstadt? Dürfen Sie keines bauen, oder bekommen Sie einfach kein Geld für den Bau?

Dürfen? fragt er erstaunt. Wir brauchen keine Kirche, das ist es. Wir sind in ganz Pyeongyang, also bei einer Million Einwohnern, eine verschwindende Minderheit von achthundert Protestanten. Und wir wohnen über das ganze Stadtgebiet verstreut. Da lohnt es sich nicht, eine Kirche zu bauen, da kämen doch nicht viele. Wir halten jeden Sonntag Gottesdienst in einer anderen Stadtgegend, in Privatquartieren.

Wenn nun die Christen des Westens euch Geld schickten zum Bau einer Kirche, dürftet Ihr dann bauen?

Sicher, aber das ist unnötig.

Haben Sie je Einschränkungen Ihrer religiösen Tätigkeit erfahren?

Nie. In unsrer Verfassung ist die Religionsfreiheit ausdrücklich festgelegt. Natürlich gibt es in den Schulen keinen Religionsunterricht.

So stirbt denn, denke ich, die Religion ganz still vor sich hin. Aber, so denke ich weiter, das dachte man auch in der Sowjetunion. Und man täuschte sich. Ja, aber, so denke ich weiter, in der Sowjetunion, genau gesagt, in deren westlichem Teil, war das Christentum fest verwurzelt und es war EINIG, da gab es die Spaltung in Protestanten und Katholiken nicht, und das westliche Christentum entsprach den doch westlichen Russen um Moskau, Leningrad, Kiew und im Süden. Hier ist das ganz und gar anders: das Christentum ist Import, und zwar Import aus den USA, und damit bin ich beim entscheidenden Punkt: hier war das Christentum vor allem amerikanischer Protestantismus in verschiedenen Sekten.

Herr Kim macht diese Frage zum Inhalt des heutigen Unterrichts. Ich sage ihm, was ich schon weiß: daß Ende des 18. Jahrhunderts koreanische Diplomaten aus China christliche Schriften nach Korea gebracht haben, die von den Intellektuellen gelesen wurden und sie bewogen, eine erste christliche Gemeinde zu gründen; daß sie erst 1830 Priester bekamen aus Rom; daß diese drei bald umgebracht wurden und daß danach immer wieder Christenverfolgungen vorkamen, bis 1870. (Die Chinesen hatten das Christentum vermutlich über Indien kennengelernt, wohin es zu Beginn des 16. Jahrhunderts der spanische Jesuit Franz Xaver gebracht hatte, der auch bis Japan kam.)

Nie hatte das Christentum Wurzel gefaßt in Korea. Das Land war buddhistisch seit dem 6. Jahrhundert. Der Buddhismus hatte den Konfuzianismus überlagert, der aber als Lebenshaltung blieb: Ehrfurcht, hierarchisch gestuft, Disziplin aus Einsicht, positive Einstellung zum Leben, Höflichkeit als unangestrengte Umgangsart, Neigung zum »sacrificium intellectus«, zum Verzicht auf eigenes Denken nicht aus Dummheit und Trägheit, sondern aus freiwilliger Unterordnung unter eine geistige Autorität, eine nüchterne Beurteilung der konkreten Möglichkeiten und das Talent zum Hintanstellen der Individualität und Privatheit. Also eine Moral, die das Leben des einzelnen und das der Gesellschaft und des Staatswesens durchgängig formte. Der Buddhismus brachte Religion hinzu. Religion war natürlich auch vorher da, aber als Animismus und Schamanismus: als Glaube an die Verbindung des Menschen mit den »Jenseitigen«, den Schutzgöttern und den Dämonen, mit denen man in Kontakt treten kann durch ekstatische Riten und initiierte Mittelspersonen. Sicher gibt es auch heute in Nordkorea noch »Schamanen«, so wie es im aufgeklärten Westen Magier und geheime Riten und geheime magische Neigungen und Handlungen auch des Aufgeklärtesten gibt.

Das ist eben eine Schicht des menschlichen Wesens, bei uns verdrängt ins Unbewußte.

Es gab in Korea auch andere Religionen, importierte, wie den japanischen Shintoismus. Aber sie setzten sich nicht durch.

Nun aber kam das Christentum doch noch nach Korea. Es kam spät: erst um 1870. Sachlich historisch kam es so: Nachdem Korea einige Jahrhunderte lang hermetisch abgeschlossen gelebt hatte, kam eines Tages ein nordamerikanisches Kauffahrerschiff, legte an und begann Handelsbeziehungen. Sie ließen sich gut an, und 1882 schlossen die USA mit Korea einen Handelsvertrag, in dem auch die Religionsfreiheit gesichert wurde.

Religionsfreiheit für wen und warum und wozu?

Natürlich zugunsten der protestantischen USA-Missionare. Nach einem Jahrhundert der Christenverfolgungen war es opportun für die USA, sich abzusichern, und zwar mit Hilfe der den Handelsverträgen angefügten Klausel der Religionsfreiheit.

Hier nun muß die nordkoreanische Interpretation vorurteilslos angehört werden: Die amerikanischen Missionare taten uns viel Gutes in all den Jahrzehnten. Darum nahmen wir ihre Religion, den lutherischen Protestantismus, gerne an. Wir verbanden den Glauben an den Christengott mit dem Glauben an die USA.

Ich ging gern in die Kirche, sagt Herr Chang, der getauft ist, die Missionare gaben uns immer Bonbons.

Aber, sagt Herr Kim, die christliche Religion war in unser Land gekommen zusammen mit dem Handel, mit dem Geld, mit dem westlichen Kapitalismus. Der Westen brach in unser Land ein als etwas Fremdes, das uns rasch korrumpierte, ohne daß wir es merkten. Wir glaubten blind, daß alles, was diese freundlichen Amerikaner uns sagten und brachten, richtig und gut sei und zu unserem Besten. Wir waren durch die jahrhundertelange Isolierung ohne Erfahrung mit dem Westen geblieben, wir waren unkritisch wie Kinder, die wegen der Bonbons in die lutherische Kirche liefen. Als dann später die katholischen Missionare kamen, waren wir verwirrt: das waren auch Christen, doch andere, warum die Spaltung, fragten wir uns. Unter den andern, den Katholiken, waren deutsche Benediktiner. Wir warfen alle diese Leute in einen Topf: wir vertrauten ihnen allen. Und nun kam der Krieg, der Zweite Weltkrieg, und wir mußten plötzlich sehen, daß die amerikanischen Missionare in erster Linie Amerikaner waren. Sie stellten sich unsern Partisanenkämpfern entgegen, weil sie ein kommunistisches selbständiges Nordkorea nicht zulassen wollten. Sie wurden unsre ideologischen Gegner. Da wurden wir mißtrauisch. Und dann wurde es auch noch offenkundig, daß amerikanische Missionare und von ihnen beeinflußte koreanische Christen unsre Partisanen verrieten. Unsre Christen, zu scharfen Antikommunisten erzogen von den Amerikanern, wurden fast eine fünfte Kolonne der USA im Land. Das verstärkte sich natürlich im Koreakrieg. Ich will nicht sagen, daß alle unsre Christen mit den Amerikanern im Koreakrieg kollaboriert haben, aber es waren viele, aus ideologischen Gründen, aus eingeredeter Angst vor dem Kommunismus. Aber es gab auch viele, die gezwungen wurden, mit den USA zu arbeiten. Es gab Christen, die sich dagegen wehrten, sie wurden erschossen von den Amerikanern. Andere unsrer Christen wurden von den Amerikanern nach Südkorea verschleppt. Kurzum: wir sahen jetzt, daß die Religion der Amerikaner eine politische Sache war, die sich gegen unsre Freiheit richtete. Ist es verwunderlich, daß wir diese Christen vertrieben? Sie fielen unsrer Revolution in den Rücken, sie waren Verräter, sie hatten uns mit kapitalistischen Ideen infiltrieren wollen und haben zu unsrer Unterdrückerschicht gehalten, zu den Feudalen, den noch vorhandenen Großgrundbesitzern, und diese kämpften, aus Angst vor der Sozialisierung, auf seiten der USA. Wir mußten sie vertreiben.

Ja, sage ich, vertreiben wohl, aber Ihr habt viele getötet und in Konzentrationslagern verkommen lassen.

Ja, sagt Herr Kim still, ja, aber wie sonst hätten wir uns befreien können von einer politischen und ideologischen Fremdherrschaft? Sagen Sie selbst: wie denn sonst?

Und, sagt Herr Chang, Sie müssen auch bedenken, wie enttäuscht wir vom Christentum waren: unter den Missionaren waren Leute vom CIA, und unter unsern von ihnen Bekehrten waren Agenten, Spione. Gerade jene, die uns das Christentum als Religion der Liebe gelehrt hatten, lieferten unsre Leute den Amerikanern aus und trieben sie unter Foltern zum Verrat von Schlupfwinkeln unsrer Partisanen und Munitionslager. Wenn DAS das Christentum ist, nun danke. Da haben wir es fallengelassen, mehr noch: wir haben es auszurotten versucht. Viele sind geflohen, nach Südkorea, und haben dort antikommunistisch agitiert. Vor allem die Katholiken dort waren scharfe Antikommunisten, weil ihnen die Amerikaner einredeten, wir seien Teufel.

Ja, sage ich, ich weiß: Kim Chi Ha schreibt, er habe als Kind tatsächlich geglaubt, Kommunisten und Nordkoreaner seien Teufel mit Hörnern und Klauen. Das Feindbild der Südkoreaner. Das Feinbild in den USA, das Feindbild in Westdeutschland. Man braucht ein Feindbild, damit man den inneren Zusammenhalt hat. Der Kommunismus bietet sich als Feindbild an, so wie sich der »Weltjude«, der »Zionismus« den Faschisten anbot. Und Euer Feindbild ist der Kapitalismus, nicht wahr? Damit haltet Ihr Eure innere Einheit aufrecht.

Nun, sagt Herr Kim, so simpel sind wir nicht. Aber natürlich operieren wir auch damit. Aber haben wir nicht recht? Haben wir nicht in Südkorea den Beweis dafür, daß der amerikanische Kapitalismus ein Volk, unsere Brüder, charakterlich und wirtschaftlich kaputtmacht?

Ich kann nicht widersprechen, denn ich kenne Südkorea. Es IST so, und wenn dieser Tage Tausende von südkoreanischen Studenten umgebracht und unter den Panzern, geliefert von den USA, totgewalzt werden, weil sie eine Demokratie wollen, so kann das den Glauben der Nordkoreaner in den guten Willen der christlichen USA gewiß nicht wiederherstellen.

Was also haben uns die Christen aus den USA gebracht? Das Christentum? Den Geist des Evangeliums? Christentum ist ein Politikum, nichts weiter.

Nein, sage ich, das stimmt so nicht. Wer ist denn in Südamerika auf seiten der sozialistischen Revolutionäre?

Die Kirche nicht, sagt Herr Chang, der offenbar immer noch daran leidet, daß er christlich getauft ist und so schwer vom Christentum enttäuscht wurde.

Ich schweige. Was kann ich denn sagen? Stimmt es etwa nicht, daß im Namen des Christus Jesus die blutigsten Kriege geführt wurden? Daß die christliche Kirche seit Konstantin immer sich mit den Reichen und Mächtigen verbündet hat? Daß sie die Lehre Jesu als »Opium des Volkes« gebraucht hat? Kam nicht der Katholizismus im Gefolge der spanischen Eroberung nach Südamerika? Wurde das Evangelium nicht mit Gewalt dort eingeführt?

Wir jedenfalls, sagt Herr Chang, brauchen dieses Christentum nicht.

Ich sage nichts darauf. Ich könnte sagen, daß man das in andern kommunistischen Ländern auch meinte und daß eine neue Generation eben doch Christentum, wenn auch nicht Kirche, brauche oder zu brauchen meint. Ich denke: Aber Ihr, liebe atheistische Nordkoreaner, Ihr LEBT das Christentum; Ihr seid die »anonymen Christen«. Ihr lebt die Liebe und nennt das: eine sozialistische Revolution machen. Ihr mordet nicht, Ihr macht keine Raubüberfälle, keine Großbetrügereien, Ihr denkt nicht in Geld und Geldeswert, Ihr lebt einer für den andern, Ihr habt Lebensvertrauen, Ihr stellt Gemeinnutz über Eigennutz, Ihr unterdrückt keine Arbeiter, Ihr mißhandelt nicht Kinder und Frauen, Ihr vergewaltigt keine Mädchen, Ihr setzt nicht eure Kinder aus, Ihr stellt euch zur Verfügung dort, wo man euch braucht, Ihr kennt keine Aggressionen schwerer Art, Ihr wollt den Frieden, den eures Landes und den der Welt, Ihr wißt noch, was Sozialismus ist und was »Kommunismus« sein soll. Plötzlich denke ich: Christus ist ausgewandert nach Nordkorea. Gott ist bei den Atheisten, da ihn die Christen verraten haben.

Gelebtes Christentum... Braucht man dazu eine christliche Kirche? Ich darf jetzt den Gedanken nicht mehr beiseite schieben, ich muß mich ihm stellen. Jetzt und nach der Reise. Immer wieder. Wie sagte Jesus zur Samariterin am Jakobsbrunnen, auf den Tempel von Jerusalem deutend? »Einst wird der Tag kommen, da man Gott nicht mehr im Tempel verehrt, sondern im Geist und in der Wahrheit.« Oder auch: in der praktischen Nächstenliebe ohne Rückgriff auf eine konstituierte Religion.

Meine westlichen Volksgenossen müßten eigentlich die hohe Moral dieses, wie sie sagen, »kommunistischen« Landes sehr schätzen: da ist die Ordnung, die sie wünschen. Aber hier ist sie ORGANISCH gewachsen, nicht aufgesetzt, nicht erzwungen mit Strafen und Gefängnissen.

Ist es nicht verlockend für unsre Konservativen und Moralisten zu sehen, daß es in einem »kommunistischen« Land keinen Terrorismus gibt und keine Drogensüchtigen und keinen Bankraub...? Könnte man sie nicht dazu überreden, einige Unbehaglichkeiten auf sich zu nehmen um dieser Gewinne willen? Ärmer sein, und dafür nicht erpreßt werden? Nicht ausreisen dürfen, dafür keine Massierung der Jugendselbstmorde? Keine Kapitalanhäufung, und dafür keine Slums? Sind wir Christen oder nicht? »Aber Jesus blickte ihm traurig nach«, nämlich dem reichen Jüngling, der so brav war, aber sich von seinem Besitz nicht trennen wollte. Jesus blickte ihm traurig nach... Und dann wandte er sich zu denen, die bereit waren, auf Besitz zu verzichten.

Im buddhistischen Kloster

Christen also gibt es noch in Nordkorea. Gibts auch noch Buddhisten? Natürlich: sie sind, wie die Christen, in der Volksversammlung vertreten, und es herrscht ja Religionsfreiheit.

Ich möchte ein buddhistisches Kloster besuchen. Ich stelle es mir so vor wie jenes in Südkorea, in dem ich eine so eindrucksvolle Begegnung mit dem Abt hatte. Wie finden sich Buddhisten mit dem nordkoreanischen Sozialismus zurecht? Die südkoreanischen leben, soviel ich verstanden habe, in der inneren Emigration. Sie sind geduldet, der faschistische Staat hält sie für ungefährlich und benützt sie als Hüter der alten Tempelgüter, die zur nationalen Kultur gehören.

Wir fahren über Land nordwärts. In einem Gebirgstal, das in unsern Alpen sein könnte, liegt ein Kloster. Die Anlagen sind schön gehalten. Auch hier sind Klöster und Tempel nationales Kulturgut. Aber während in Südkorea die Klöster Ausflugsziele für Schulkinder und Touristen sind, und tagsüber von Menschen überschwemmt, liegt dieses Kloster hier wie ausgestorben. Die Tempel sind verschlossen. Gibt es denn keine Mönche hier? Herr Chang geht sie suchen. Er findet einen. Der kommt freundlich herbeigeeilt. Ich grüße ihn mit der gehörigen Geste, ich verbeuge mich. Der Mönch ist überrascht: ich bin die einzige, die das tut. Meine Begleiter nehmen den Mann offenbar nicht als buddhistischen Mönch, sondern als Museumswärter. Auch auf mich wirkt der Mann nicht wie ein buddhistischer Mönch. Er ist an die Sechzig und hat ein eher grobes Gesicht, jedenfalls ein bäuerliches, und ich finde keine Vergeistigung, nur jene Freundlichkeit, die alle Nordkoreaner zeigen. Er ist einer von den drei Mönchen, die hier leben, lauter alte Männer. In den Bergen hoch oben, sagt der Mönch, gibt es noch Einsiedler.

Wovon leben die Mönche?

Der Staat zahlt sie wie jeden Staatsbürger. Sie werden bezahlt dafür, daß sie die »National-Heiligtümer« instand halten. Sie sind also, gesellschaftlich gesehen, Angestellte wie alle Museumswärter.

Wurden sie nie verfolgt wie die Christen?

Nein, natürlich nicht, denn sie haben nichts zu tun mit dem importierten amerikanischen Christentum. Sie gehören hierher, und, so sagt der Mönch, wir waren auch immer gute

Patrioten, wir haben das bewiesen: im 16. Jahrhundert gab es einen berühmten Mönch, der ein großer Held war, er versammelte fünftausend Mönche und zog mit ihnen in den Krieg gegen Japan. Der Präsident war schon hier, sagt der Mönch stolz, und er hat diesen Mönch zum Nationalhelden erklärt.

Aber, sage ich, Buddhisten dürfen doch nicht töten!?

Schon, sagt der Mönch, aber wenn viele Menschen unter einem Unterdrücker leiden und wenn es kein anderes Mittel zur Befreiung gibt, dann darf man Gewalt anwenden.

Das ist auch ein Satz aus der westlichen Theologie der Revolution. Auch die Christen, sage ich, dürfen nicht töten, und sie taten und tun es doch, und es kann auch bei ihnen eine erlaubte Handlung sein.

Ich fühle mich plötzlich sehr traurig: was ist Religion, unsre und diese und jede, wenn sie »im Ernstfall« ihre Grundprinzipien aufgibt und wenn die politische Realität sich als stärker erweist als die Lehre der Stifter? Ist Religion doch nur ein Überbau, der das Wesen des Menschen nicht trifft? Ich hätte jetzt gern einen Gesprächspartner, der meine Trauer teilte. Herr Kim könnte der Partner sein, aber dazu müßten wir eine gleiche Sprache sprechen. Wenn er wenigstens Englisch könnte. Selten habe ich so stark gefühlt, was Sprache ist: wo sie fehlt, ist ein Hohlraum, eine Wüste. Nur manchmal treffen sich Herrn Kims wissende Augen mit den meinen, und dann werden Blicke beinahe Worte. Ich bin fast überzeugt, daß Herr Kim, einer der Chefideologen, ein homo religiosus ist. Er sagt auf meine Frage, warum es keine jungen Mönche gibt: Aber es gibt viele junge Menschen, die den Buddhismus studieren.

Gibt es dafür einen Lehrstuhl an der Universität, allenfalls innerhalb der Geschichte?

Nein, aber innerhalb der Buddhistischen Bewegung, die auch in der Volksversammlung vertreten ist, können sie buddhistische Studien treiben. Es gibt ja auch noch Bibliotheken mit alten buddhistischen Schriften. Hier im Kloster gibt es eine solche, der Mönch zeigt sie stolz: alte hölzerne Druckstöcke noch in chinesischer Schrift, also aus der Zeit vor der Einführung der koreanischen Hangulschrift im 16. Jahrhundert.

Eines der Gebäude ist kein Museum, sondern doch wohl noch ein Tempel. Ich ziehe die Schuhe aus und bitte, vor der Buddha-Statue ein Räucherstäbchen anzünden zu dürfen. Der alte Mönch ist überrascht, er freut sich, meine atheistischen Begleiter finden das »höflich« von mir. Ich sage ihnen, daß es mehr ist als ein Akt der Höflichkeit: ich verehre das Göttliche, wo es sich zeigt und in welcher Gestalt auch immer.

Herr Kim fragt mich, was ich darüber denke, wenn ein Mensch sich von der Welt zurückzieht. Ich sage: Dann kommt die Welt zu ihm. Ich sage es scherzhaft und deute auf unsre kleine Gesellschaft. Aber ich habe das Gefühl, als sei Herr Kim lebhaft an derartigen unzeitgemäßen Fragen interessiert. Ich kann ihn mir gut vorstellen als buddhistischen Gelehrten und Frommen in einer Einsiedelei. Er ist höherer politischer Funktionär in der Abteilung für die friedliche Wiedervereinigung Koreas. Kein Mensch, kein Volk ist auf eine einzige Formel festzulegen. Das ist tröstlich. Herr Chang, viel jünger als Herr Kim, sagt: Man darf nicht desertieren; nur Politik zählt.

Alle jungen Menschen hier haben die Hände voll zu tun mit dem Aufbau, der Weiterführung der sozialistischen Revolution. Was soll Religion hier, was soll der Buddhismus hier bei einem Volk, das sein nationales Selbstbewußtsein, in Jahrzehnten brutaler Fremdherrschaft verloren, sucht und aufbaut, das an das irdische Paradies des Sozialismus, des »Kommunismus« unverbrüchlich glaubt, und dem alles Leben handfeste politisch-gesellschaftliche Realität ist? Kein Schatten eines Zweifels, keine Notwendigkeit der Sinn-Frage, kein Bedürfnis nach Göttern, kein Raum für den Gedanken an ein Nachher. Jetzt und hier wird gelebt, gearbeitet und geglaubt. Weltverzicht? Das wäre Verrat. Und überhaupt: was soll das eigentlich bedeuten? Warum sich zurückziehen aus dieser Welt, die so schön ist?

Von weiter unten aus dem Tal kommt Musik. Sie war als Unterströmung schon den ganzen Morgen da. Jetzt ist der Wind umgesprungen und die Musik wird sehr laut. Aber sie tut nicht weh: alte Volksmusik, heiter, hübsch. Sie soll die Arbeiter positiv stimmen, die dort unten ein großes Erholungsheim bauen. Für das arbeitende Volk, sagt Herr Chang. Arbeiter sind wir alle, wir haben die klassenlose Gesellschaft, vergessen Sie das nicht, wir sind ein Volk von Arbeitern.

Später ziehe ich mich zurück ins Gästehaus, aber dann gehe ich wieder aus, allein, ich habe das Bedürfnis, allein zu sein. Neben dem Gästehaus finde ich ein kleines verschlossenes Holztempelchen, das war einmal die Zelle eines Mönchs, glaube ich. Ich setze mich auf die überwachsenen Steinstufen davor. Über mir sind die Zweige eines blühenden Kirschbaums, daneben eine strenge hohe dunkle Kiefer. Hier hört man keine Musik, nur

den Wind und das Rauschen des Bergbachs. Ich denke nach über die Einengung des Lebens auf die Aktion, auf Politik, ich denke nach über den Verzicht auf »Metaphysik«, über die Unsensibilität fürs Numinose, den konsequenten Ausschluß der Sinnfrage. Kann man leben ohne nachzudenken darüber, wohin das führe, im Individuellen, im Allgemeinen? Wozu all die Anstrengung des Lebens, und was ist mit dem Leiden, welcher Platz wird dem zugewiesen in der nordkoreanischen Philosophie? Wird diese Frage wie die Sinnfrage überhaupt nur einfach »verdrängt«, oder stellt sie sich gar nicht? MUSS man sie eigentlich stellen? Man stellt sie seit Jahrtausenden und hat keine Antwort gefunden, die uns »alles erklärt«. Nach dem Sinn fragen, heißt das nicht: Zeit verschwenden? Ist nicht das Leben selbst die Antwort auf die Sinnfrage? Man lebt, man liebt einander, man arbeitet, man zeugt, gebärt, erzieht Kinder, man sät und erntet, man erlebt den Wechsel der Jahreszeiten, man feiert Feste – genügt das nicht? Aber muß nicht Kim Il Sung oder mein Herr Kim, der Nachdenkliche, sich einmal fragen, woraufhin sie zielen? Auf das Glück des Volkes? Aber sie wissen, daß nichts dauert, also auch nicht der Friede und nicht das Glück. Was dann? Braucht man nicht doch das, was man Religion nennt? Aber was ist das denn? Es ist das Gefühl, eingebettet zu sein in einen Sinn-Zusammenhang. Und haben das die atheistischen Nordkoreaner nicht in hohem Maße? Sie sind keine Materialisten, durchaus nicht. Was sind sie dann?
Jenseits des Mäuerchens taucht ein Mensch auf, ein sehr junger Soldat, er sieht mich nicht, er pflückt sorgfältig ein paar Blümchen, dann blickt er auf und sieht den blühenden Kirschbaum und bleibt stehen, hingerissen, selbstvergessen, glücklich lächelnd. Was denkt, was fühlt er? Offenbart sich ihm das Göttliche und damit DER SINN in diesem Baum? WAS ist Atheismus...?

XIV. Wiedervereinigung: Zentralproblem

> Lykurg herrschte im schlichten Kittel und mit einem Befehlsstab, dem das Volk sich willig fügte, beseitigte ungerechte und tyrannische Regierungen in den Städten, legte Kriege bei, beendete Bürgerstreitigkeiten durch Entsendung von Beauftragten, deren Weisungen sich sofort alle unterwarfen wie die Bienen, wenn der Weisel erscheint, sich um ihn scharen und sich ihm unterordnen.
>
> PLUTARCH

Heute war ich eingeladen bei Herrn Kim Jung Rin. Ein hoher Funktionär: Sekretär der Partei. Mir fällt wieder einmal auf, wie verschieden diese hohen Funktionäre von denen in andern sozialistischen und nichtsozialistischen Staaten sind: sie sind still und bescheiden ohne jedes Imponiergehabe. Wiewohl »oben« auf der Stufenleiter, bricht durch ihre diplomatische Zurückhaltung eine natürliche Freundlichkeit, ja Herzlichkeit. In jedem steckt ein konfuzianischer Staatsbeamter und ein buddhistischer Weiser (auch wenn er kein Buddhist ist), also einer, der das Spiel spielt, und einer, der es durchschaut, kurzum: es sind Menschen.
Die Freundlichkeit ist den Koreanern wesentlich. In Nordkorea wird sie ausdrücklich gepflegt. Die Kinder bekommen für besondere Freundlichkeiten einen Stern aufs Kleid. Welches westliche Kind wird dazu erzogen, freundlich zu sein, welcher von unsern Jugendlichen trüge einen Stern, wer von uns Erwachsenen? Wissen wir überhaupt noch, daß Freundlichkeit eine staatsbürgerliche Tugend ist? Mir fällt Brecht ein: »Wir wär'n gern gut anstatt so roh, doch die Verhältnisse, die sind nicht so.« Hier in Nordkorea sind sie so, daß man freundlich sein kann, darf, soll.
Kim Jung Rin erwartet mich schon im Korridor, nicht erst in seinem Büro hinterm Schreibtisch.
Da er weiß, daß ich seit Jahren dem Korea-Komitee angehöre, konzentriert sich unser Gespräch auf dieses Thema, das Thema Nummer eins in Korea.
Er meint, ich als Deutsche müsse ein besonderes Verständnis für die Frage der Wiedervereinigung haben.
Sie haben, sagte er, ein zweigeteiltes Deutschland, wie wir ein

zweigeteiltes Korea haben. Ihr Land wurde nach dem Zweiten Weltkrieg von den Sieger-Großmächten geteilt, das unsere wurde von denselben Mächten geteilt: USA und Sowjetunion. Die haben unsere Länder geteilt ohne Rücksicht darauf, daß sie ein Volk trennten, das eine Schicksals- und Kulturgemeinschaft ist und in welchem Menschen leben, die zusammengehören, Familien, Freunde, Kameraden aus dem Weltkrieg, die man künstlich zu Feinden machte. Den Siegern kam es einzig darauf an, sich politisch-ideologische Einfluß-Sphären zu schaffen und damit auch militärische Stützpunkte und militärische Alliierte. Die Trennung ist erfolgt ohne Volksbefragung, ohne Wahl. Von oben, von außen. Willkürlich und brutal. Es hatte schlimme Folgen: bei uns den Koreakrieg 1950, bei Ihnen den Kalten Krieg mit dem Osten. Die Leidtragenden sind unsere Völker. Kein Koreaner kann den andern Teil des Landes besuchen, kein Briefverkehr ist möglich, im Koreakrieg waren Brüder gezwungen, auf Brüder zu schießen, Söhne auf ihre Väter. Sie in Deutschland sind viel weiter in der Entspannung.

Ja, dank der Ostpolitik Willy Brandts, die von der Opposition heftig verurteilt wurde, obwohl sich die Folgen nur positiv erweisen.

Ich verstehe die Opposition, sagt Herr Kim Jung Rin. Sie hat angenommen, daß das Bemühen, den status quo der beiden Staaten zu halten, den Verzicht auf die Wiedervereinigung bedeute.

Die Bundesrepublik hat niemals verzichtet, aber sie hat eine realistische Entspannungspolitik betrieben. Sie tat, was möglich war, und unterließ, was im Augenblick unmöglich war.

Möchten die getrennten Völker Deutschlands die Wiedervereinigung so, wie sie unser Volk will?

Gegenfrage: Will Südkorea die Vereinigung?

Sie meinen, es sei propagandistisch so verhetzt, daß es sie nicht wollen kann? Sie meinen, es hat Angst vor unserm Sozialismus?

Das meine ich, und es ist so. Fünfunddreißig Jahre antikommunistische Propaganda bleiben nicht ohne Wirkung. Kim Chi Ha schrieb, er habe als Kind geglaubt, Kommunisten, also Nordkoreaner, seien Teufel mit Hörnern und Klauen.

Natürlich, sagt Herr Kim, meinten die so manipulierten Südkoreaner, den Schutz der USA zu brauchen. Darum duldete und duldet man bis heute die US-Militärmacht im Land, selbst wenn man erfahren hat, daß die US-Politik eine nur eigennützige ist und Südkorea wieder einmal zu einer Kolonie macht. In Südkorea fällt keine politische Entscheidung aus dem Willen des Volks, sondern wird von den USA diktiert. Aber Südkorea nennt sich eine freie Demokratie. Wie frei sie ist, sehen wir dieser Tage. Alle Welt weiß jetzt, was dort gespielt wird. Studenten, die eine echte Demokratie wollen, werden als Kommunisten eingesperrt, gefoltert und hingerichtet. Eine Demokratie, in der es keine Opposition gibt! Uns wirft man vor, wir seien keine Demokratie. Nach dem Krieg flohen viele Nordkoreaner in den Süden, freilich nicht nur aus Angst vor dem Sozialismus, obgleich das für alle Reichen, alle Feudalherren der Hauptgrund war. Die andern flohen aus Angst vor der Drohung der USA, aus Pyeongyang ein zweites Hiroshima zu machen und ganz Nordkorea zu zerstören. Ob die USA das im Sinne hatten, ist eine andere Frage. Genug, daß sie Menschen unseres Volkes zur Flucht bewogen. Man wollte uns dezimieren. Man wollte uns auch unsere Intellektuellen und Techniker rauben, so wie man Ihre deutschen Atomphysiker teils in die USA, teils in die Sowjetunion exportierte. Daß wir dennoch den Wiederaufbau geleistet haben, ist für die USA ein Grund, uns weiter zu fürchten, obgleich wir keine Aggressionspläne haben. Wir wollen nur Frieden. Sehen Sie: hier ist wirklich Friede, und einige hundert Kilometer weit im Süden ist Bürgerkrieg, und Tausende von Studenten und Intellektuellen und Arbeitern sind in den Gefängnissen und werden gefoltert. Jetzt sieht man, wo die Demokratie lebt. Jetzt erwacht in Südkorea der Wunsch, so zu leben wie wir Nordkoreaner.

Ich hörte kürzlich auf Umwegen, daß in den südkoreanischen Studenten die Angst vor dem Sozialismus und damit vor Nordkorea rapide abnimmt. Das ist die Chance für Nordkorea.

Nordkorea wird sie nicht nützen, so nicht. Kim Il Sung lehnt jede Einmischung in die Staatsangelegenheiten Südkoreas strikt ab. Wir wollen eine friedliche Wiedervereinigung. Wir wollen keine militärische und auch keine ideologische Eroberung. Wir wollen nichts anderes als eine friedliche Koexistenz. Wir brauchen einander auch wirtschaftlich: wir haben Mangel an Arbeitskräften. Wir haben siebzehn Millionen Einwohner, Südkorea hat doppelt so viel. Wir brauchen Südkorea als Absatzmarkt für unsere Industrieprodukte. Südkorea braucht unsere Rohstoffe und unsere Erfahrung in der Bewässerung. Und beide Staaten brauchen Frieden auch im Hinblick auf die

Wirtschafts- und Finanzpolitik: die Gelder, die beide Völker notgedrungen in die Rüstung stecken, könnten wir für friedliche Zwecke verwenden. Unsere Rüstungsindustrie muß auf die Produktion lebenswichtiger Güter umgestellt werden, in beiden Ländern. Wir brauchen viel mehr Konsumgüter fürs Volk, hier wie dort. Wir sind aufeinander angewiesen. Und wir wollen wieder ein einziges Volk sein, wie wir es ein einhalbtausend Jahre lang waren. Nie war Korea getrennt seit der Vereinigung der drei alten Königreiche. Deutschland war eine solche Einheit nie, das ist vielleicht bei Ihrem Vergleich in Rechnung zu stellen. Deutschland gibt es erst seit hundert Jahren als politische Einheit. Auch stammesmäßig war es nie eine Einheit.

Ich merke, daß sich mir hier das Problem der deutschen Wiedervereinigung ganz neu stellt. Man muß einheimische Probleme von »außen« her anschauen, das gibt Objektivität, das korrigiert eingefahrene Urteile. Wie groß der Unterschied der deutschen und der koreanischen Wiedervereinigungs-Politik ist, sieht man an der Verschiedenheit der Reaktionen auf die Teilung 1945: Am 31. Dezember 1945 demonstrierte das ganze koreanische Volk, im Süden wie im Norden, unabhängig von der politischen Ideologie. In unabsehbaren Scharen durchzog es die Städte. Es fühlte sich als EIN Volk, es fühlte sich als ganzes Volk seiner Souveränität beraubt von Leuten, die es nicht kannten, nicht liebten, sondern nur benützten für eigene militärische Zwecke. Gab es derlei in Deutschland? Könnte es derlei heute geben? In Korea ist das möglich, wenn es auch im Augenblick nicht geschieht. Korea wird sich nie abfinden mit der Trennung.

Südkorea kann sich keinen öffentlichen Schritt zur Wiedervereinigung erlauben. Jeder Versuch der Annäherung an Nordkorea wird als pro-kommunistisch verfemt. Es ist Nordkorea, das für die Wiedervereinigung arbeiten kann. Was Südkorea bisher dafür tat, ist zu lesen im Buch »Das Werden einer Nation«, geschrieben vom ehemaligen, nun ermordeten Präsidenten Südkoreas, Park Chang Hee:

»In den siebziger Jahren müssen wir unsere Anstrengungen für eine friedliche Wiedervereinigung bis zum Ende fortsetzen. Aber wir müssen auch gewappnet sein, Gewalt mit Gewalt zu begegnen. Wir glauben, daß die USA, unser großer Verbündeter im Frieden und im Krieg, uns im Falle einer Invasion von außen helfen werden. Dennoch müssen wir bedenken, daß Hilfe von seiten der Verbündeten weder zu erwarten noch überhaupt von wesentlicher Bedeutung sein wird, wenn wir nicht selbst nennenswerte Anstrengungen unternommen haben, uns zu verteidigen.«

Während ich 1975 in Südkorea war, las ich im englischsprachigen »Korean Herold« Zitate aus der Rede einer Abgeordneten der NDP (New Demokratic Party), Frau Kim Ok Sun:

»Alle Arten von regierungs-initiierten Sicherheits-Organisationen, die Einrichtung des Civil Defence Corps und des Student National Defence Corps, all diese ständigen Warnungen vor der Invasion Nordkoreas, all das Verbreiten militärischer Lieder und Köderphrasen wie ›Laßt uns aufbauen während wir kämpfen‹ – all diese Mittel gebraucht Park Chang Hee, um an der Regierung zu bleiben. Der Ausbruch des Krieges hängt einzig von der Laune des Diktators ab. Er versucht seine Fehler in der Staatsführung unter der These ›nationale Sicherheit‹ zu verbergen. Er hält das Volk ununterbrochen in einer Krisen-Atmosphäre und in einer kriegsähnlichen Situation unter dem Vorwand, man müsse rüsten, um einem Einfall Nordkoreas widerstehen zu können.«

Eine unerhörte Rede, die natürlich mit dem Rücktritt der Abgeordneten enden mußte. Aber es war endlich einmal gesagt worden, was das Volk selbst dachte. Gleichzeitig aber blieb die Anti-Nordkorea-Propaganda wirksam. Man fürchtete sich zwar nicht mehr vor einem militärischen Einfall Nordkoreas, aber um so mehr vor einer Wiedervereinigung im Stile Vietnams: der kommunistische Norden würde den nichtkommunistischen Süden kommunistisch machen.

Heute fragen sich die Südkoreaner, ob es ihnen unter nordkoreanischem Regime nicht bedeutend besser gehen würde, als es ihnen in der »Demokratie« geht. Nachdem sie jahrzehntelang alle positiven Informationen über Nordkorea, die ihnen meist über Japan zukamen, als kommunistische Propaganda ansahen, also ihnen mißtrauten, beginnen sie jetzt zu begreifen, daß Nordkorea nicht nur selbst in Frieden lebt, sondern auch eine friedliche Wiedervereinigung will, und zwar nicht unter kommunistischer Flagge. Wie aber denkt sich Kim Il Sung die Wiedervereinigung? Kim Jung Rin bestätigt mir, was ich von andern Seiten hörte.

Die Vorgeschichte: Im Dezember 1945 wurde in Moskau ein »Treuhand«-Kontrakt geschlossen zwischen den USA und der Sowjetunion, und es wurde entschieden, daß die Wiedervereinigung Koreas ausschließlich Sache der »Treuhänder« sei, nicht des koreanischen Volks. Nachdem die Massendemonstrationen in beiden Korea von den »Treuhändern« nicht zur Kenntnis genommen worden waren, erwies sich die Trennung als (vorläufig) bleibend. Alle Bemühungen, sie zu überwinden, scheiterten. Woran?

Ich entnehme das, was dazu zu sagen ist, nicht einer nordkoreanischen Quelle, sondern aus der für die westliche Welt soviel glaubhafteren: der südkoreanischen, nämlich dem schon genannten Buch des nun ermordeten Park Chang Hee. Er schreibt, daß die Koreafrage im April 1954 auf der Genfer Konferenz behandelt wurde. Sie war zusammengetreten aufgrund einer Resolution der UNO-Vollversammlung vom August 1953. Die Teilnehmer waren: Südkorea, Nordkorea, die Sowjetunion, die USA, Großbritannien, Frankreich, die Volksrepublik China und fünfzehn UNO-Mitglieder, die Truppen nach Korea entsandt hatten.

Die UNO-Vollversammlung hatte 1948 die südkoreanische Demokratie für das einzige rechtmäßige Korea erklärt. Park Chang Hee stellt das fest, aber er bleibt die Erklärung schuldig, mit welchem Recht eigentlich die UNO 1948, also keineswegs nach dem Koreakrieg, aufgrund dessen man allenfalls Nordkorea als Angreifer ausschließen hätte können, Nordkorea als illegal erklärte. Welche Gründe kann es völkerrechtlich dafür gegeben haben? Kim Il Sung hatte ganz Korea von der japanischen Herrschaft befreit, und dafür nun soll er bestraft werden. Sehr einfach. Außerdem ist er Kommunist, und also eo ipso nicht anzuerkennen.

Gab es bei diesem Handel die Sowjetunion nicht mehr?

Nein, die »Treuhand-Gesellschaft« hatte sich inzwischen aufgelöst. Nun lag der Fall ganz allein bei der UNO, in welcher, wie Park Chang Hee schreibt, »der Westen noch die absolute Mehrheit besaß« und bei der »Abstimmung über das Problem der Wiedervereinigung Koreas auf keinerlei Schwierigkeiten stieß«. Natürlich waren die meisten UNO-Mitglieder damals einig: ein kommunistisches Nordkorea darf es nicht geben.

Park erzählt, wie sehr sich die UNO Mühe gegeben habe, die Wiedervereinigung zu betreiben. Sie habe so vernünftige Forderungen an Nordkorea gestellt: Anerkennung der Autorität der UNO bei der Behandlung des Problems und ihrer Hauptrolle bei den Verhandlungen, ferner die Abhaltung allgemeiner, freier Wahlen im Verhältnis der Bevölkerungszahl von Nord- und Südkorea (Südkorea hatte doppelt so viele Einwohner) und die Stationierung der UNO-Truppen in Korea bis zur Errichtung eines vereinten, unabhängigen und demokratischen Staates.

Warum nur waren die Nordkoreaner so eigensinnig, nicht auf diese schönen Vorschläge einzugehen?

Kim Il Sung hatte bereits seine Vorschläge gemacht: Abzug aller Fremdtruppen aus beiden Korea (Nordkorea hatte schon keine ausländischen Truppen mehr im Land) und freie Wahlen, aber nicht mit Überwachung durch die UNO, sondern durch Vertreter neutraler Staaten. Sein Vorschlag ist recht wohl verständlich: die UNO war Partei für Südkorea, und die Weigerung, ihre Truppen aus Südkorea zurückzuziehen (während Nordkorea keine militärischen Alliierten mehr hatte), könnte unmöglich akzeptiert werden.

So stand Bedingung gegen Bedingung auf den vielen Sitzungen in Panmunjon, diesem kleinen Ort mitten in der vier Kilometer tiefen und zweihundert Kilometer breiten entmilitarisierten Zone.

Daß sie »entmilitarisiert« ist, konnte ich nicht sehen, als ich 1975 mit einem UNO-Soldaten als Führer dort war: ich sah hüben und drüben Soldaten, die sich gegenseitig scharf beobachteten. Wäre dort kein Militär, könnten auch jene kleinen Zwischenfälle nicht stattfinden, von denen die Zeitungen im Süden wie im Norden berichten, dabei jeweils die andre Seite als Angreifer beziehungsweise als Provokateur bezeichnend.

Dort sah ich auch das Haus mit dem berühmt gewordenen Tisch, an dem die Verhandlungspartner sitzen, die sich feindlich sind: die UNO, Partei für Südkorea, auf der einen Seite, die Vertreter der sozialistischen Länder auf der andern, aber nicht Nordkoreaner selbst, denn Nordkorea war von der UNO nicht anerkannt, also konnte mit diesem nicht-existierenden Land nicht verhandelt werden, man konnte nur über seine Köpfe hinweg verhandeln. Erfolglos.

Park beklagt sich in seinem Buch darüber, daß ab 1960 die Lage sich zuungunsten Südkoreas verschlimmert habe: durch den Eintritt vieler Länder der Dritten Welt in die UNO habe sich das Schwergewicht dort verschoben. Und nun gibt Park den Ländern der Dritten Welt und damit auch Nordkorea das schönste Zeugnis wider seinen eigenen Willen. Er schreibt: »Sie schwangen das Banner der Dritten Welt, die davon ausgeht, daß internationale Auseinandersetzungen nicht durch das politische Kräftespiel (zwischen den Großmächten, meint er) zu lösen

seien, sondern durch Normalisierung und Überredung.« Genau
diejenige Methode, die Kim Il Sung anwenden will. Daß Südkorea (die Regierung Park und die der Nachfolger) die Lösung der
Koreafrage eben nicht »durch Normalisierung und Überredung« erwartet, sondern durch die Fortsetzung des so gefährli-
chen Kräftespiels, geht aus seinen eigenen Worten klar hervor.

Die Folge des Eintritts vieler blockfreier sozialistischer Länder
der Dritten Welt in die UNO bewirkte eine Änderung innerhalb der UNO. Nun wurde die Einladung von Vertretern Nordkoreas zur UNO-Debatte eine wichtige Verfahrensfrage innerhalb der UNO. In der 22. Vollversammlung habe sich ein großer Teil der Mitgliedstaaten dafür ausgesprochen, die Koreafrage der UNO zu entziehen und sie einer eigens zu bildenden
Kommission zu übergeben. Auch wurde der Abzug der UNO-
Truppen aus Südkorea vorgeschlagen und die jeweils gleichzeitige Einladung von Vertretern Nord- und Südkoreas. Viele der
ehemals Südkorea-freundlichen Staaten, so beklagt sich Park in
seinem Buch, haben das Interesse an der Koreafrage verloren
oder sich gegen die UNO-Resolutionen über Korea gestellt.

Aber der Hauptpartner, die USA, hielt seine Bastion: kein
Rückzug der Truppen, sondern, im Gegenteil, Festigung der
militärischen Position in Südkorea, mit Stationierung von Raketenbasen und mit der Anwesenheit der Kriegsflotte. Die
Begründung: Nordkorea drohe mit Krieg.

Auch nichtkommunistische Beobachter der Lage müssen ge-
rechterweise sagen, daß diese Drohung in der Realität nicht
besteht, sondern wie die tapfere südkoreanische Abgeordnete
1975 sagte, nichts anderes ist als Taktik Parks (und der USA),
um den Status quo und damit den letzten Flottenstützpunkt der
USA im Fernen Osten sowie eine faschistische, USA-hörige
Regierung am Ruder zu halten.

Park schreibt in seinem Buch, daß »die Vereinten Nationen,
getragen vom Weltgewissen, sich während zweier Jahrzehnte
bemüht haben, eine Lösung der Frage zu erarbeiten«. Er
schreibt weiter, daß »Kim Il Sung und seine Anhänger« (womit
er die ganze Nordkoreanische Demokratische Republik meint)
das stärkste Hindernis seien, da sie »noch immer die nördliche
Hälfte der koreanischen Halbinsel kontrollieren«. Womit er
meint, daß Nordkorea leider immer noch ein selbständiges
Land ist.

Er schreibt weiter: »Da die Kommunisten mit allen Eventuali-
täten rechnen, wiederholen sie ständig ihre Lieblingsparolen

wie friedliche Vereinigung, Verhandlungen zwischen Nord- und Südkorea, Bundesstaat, Austausch zwischen Süden und Norden ... Bei den rechtswidrigen Akten, die Kim Il Sung und seine Partei gesetzt haben, haben sie regelmäßig vorher und nachher eine Friedensoffensive gestartet.«

Welches sind die »rechtswidrigen Akte«? Gegen welches Recht wurde verstoßen durch welche Akte? Außer dem Koreakrieg hat Park nichts anderes vorzubringen als die Gründung der »Demokratischen Front für die Vereinigung des Vaterlandes«, zu der angeblich auch südkoreanische Truppen gehörten. Kim Il Sung habe mehrmals »bewaffnete Agenten in Südkorea eingeschleust«, was vermutlich stimmt, was aber ebenso umgekehrt auch Südkorea vorgeworfen werden kann. Es gehört zur Politik aller Staaten, »Agenten einzuschleusen«. Warum soll man es Kim Il Sung als rechtswidrig vorwerfen?

Park fährt fort: »Diese vaterländische Front schlug sofort ein Fünf-Punkte-Programm vor für die Wiedervereinigung, wobei der Abzug der fremden Truppen der Hauptpunkt war.« In den sechziger Jahren, schreibt Park, begann Kim Il Sung plötzlich (wieso plötzlich, fragt sich der Leser), die friedliche Vereinigung nach der Drei-Etappen-Formel zu predigen. Im ersten Stadium sollten die US- (und UNO-)Truppen von Südkorea abgezogen werden, ein Gewaltverzichts- und Friedensabkommen geschlossen und die Streitkräfte in jedem der beiden Sektoren auf unter hunderttausend Mann reduziert werden. Gleichzeitig sollte der wirtschaftliche und kulturelle Austausch beginnen. Anschließend war nach Kims Entwurf eine Föderation zu gründen, in der jede Seite ihre eigene wirtschaftliche und soziale Struktur beibehalten und Regierungsvertreter in eine zu schaffende Oberste Nationale Kommission entsenden sollte. In der dritten Etappe sollten unter Ausschaltung eines jeglichen fremden Einflusses in ganz Korea allgemeine Wahlen zur Bildung der Zentralen Einheitsregierung abgehalten werden.

So Park. Es stimmt: das hat Kim Il Sung vorgeschlagen. Warum meinte Südkorea, nicht darauf eingehen zu können?

Park sagt es: »Dieser Vereinigungsplan diente dazu, durch Aufstachelung der in der Bevölkerung schlummernden Wiedervereinigungs-Sentimentalität (!!!) im Süden Verwirrung zu stiften und aus der wechselhaften internationalen Situation und aus dem Chaos in Südkorea nach dem Studentenaufstand vom 19. April 1960 Kapital zu schlagen. Gleichzeitig sollte die Weltmeinung zuungunsten Südkoreas beeinflußt werden.« Daß es Kim Il Sung ehrlich meinte, wurde nicht in Betracht gezogen. Und wenn er es auch ehrlich meint, so könnten die Folgen aus der Realisierung der ehrlichen Meinung für Südkorea und die USA schlimm sein: Südkorea könnte Gefallen finden am Sozialismus, wie ihn Nordkorea aufbaute. Und nun mußte Park rasch eine Lüge einsetzen: Kim Il Sung habe gesagt, zu Beginn der siebziger Jahre würde er die Wiedervereinigung mit Waffengewalt erzwingen.

Das hat Kim Il Sung nicht gesagt, das kann er nie gedacht haben. Er ist und war viel zu realistisch, um ein solches Vorhaben nicht als das Ende der Wiedervereinigungsarbeit angesehen zu haben. Ein Krieg in diesem Stadium der Arbeit wäre Selbstmord gewesen und sein eigenes Ende und der Beginn möglicherweise eines dritten Weltkriegs, wenn China oder die Sowjetunion und die USA in Korea aufeinandergeprallt wären.

Park wußte, daß er log, aber er brauchte die Lüge. Er brauchte das Feindbild und er brauchte die Angst seines Volks. »Wenn es zu einem Krieg kommt, werden wir keinen einzigen Schritt zurückweichen. Wir alle, Soldaten und Zivilisten, werden bis zum Ende kämpfen.« Er hat einmal eine Bedingung gestellt, die – würde sie eingehalten, sagt er – ihn vom echten Friedenswillen Kim Il Sungs überzeugte: »Wenn Kim Il Sung von jeder Art militärischer Provokation Abstand nimmt und öffentlich erklärt, daß er gegen eine Politik der gewaltsamen Vereinigung ist, und wenn wir feststellen können, daß die nordkoreanischen Kommunisten ihre Aufrichtigkeit durch Taten beweisen und dies auch von der UNO bestätigt wird.«

Nun: Kim Il Sung hat bewiesen, daß es ihm ernst ist mit dem Angebot. Er hat es zuletzt bewiesen damit, daß er nicht in die große Revolte von 1980 eingriff und das Chaos vor und nach der Ermordung Parks nicht zum Anlaß einer Intervention machte. Er hätte dabei auf die Spaltung des Militärs in Südkorea zählen können, und die USA hätten sich gehütet, massiert einzugreifen. Ein zweites Vietnam konnten sie sich nicht leisten.

Was aber die Forderung Parks nach der Zustimmung der UNO angeht, so ist sie der Beweis dafür, daß Südkorea keine Selbständigkeit hatte und hat, sondern von den USA regiert wird, die ihren Einfluß in Südkorea nicht aufgeben zu können meinen, da sie es als strategischen Stützpunkt im Fernen Osten brauchen. Daß Park immer von »den Kommunisten« spricht, ist eine jener terribles simplifications, die in der Politik üblich sind, wenn man ein Feindbild aufbauen will. Er hätte sagen müssen: die blockfreien sozialistischen Staaten, zu denen Nordkorea gehört. Er wußte genau, daß Nordkorea längst nicht mehr im Schlepptau der Sowjetunion fuhr, und daß es mit der Volksrepublik China kein Bündnis hatte, nur lose freundschaftliche Beziehungen. Aber Park braucht das Schockwort »Kommunisten«. Das ist überall wirksam, wo man nicht willens ist, redlich zu denken und zu differenzieren. Dies also ist, in großen Zügen, die Vorgeschichte der Wiedervereinigungspolitik von heute.

Und wie steht es augenblicklich? frage ich Kim Jung Rin.
Damit ich ganz sicher bin, genau zu berichten, ziehe ich zu meinen eigenen Notizen jene Aufzeichnungen hinzu, die ein anderer deutscher Nordkorea-Besucher machte und der seinen Bericht offiziell nach Bonn weitergab. Unsere Berichte decken sich im wesentlichen.
In den siebziger Jahren wurden, ohne daß die Weltöffentlichkeit Notiz davon nahm, die Verhandlungen zwischen Süd und Nord wieder aufgenommen. Sie fanden ausschließlich unter den Koreanern statt, also nicht unter Kontrolle der UNO. Damals schlug Kim Il Sung folgendes vor: Beginn einer wirtschaftlichen Zusammenarbeit in Form von Austausch nordkoreanischer Rohstoffe mit südkoreanischen Agrarprodukten, ferner nordkoreanische technische Hilfe beim Ausbau des südkoreanischen Bewässerungssystems, und die Verbindung der Energie-Erzeugung beider Länder. Außerdem machte Kim Il Sung das Angebot, den Südkoreanern das Fischrecht vor den nordkoreanischen Küsten einzuräumen. Und schließlich sollten die Grenzen nach und nach geöffnet werden, zunächst durch Zusammenführung von Familien und durch Postverkehr. Auch sollte allen Koreanern das Recht eingeräumt werden, sich den Wohnort frei auszusuchen in ganz Korea. Hauptvorschlag: in beiden Korea sollten alle Parteien zugelassen werden.
Park Chang Hee sah in diesem Vorschlag nichts anderes als den Willen Kim Il Sungs, Südkorea auf friedlichem Wege kommunistisch zu infiltrieren. Nun: da Kim Il Sung von der Richtigkeit und Zukunftsträchtigkeit des Sozialismus überzeugt ist, muß er natürlich hoffen, daß Südkorea sozialistisch würde. Jedoch widerspräche es seiner Dschudsche-Ideologie und seiner Praxis, Südkorea nach nordkoreanischem Muster sozialistisch zu

machen. Es gehört zu seinen Grundsätzen, daß jedes Land seine eigene Form des Sozialismus finden müsse. Aber das Mißtrauen Parks zusammen mit der Angst, die USA könnten damit nicht einverstanden sein, ließ ihn diesen Plan ablehnen. Was er allenfalls akzeptieren wollte, war der Bau einiger Fabriken Südkoreas im Norden und umgekehrt. Außerdem wünschte er, daß an bestimmten Orten »Fremdenverkehrsein-richtungen« entstünden.

Was aber sollte das sein? Südkorea war berüchtigt für seine Bordellstädte Seoul und Busan mit einem Heer von Kisängs und mit entsprechenden Luxushotels und Nachtclubs und dem Zustrom reicher Geschäftsleute aus aller Welt. Diesen seltsamen Vorschlag mußte Kim Il Sung mit seiner strengen Moral als Versuch der Korruption ablehnen. Für die westsüdliche Libertinage war er nicht zu kaufen.

> Dann machte er sich an die Austreibung der unnützen und überflüssigen Gewerbe. Die meisten von ihnen mußten schon, auch ohne Verbot, aus dem Lande verschwinden, da es keinen Absatz mehr für diese Erzeugnisse gab. Das Eisengeld ließ sich auch nicht ins Ausland bringen, da es dort wertlos war, so daß man keine Luxuswaren dafür einhandeln konnte. Es verschwanden auch Bordelle, Wahrsager und Hersteller von Schmuck. So schwand der Luxus von selbst dahin.
>
> PLUTARCH

Eine andere, wesentliche Frage ist, ob es ihm ernst war mit dem Vorschlag freier Parlamente, also Zulassung aller Parteien. Südkorea hatte Grund zu zweifeln: Kim Il Sung hätte damit im eigenen Land beginnen müssen. Er konnte allerdings erwidern, daß er mit der Liberalisierung nicht beginnen könne, wenn nicht zugleich Südkorea begänne.

Im Juni 1973 machte Park Chang Hee seinen Vorschlag: Mitarbeit Nordkoreas in internationalen Organisationen, Teilnahme nordkoreanischer Delegierter an der UNO-Vollversammlung, gleichzeitige Aufnahme Nord- und Südkoreas in die UNO. Darauf antwortete Kim Il Sung noch am selben Tag und forderte die Beendigung der militärischen Konfrontation, die Einberufung einer Nationalversammlung und die Bildung einer Föderation, bei der beide politische Systeme gleichberechtigt nebeneinanderstehen, und ein neues Staatsgebilde mit Namen Koryo (dem Namen des ersten einigen koreanischen Reiches vor fünfzehnhundert Jahren), das als solches statt der getrennten Staaten Nord- und Südkorea in die UNO aufgenommen werden soll.

1979 ging Kim Il Sung noch viel weiter. Er war nun bereit, mit Park selbst zu verhandeln, was er bis dahin abgelehnt hatte mit der Begründung, er könne nur mit einem nichtfaschistischen Südkorea verhandeln. Er war sogar bereit, an einem beliebigen Ort, sei es in Korea, sei es auf neutralem Boden, mit Park zu sprechen.

Hier tauchte von neuem die Schwierigkeit auf, daß Südkorea nicht ohne die USA verhandeln wollte. Kim Il Sung beharrte auf seinem Standpunkt, daß die Wiedervereinigung Koreas ausschließlich Sache Koreas sei. Er war aber bereit, den USA einen Beobachterposten zuzugestehen. Darauf ging Südkorea nicht ein. Es durfte darauf nicht eingehen, denn die USA fürchteten nach wie vor oder mehr denn je eine erhebliche Behinderung ihrer Wirtschaft: Südkorea ist das Land, in dem die USA zusammen mit andern kapitalistischen Staaten wie Japan viel Kapital investiert haben. Sie betreiben dort ihre Fabriken mit billigen südkoreanischen Arbeitern und außerdem ganz oder fast steuerfrei. (Dies ist der Preis dafür, daß sie Südkorea militärisch schützen, obgleich kein Schutz nötig ist, was sie sehr wohl wissen, aber zuzugeben sich hüten.) Übrigens hat auch die Bundesrepublik Deutschland ihre Investitionen in Südkorea und ist darum äußerst wenig interessiert an einer Veränderung des Status quo. Darum hat die Bundesrepublik auch reguläre diplomatische Beziehungen zu Südkorea und gab noch 1980 einen großen Kredit dorthin, und dies nach dem blutigen Militärputsch.

Nach der Ablehnung der Vorschläge Kim Il Sungs 1979 verschlechterten sich die Beziehungen zwischen den beiden Korea, besonders nach dem Besuch des japanischen Ministerpräsidenten Ohira in den USA und seinen Besprechungen mit Carter über Fragen der Sicherheit im Fernen Osten.

Auch der Besuch des UNO-Generalsekretärs Waldheim war ergebnislos. Er sagte, Nordkorea erwarte von der UNO positive Vorschläge. Damit war gemeint: der Abzug der US-Streitkräfte aus Südkorea und die Abschaffung der höchst irreführenden Bezeichnung dieser rein amerikanischen Streitkräfte als »UNO-Truppen«, die sie nicht mehr sind.

Grundbedingung für die Wiedervereinigung ist: die Demokratisierung Südkoreas, das augenblicklich schlimmer faschistisch ist denn je. Die Militär-Regierung ist nicht zu Verhandlungen bereit.

Mein Gespräch mit Kim Jung Rin kann ich so zusammenfassen:

Für Kim Il Sung ist die Wiedervereinigung Koreas das Hauptziel seiner Politik. Er wünscht die Wiederaufnahme von Gesprächen. Er ist fern der ihm unterschobenen Absicht, die Wiedervereinigung mit Gewalt herbeizuführen. Er will einen Staaten-Bund, bei dem beide Staaten ihr eigenes Wirtschaftssystem und ihre eigene Politik beibehalten sollen: Nordkorea sein sozialistisches, Südkorea sein kapitalistisches System. Die ausländischen Firmen können weiter ungestört in Südkorea arbeiten. Er ist bereit, direkt mit ausländischen Firmen dort zusammenzuarbeiten. Er wünscht die Normalisierung der Beziehungen Nordkoreas mit allen Staaten. Er wünscht die enge Zusammenarbeit vor allem mit den Ländern der Dritten Welt, zu denen sich Nordkorea rechnet. Er will ein neutrales »Koryo«.

Aktuelles zur Frage der Wiedervereinigung

Am 10. Oktober 1980 fand der 6. Parteitag der nordkoreanischen Arbeiterpartei statt. Das Ergebnis liegt nun gedruckt in mehreren Sprachen vor. Es zeigt, daß sich im Laufe dieses Jahres die Politik Kim Il Sungs ungemein geklärt, präzisiert und vervollständigt hat. Bezeichnend dafür ist: Das wieder zu vereinigende Korea bekam den Namen »Democratic Confederal Republic Koryo« (DCRK).

Das politische Programm der DCRK ist dargestellt in einem Zehn-Punkte-Plan. (Ich kann ihn nur sehr verkürzt wiedergeben, aber dem Inhalt nach ist er vollständig.)

1. Die DCRK wird ein absolut unabhängiges Staatswesen sein.

2. Sie wird eine freie Demokratie sein und jede Art von Diktatur ausschließen. Garantiert werden die Menschenrechte: Freiheit der Formierung politischer Parteien und sozialer Organisationen, deren freie Aktivität, Religions- und Pressefreiheit, freier Verkehr zwischen Süd und Nord und freie Wahl des Arbeitsplatzes. Von Verfolgung ehemaliger Regimegegner wird in beiden Teilen des Landes abgesehen.

3. Sie wird wirtschaftlich weitgehend autonom sein. Dazu ist nötig, daß die beiden verschiedenen wirtschaftlichen Systeme

zusammenarbeiten und daß alle Arten von Teilnehmern gleiche Rechte haben: staatliche, gesellschaftliche und private, solange sie für das Wohl des Volkes arbeiten und nicht mit monopolistischen und imperialistischen Interessen verbunden sind.

4. Sie wird auf wissenschaftlichem, kulturellem, sportlichem, edukativem Gebiet zusammenarbeiten nach einem einheitlichen Programm.

5. Sie wird alle zerstörten Kommunikationswege wieder eröffnen: Autostraßen, Eisenbahnlinien, Telefon, Post. Sie wird Familienzusammenführung ermöglichen. Sie wird freien Austausch und Verkehr zu Land, zu Wasser und in der Luft erlauben. Die Verkehrsmittel beider Teile werden einem gemeinsamen Plan unterstellt.

6. Sie wird Arbeitsplätze für alle finden und besonders den mittleren und kleinen Betrieben helfen.

7. Sie wird eine einzige einheitliche Armee zur Verteidigung des Landes haben. Jeder Teil des Landes wird gleich viele Soldaten stellen: hundert- oder hundertfünfzigtausend. Die Demarkationslinie soll verschwinden, alle militärischen Befestigungen werden abgetragen. Die militärische Ausbildung von Zivilisten wird verboten. Die Kosten der vereinten Armee werden von beiden Teilen des Landes getragen.

8. Sie dehnt ihren Schutz aus auch auf die im Ausland lebenden Koreaner, sie gewährleistet deren Rückkehr und Nichtbestrafbarkeit und garantiert freie berufliche Tätigkeit bei freier Wahl des Landesteils.

9. Sie wird alle bestehenden Beziehungen zum Ausland weiterführen – ungeachtet der Gesellschaftssysteme der betreffenden Partner. Das in Südkorea investierte ausländische Kapital wird nicht eingezogen, die Konzessionen werden weiter erteilt.

10. Sie wird nur eine einzige Vertretung dem Ausland gegenüber haben und auch in der UNO nur eine gemeinschaftliche Delegation. Sie wird eine friedliche Außenpolitik betreiben. Sie wird eine atomwaffenfreie Zone sein und die Produktion sowie den Import von Nuklearwaffen verbieten.

XV. Kim Il Sung

In ihm erkannten alle die echte Führernatur. Bei einer solch
allgemeinen Stimmung kehrte er aus dem Ausland zurück und ging
sofort daran, die bestehende schlechte Ordnung zu ändern und den
Staat umzugestalten in der Erkenntnis, daß einzelne Maßnahmen
ohne Wirkung sein würden, wenn man nicht wie bei einem kranken
Körper die schlechte Säftemischung durch reinigende Arzneien
beseitigte und umformte und dann mit der neuen Diät beginne.

PLUTARCH

Wer ist er eigentlich, woher kommt er, wie wurde er Präsident
der Nordkoreanischen Republik, warum ist er gefürchtet, ist er
ein Diktator, wie man im Westen sagt, regiert er im Sinne
Stalins, stimmt es, daß er seine politischen Gegner foltert und
einsperrt, stimmt es, daß ihn sein Volk liebt, stimmt es, daß er
einen ungeheuerlichen Personenkult fördert oder doch
wünscht oder doch duldet, hat er aggressive Absichten auf
Südkorea, wer kennt ihn?
Ich war bei ihm, ich hatte ein Gespräch mit ihm, das zweiein-
halb Stunden dauerte, also weit über das gewöhnliche Maß der
Audienzen hinaus, die er ausländischen Besuchern gewährt.
Ich war auch zum Essen bei ihm eingeladen. Ich war kein
Staatsbesuch, ich bin keine politisch wichtige Persönlichkeit,
ich bin nur im Beirat des internationalen Korea-Komitees. Was
bewog ihn zu solcher Höflichkeit?
Ich versuche sie mir zu erklären: Ich bin Bestseller-Autorin in
Südkorea seit vielen Jahren, ich war 1975 dort, die Studenten
bereiteten mir Ovationen. Ich bin im Westen angesehen. Ich
bin Sozialistin, wenn auch nicht marxistisch-leninistisch; aber
das eben ist auch Kim Il Sung nicht.
Kim Il Sung kann sich von mir positive oder jedenfalls sachliche
Berichte über sein Land erhoffen, ohne dessen freilich sicher zu
sein. Jetzt, nach dem Besuch, weiß ich, daß er in mir eine alte
Anti-Faschistin sieht, eine »alte Kameradin«, wie er sagt. Er
weiß aber sicher von meinen Begleitern, vor denen ich mir
manche Kritik erlaubte, daß ich keine leicht zu beeindruckende
Person bin. Ich komme mir jetzt etwas präpotent vor, im
Rückblick darauf, daß ich die Einladung nach Nordkorea nur

unter der Bedingung annahm, daß ich Kim Il Sung sprechen könne. Der Besuch war natürlich schon eingeplant gewesen und gern gewährt. Aber man spannte mich mit dem Termin ein wenig auf die Folter. Niemand wußte, wann der Präsident mich empfangen würde. Er freilich entschuldigte sich bei mir damit, daß sein Flug nach Jugoslawien zum Begräbnis seines Freundes Tito seine Zeitpläne geändert habe, er sei erst vor kurzem zurückgekehrt und habe sich für ein paar Tage aufs Land zurückgezogen.

Unsere Begegnung findet auf dem Land statt, kurz vor meiner Abreise.

Vor dem Besuch hatte ich mich natürlich eingehend mit den Büchern befaßt, die über ihn berichten. Ich hatte schon zu Hause die dreibändige Biographie gelesen, und ich hatte mir seine Lebensdaten notiert. Die wichtigsten:

Geboren am 15. April 1912 in dem kleinen Dorf Mang Yiong Dae als Sohn eines Bauern, der sich mit Politik beschäftigte, seit die Japaner nach dem Russisch-Japanischen Krieg (1905 bis 1908) Korea als Kolonie behandelten und ausbeuteten. Er organisierte 1917 die koreanische Nationalversammlung, und er bezog seinen kleinen Jungen früh ins aktuelle politische Geschehen ein: er schickte ihn mit einem wichtigen Schreiben durch die feindlichen japanischen Linien, mitten im Winter.

Während der Schulzeit (Volks- und Mittelschule) begann die politische Laufbahn des jungen Menschen. Er fing an, sich mit dem Marxismus zu befassen und seine Mitschüler dafür zu gewinnen. Er gründete Organisationen des antijapanischen, anti-imperialistischen Widerstands unter der Jugend.

1927 gründete er die Liga der jungen Kommunisten.

1928 organisierte er den Aufstand der Schüler und Studenten gegen die reaktionären Lehrer. Ebenso organisierte er den Aufstand gegen das japanische Eisenbahnbau-Projekt, das den Japanern die Invasion in Innerasien ermöglichen sollte.

1930 erklärte er auf vielen Treffen seine Ideen, die er später unter dem Namen der Dschudsche-Ideologie zusammenfaßte.

1930 gründete er die koreanische Revolutions-Armee, eine politische und paramilitärische Organisation.

1932 gründete er neu die anti-japanische Guerilla-Armee und erörterte den Plan zur Zusammenarbeit mit Chinas anti-japanischer Nationalfront.

1933 gründete er in den bereits vom Feind befreiten Teilen des Landes eine revolutionäre Volksregierung.

1933 gründete er die auf der inzwischen ausgearbeiteten Dschudsche-Ideologie basierende Koreanische Kommunistische Partei.

1934 formte er die Guerilla-Armee um in eine reguläre revolutionäre Volks-Armee und führte mit ihr in den folgenden Jahren viele Kämpfe. Er gründete auch Zeitungen, um das Volk weiter aufzuklären.

1937 begann er, eine selbständige nationale Kommunistische Partei aufzubauen, getreu seiner Ideologie von der absoluten Selbständigkeit seines Landes.

1941 bis 1945 leitete er als General viele kleinere und größere Kämpfe gegen die Japaner. Aber die Befreiung Koreas wurde vereitelt durch den Sieg der USA über Japan, jenen Sieg, der die Besetzung des von den Japanern befreiten Korea mit sich brachte und in deren Gefolge die Teilung Koreas.

In den Jahren danach wandte sich Kim Il Sung dem Wiederaufbau seines Landes zu, nachdem er 1946 ein provisorisches Volkskomitee gegründet hatte. Er führte die Bodenreform durch und verstaatlichte die großen Industrien. Er erließ Schutzgesetze für die Arbeiter und proklamierte die Gleichberechtigung der Frauen. Er gründete die Arbeiter-Partei, und er organisierte die ersten freien Wahlen.

Man warf und wirft ihm vor, die Wahlen manipuliert zu haben. Da aber seine Gegner emigriert waren, scheint ein Wahlbetrug nicht nötig gewesen zu sein. Das Volk, das er befreit hatte, wollte ihn als Präsidenten.

1947 formierte er die erste Regierung unter der »Diktatur des Proletariats«.

1948 gründete er die Koreanische Volksarmee und gab die neue Verfassung bekannt.

1950 führte er den Koreakrieg, der ihm aufgezwungen worden war. Er war zunächst siegreich, befreite ganz Korea von der japanischen Kolonialherrschaft, drang bis Busan vor, wurde aber dann von der Übermacht eines überraschend eingesetzten US-Militärnachschubs zurückgedrängt bis nördlich des 38. Breitengrads. Nordkorea blieb befreit.

Der aufgezwungene Krieg hatte den Aufbau des Landes erheblich gestört. Nach dem Krieg wurde er wieder aufgenommen. Seit 1948 befaßt sich Kim Il Sung mit der wirtschaftlichen und kulturellen Entwicklung des Landes, mit großem Erfolg, und gewinnt immer mehr Ansehen besonders unter den Völkern der Dritten Welt, zu denen Nordkorea gehört. Zahlreiche Länder der Dritten Welt Asiens und Afrikas betrachten Nordkorea als Modell und unterhalten enge Beziehungen. Je mehr Kim Il Sung in der Dritten Welt an Ansehen gewinnt, desto mehr sucht man ihn in der nicht-sozialistischen Welt abzuwerten. Seine Weltbedeutung wird jedoch mit dem Übergewicht der Dritten Welt wachsen. Zu übersehen, daß er schon jetzt die Bedeutung und Rolle einer Führerfigur hat, ist ein schwerer Fehler der westlichen Welt. Die blockfreien sozialistischen Länder der Dritten Welt werden die Zukunft unserer Erde bestimmen.

Wir waren auf einer Fahrt über Land, nördlich von Pyeongyang, als Herr Chang nach einem Telefongespräch eröffnete, der Tag X sei gekommen, das heißt, ich werde am 18. Mai den Präsidenten treffen. Wo? Nicht im Regierungsgebäude, sondern ganz privat in einem kleinen Ort, wo er sich von der Europareise erholt.

Das klang inoffiziell, und das war mir recht. Aber die näheren Vorbereitungen waren keineswegs inoffiziell, sondern recht aufregend und geheimnisvoll. Wir fuhren (ohne Kameramann und ohne meinen jungen Dolmetscher) irgendwohin über Land. Wir fuhren nach einem genauen Zeitplan: wir mußten in einer bestimmten Viertelstunde an einem See ankommen, dort wartete ein Motorboot, das uns über den großen Stausee brachte, am andern Ufer warteten zwei Autos und zwei Herren, die sehr offiziell taten. Wir fuhren sehr langsam, aufreizend langsam, und ich sagte zu einem der englischsprechenden Herren, daß mich das nervös mache, so zu schleichen. Man bedeutete mir, das gehöre zum Protokoll: wir müßten in einem ganz bestimmten Augenblick »dort« ankommen. Nun gut. Ich merkte, daß mich das bevorstehende Treffen doch nicht so ruhig ließ, wie ich mirs eingebildet hatte.

Wir fuhren etwa zwei Stunden. Wie sich hernach auf der Heimfahrt herausstellte, war der Ort nicht weit nördlich der Hauptstadt. Ein einfaches weißes Haus auf einem Hügel an einem Fluß oder See. Der Auftritt war glänzend arrangiert: wir steigen aus den Autos, werden auf dem Vorplatz im Freien von einigen Herren begrüßt und in eine kleine Halle begleitet. Dort deutet ein Herr auf einen andern, der unauffällig und freundlich lächelnd dasteht: der Herr Präsident! Er streckt mir die Hand entgegen, fragt, wie es mir gehe und ob die Fahrt gut war, und fordert mich mit der unnachahmlich kurzen, fast steifen koreanischen Handbewegung auf, in den nächsten Raum einzutreten, falls ich nicht vorher mir die Hände waschen wolle. Das will ich, und einer der Herren begleitet mich zum Waschraum, wartet davor und bringt mich wieder zurück. Alle diese Herren sind höchst zeremoniell und machen todernste Gesichter. Der Präsident wartet geduldig in der Halle auf mich. Er trägt keinen westlichen dunklen Anzug, sondern eine hochgeschlossene Jacke, wie man sie von Mao Tse-Tung kennt.

Wir setzen uns im Konferenzraum an den langen und breiten Tisch, der an jenen in Panmunjon erinnert. Ich auf der einen Seite, auf der andern, mir direkt gegenüber, Kim Il Sung, neben ihm Kim Jung Rin und der andre Herr Kim, der Historiker Kim Myong Guk, ferner ein anderer Herr, den ich auch schon kenne, und der Dolmetscher Kim Il Sungs, der, wie sich herausstellt, perfekt deutsch spricht und dem vor lauter Anstrengung die Stirnadern anschwellen, offenbar macht ihm mein Deutsch einige Not, da es unkonventionell direkt ist.

Kim Il Sung beginnt höflich Konversation zu machen, so wie er sie zu machen gewöhnt ist. Er will wissen, wie mir Nordkorea gefällt, was ich gesehen habe und so fort. Ich schaue ihn an.

Das also ist der »Große Präsident«, der »Diktator«, gefürchtet, geliebt, verehrt, des Stalinismus verdächtigt.

Das ist ein Bauer, eine Vaterfigur, mit einer starken und warmen Ausstrahlung, ganz in sich ruhend, heiter, freundlich, ohne Falschheit, mit gelassenen Bewegungen und ruhigem Blick, ganz einfach, ohne jedes Imponiergehabe, witzig und humorvoll auch, wie sich nach einiger Zeit herausstellt. Mir fällt ein, daß Goethe über Napoleon sagte: »Voilà un homme.« Das kann man über Kim Il Sung auch sagen: ein Mann, ein Mensch.

Während er redet, denke ich an die Kürze der Zeit, die mir zur Verfügung steht (ich dachte, ich würde höchstens eine halbe Stunde Audienz haben, ich ahnte nicht, wie lang sie sein würde) und wage es, den Präsidenten zu unterbrechen. Herr Präsident, verzeihen Sie, aber ich muß die Zeit nützen. Darf ich Ihnen Fragen stellen?

Die Herren zeigen Überraschung, ja Bestürzung. Auch fürchten sie, daß ich ihrem dringenden Rat nicht folgen würde: ich sollte bitte dem Präsidenten keine politischen Fragen stellen.

Ich stelle aber politische Fragen, hochpolitische. Kim Il Sung ist keineswegs ungehalten, er ist nur ein wenig überrascht über meine Direktheit, aber er antwortet sofort und genau, und schon sind wir mitten im Gespräch über brennende politische Probleme: seine Beziehung zur Sowjetunion, zu China, zur Bundesrepublik Deutschland, zur DDR, zu Japan, und nun stellt er Fragen an mich und wundert sich, wie er mir sagen läßt durch den Dolmetscher, daß ich so gut informiert sei. Er nimmt mich erstaunlich ernst, das Gespräch berührt immer wichtigere Fragen, aber er bittet mich, nicht darüber zu schreiben, es sei ein Privatgespräch. Worüber ich schreiben darf, ist natürlich das Problem der Wiedervereinigung. Er bestätigt, was mir Kim Jung Rin schon gesagt hat, fügt aber einiges Neue hinzu.

Der erste Schritt zur endlichen Wiedervereinigung sei die Einberufung einer Konferenz von Delegierten aus allen politisch und gesellschaftlich wichtigen Organisationen der beiden Korea. Der zweite Schritt: der Zusammenschluß dieser Gruppen zu einer gemeinsamen Front. Der dritte: Bildung einer Nationalversammlung, in der beide Korea unabhängig von der Einwohnerzahl mit gleich viel Stimmen vertreten sind.

Die Regierungsform jedes der beiden Länder soll erhalten bleiben, aber durch die übergeordnete Nationalversammlung kontrolliert werden. Vor allem müsse die Außenpolitik und die Sicherheitspolitik beider Länder koordiniert werden. Die Befehlsgewalt der Armeen beider Länder gehe auf die Nationalversammlung über. Das bedinge, daß keine Fremdtruppen mehr im Lande seien. In Nordkorea sind keine mehr, in Südkorea ist immer noch die US-Streitmacht mit ihren Raketenbasen; der vollständige Rückzug der USA ist Vorbedingung. Die Wirtschaft müsse ebenfalls koordiniert werden, eine Planwirtschaft, die beide Korea umfasse, sei denkbar und nötig. Die Nationalversammlung habe als dringende Aufgabe den Abbau der Feindseligkeiten und der gegenseitigen Angst und aller Gegensätze. Die Nationalversammlung müsse eine für beide Korea verbindliche neue Rechtslage schaffen.

Meine Frage: ob dann in beiden Korea alle Parteien zugelassen werden sollen, also in Südkorea die sozialistische beziehungsweise kommunistische, oder ob alle Gruppen, welche die Wiedervereinigung wünschen, in beiden Korea zu einer Volksfront zusammengeschlossen werden könnten.

Die Frage sei verfrüht. Zunächst wolle man Einfaches: die Zusammenführung getrennter Familien und wechselseitige Besuche, wie überhaupt Begegnungen zwischen Süd- und Nordkoreanern. Eine Politik der kleinsten Schritte also.

Ich sage: Aber wie baut man in den Südkoreanern die Angst vor dem Kommunismus ab, diese Frucht jahrzehntelanger Gehirnwäsche?

Nun eben, indem man Nordkoreaner und Nordkorea kennenlernt.

Ich sage: Vermutlich wird die Neigung vieler Südkoreaner, Nordkorea freundlich anzusehen, größer angesichts der Verschlechterung der wirtschaftlichen und politischen Lage Südkoreas. Man sieht dort, daß die angebliche freie Demokratie zur Militärdiktatur wurde. Man muß nun sehen, daß die angebliche Diktatur in Nordkorea zur echten Demokratie wurde, jedenfalls auf dem Wege dazu ist. (Ich weiß nicht, wie der Dolmetscher das übersetzt und ob dabei meine Behauptung ihren Frage-Charakter beibehält.)

Ich frage, ob die gedachte Nationalversammlung eine feste Einrichtung mit einem festen Sitz sein soll und wo der Sitz wäre, im Süden, im Norden, in Panmunjon oder wo, oder ob die Nationalversammlung nur von Fall zu Fall einberufen werden solle.

Kim Il Sung meint, die Frage sei berechtigt und wichtig, aber verfrüht, die Antwort müsse eben von Nord- und Südkorea gemeinsam gefunden werden.

Ich frage weiter. Da ich in Südkorea war, weiß ich, daß man dort aus verschiedenen Gründen Angst vor Nordkorea hat, einer der Gründe ist religiöser Natur: man erinnert sich der Christenverfolgung in Nordkorea nach dem Krieg und man fürchtet, sie könne sich wiederholen.

Kim Il Sung lächelt: Aber wir haben doch im eigenen Land Christen und Buddhisten, und Religionsfreiheit ist durch unsere Verfassung garantiert.

Aber, sage ich, für viele Christen Südkoreas (und es gibt dort unter sechsunddreißig Millionen Einwohnern etwa zehn Millionen Christen verschiedener Konfession) bedeutet der Sozialismus nordkoreanischer Art schlechthin Atheismus.

Mag sein, sagt Kim Il Sung, aber was bedeutet das? Niemand ist gezwungen, irgend etwas zu glauben und irgendeine Religion zu haben oder abzulegen. Das hat kein Interesse für uns. Wenn nicht, so füge ich in Gedanken hinzu, die USA die Kirchen zu politischen Einflußgebieten machen.

Noch etwas, Herr Präsident: Bei der Wiedervereinigung werden schon in den ersten Etappen Gegensätze nichtpolitischer Art aufeinanderprallen: die Südkoreaner werden in Nordkorea ein Volk finden mit einer hohen Ethik und einer strengen Moral, die Nordkoreaner werden im Süden ein moralisch vom Westen korrumpiertes Volk finden, das kapitalistisch denkt, also Geld als höchsten Wert kennt, und dessen Sitten liederlich sind, die Libertinage blüht. Was wird dann siegen? Werden die Nordkoreaner nicht ebenso zu leben wünschen?

Nein, sagt Kim Il Sung, das glaube ich nicht. Unser Volk verabscheut die Unmoral.

Aber, sage ich, hat nicht auch die Sowjetunion, die einmal so rigoros puritanisch war, schon alle westlichen Unsitten angenommen?

Kim Il Sung sagt: Wir werden nie westlich orientiert sein, sondern eine spezifisch koreanische Kultur haben, die beiden Korea entspricht. Und wir haben viele Fehler der Sowjetunion vermieden. Wir regieren nicht mit Gewalt, nicht mit Unterdrückung, sondern mit Überzeugen und Erziehen. Wir können auch den Tourismus nicht unkontrolliert lassen, wenn wir uns nicht vom Westen korrumpieren lassen wollen.

Es gibt, sage ich, noch ein Problem, nämlich das der Kunst. Südkorea hat seine Künstler nach dem Westen geschickt, um dort zu studieren. Es hat seine Kunst höherentwickelt, es hat dabei aber seine Tradition gewahrt. Ich denke an Isang Yun, dessen Namen man auch hier kennt seit seiner Entführung durch den südkoreanischen Geheimdienst 1967. Er wurde im Westen ein großer Komponist. Wenn ich mir erlauben darf zu kritisieren: die nordkoreanische Kunst ist weit hinter jener Südkoreas zurück.

Kim Il Sung zeigt keine Spur von Unwillen, er nimmt meinen Einwurf auf. Er sagt: Wir sind in manchem noch wenig entwickelt, aber wir sind ein Land im Aufbau, ein Volk von Lernenden. Vieles ist bei uns noch in der Phase des Übergangs. Auch in der Technik. Vieles funktioniert nicht so, wie Sie es vom Westen her gewöhnt sind. Unsere Hotels zum Beispiel. Und es fehlen noch Maschinen, es fehlt vor allem eine eigene Elektronik-Industrie.

Herr Präsident, ich glaube nicht, daß Sie anstreben sollen, daß alles wie am Schnürchen klappt. Ist man in der hochzivilisierten westlichen Welt, in den USA vor allem, glücklich geworden dadurch? Keineswegs. Die Technik und der Luxus tragen bei, die Arbeit zu erleichtern und zu verringern, aber nicht dazu, das Leben leichter und schöner zu machen. Im Gegenteil. Sie hier haben das Problem der Wasser- und Luftvergiftung nicht. Sie haben keine Computer-Krankenschwester wie in den USA. Sie haben den Menschen nicht durch den Computer, den Roboter, ersetzt. Warum halten Sie das, was Ihr Vorteil ist, für einen Nachteil? Wir im Westen strengen uns an, alle Schäden zu beheben, die wir mit unsrer Technik verursacht haben. Wir machen eine neue Wissenschaft daraus, die sich damit befaßt, die durch Wissenschaft entstandene Lebensbedrohung zu beseitigen. Warum sollen Sie damit beginnen, wo wir es beenden? Natürlich habe ich gesehen, daß Maschinen fehlen. Ich habe gesehen, wie ein paar Dutzend Leute ein Haus bauen, mit ihren Händen auf mittelalterliche Art, sie brauchen lange dazu, Maschinen würden das viel schneller machen. Aber Sie haben keine demoralisierten Arbeitslosen, und ich habe gesehen, daß diese Leute heiter sind bei der Arbeit, ich habe gesehen, wie sie sich in den Pausen zusammensetzen und essen und singen und ihr Miteinander freudig erleben. Keine Entfremdung von Mensch und Arbeit, keine Fremdheit von Menschen untereinander, Zusammenarbeit von Studenten und Arbeitern und Soldaten auf den Reisfeldern, und so fort. Es geht menschlich zu in Ihrem Land, Herr Präsident. Warum das ändern? Nur um konkurrenzfähiger zu werden auf dem Weltmarkt? Um so zu werden wie alle andern, wie die kapitalistischen Länder? Mein stärkster Eindruck in Ihrem Land: daß niemand von Geld spricht. Im Westen fragt einer den andern: Wieviel verdienst du? Und keiner übernimmt eine Arbeit, ehe er nicht sicher ist, Höchstlohn zu bekommen. Bei Ihnen zählt nicht Geld und Besitz, sondern der menschliche Wert und das Maß an Opferbereitschaft. Ich erlebe zum erstenmal, was Sozialismus ist und was mit Kommunismus eigentlich gemeint ist und was in den staatskapitalistisch-sozialistischen Ländern daraus wurde. Ich flehe Sie an, Ihren Weg nicht zu verlassen.

Kim Il Sung hört mir gespannt zu. Seine Augen leuchten jetzt. Sie haben mich verstanden, sagt er, steht auf und schüttelt mir die Hand. Ich nehme dies als Zeichen zum Aufbruch, aber er sagt: Und jetzt darf ich Sie zu einem kleinen Imbiß einladen.

Der kleine Imbiß erweist sich als ausgedehntes Mittagessen.

Die Audienz hat über eine Stunde gedauert, das Essen dauert noch länger, denn wir essen nicht nur, sondern unser Gespräch geht weiter, es ist das, was man im Westen ein »Arbeitsessen« nennt. Der arme Dolmetscher kommt nicht dazu, auch nur einen Löffel Suppe oder eine Gabel voll der ausgezeichneten

Speisen zu essen. Der Präsident ißt und trinkt wenig. Er ist zu sehr am Gespräch interessiert. Er wird immer gelöster und privater und herzlicher, und er wird witzig; er schildert mir die Politiker, die bei der Totenfeier Titos zugegen waren, er nimmt kein Blatt vor den Mund, er charakterisiert sie ungemein treffend, und wir lachen ungehemmt über die Schwächen eitler Leute. Kim Il Sung ist nicht eitel, und nun verstehe ich überhaupt nicht mehr, daß er den so verrufenen Personenkult will oder duldet. Der paßt gar nicht zu ihm. Er ist ganz im Gegenteil überaus einfach. Ich habe nie einen Politiker, einen Staatsmann erlebt, der natürlicher, entspannter und weniger prätentiös gewesen wäre. Braucht das VOLK den Kult? Gewährt er ihm, was es will? Hat das Volk einen Kult nötig, da es keinen religiösen Kult mehr hat? Würde das Volk, würde die übrige Welt es als Minderung der Machtposition Kim Il Sungs werten, wenn er die Riesenaltäre im Freien beseitigen ließe und den Byzantinismus im Umgang seiner Leute mit ihm? Sicher wäre das Gegenteil der Fall. Ich hätte gern gesagt: Der Personenkult hier ist ein Rest der konfuzianisch-feudalen Kultur der Vergangenheit und paßt überhaupt nicht zum Stil einer Volksdemokratie, einer revolutionierten Arbeitermasse. Wenn Sie, Herr Präsident, (so hätte ich gern gesagt), mit gekreuzten Beinen und einer Zigarette in der Hand (zu viel rauchend wie alle Nordkoreaner) unter Ihren Bauern sitzen auf dem Boden, auf dem Acker, dann ist das STIL. Sie haben, Herr Präsident, diesen Kult nicht nötig. Sie sind Sie, Sie wirken durch Ihre Person. Weg mit dem überflüssigen Kult.

Aber ich stelle noch einige kleinere Fragen. So will ich von ihm wissen, ob es in seinem Land wirklich keine Gefängnisse gibt. Sie wissen, Herr Präsident, daß ich über Ihr Land schreiben werde. Ich mache mich unglaubwürdig, wenn ich eine Behauptung aufstelle, die man mir widerlegen kann, und ich bringe damit auch Ihr Land in Mißkredit, denn man wird sagen können, ich sei das törichte Opfer Ihrer gezielten Propaganda.

Aber nein, sagt er fast belustigt, wir haben wirklich keine Gefängnisse nach westlicher Art, wir haben Erziehungshäuser für Schwererziehbare; die gesetzliche Höchstdauer des Verbleibens ist ein halbes Jahr, und es hat keinen Strafcharakter, denn ich bin seit langem überzeugt davon, daß Strafe den Menschen, vor allem den jungen, nicht bessert, sondern erbittert. Ich brauche alle meine Leute dringend zur positiven

Mitarbeit, ich kann es mir nicht leisten, irgend jemand einzusperren, um ihn mir zum Feind zu machen.

Hier hätte ich natürlich gern die ganz direkte Frage gestellt, was er denn mit seinen politischen Gegnern, der Opposition, mache. Er kommt meiner Frage zuvor.

Er sagt: Ich habe es mir zum Grundsatz gemacht, Gegner nicht mehr zu bestrafen, sondern zu überzeugen. Unterdrückung erzeugt Gegendruck, Gewalt führt zu Gewalt. Meine Methode ist die der Überredung, des Überzeugens. Dazu gehört auch, daß ich den sowjetischen Weg ablehne. Ich will keine gewaltsame Übertragung der nordkoreanischen Form des Sozialismus auf andere Länder, auch nicht auf Südkorea. Jedes Land muß seine ganz eigene Art des Sozialismus finden. Man kann nicht internationalisieren, was national gemeint sein muß.

Und der Kommunismus? frage ich.

Der Kommunismus ist Zukunftsziel, er ist die große Utopie, aller Sozialismus ist darauf gerichtet, der ganzen Welt Frieden und gegenseitiges Wohlwollen zu bringen.

Unser Gespräch kehrte mehrmals zurück zu der Frage der Beziehung der Bundesrepublik zu Nordkorea. Warum, so fragen wir uns beide, hat die Bundesrepublik diplomatische Beziehungen zu andern sozialistischen, ja streng marxistischen Ländern und zu faschistischen Regierungen, aber nicht zu einem blockfreien Land wie Nordkorea? Warum hat sie nicht einmal Handelsbeziehungen? Warum gibt die Bundesrepublik hohe Kredite aktuell an die Militärregierung Südkoreas? Warum ist die Bundesrepublik so eifrige Vertreterin der Menschenrechte in andern Ländern, aber die unerhörte Verletzung der Menschenrechte in Südkorea wird mit einem hohen Geldkredit beantwortet?

Ist die Bundesrepublik zu eng mit den USA verbunden, als daß sie aus eigener Initiative Beziehungen mit Nordkorea anknüpfen könnte?

Ist nicht jetzt die Zeit gekommen für den Beginn einer Annäherung? Müssen die USA erst die Erlaubnis dazu geben? Warum reisen deutsche Sozialisten oder auch andere Politiker nicht nach Nordkorea, um aus erster Hand Informationen zu sammeln? Was für eine sonderbare Blockierung herrscht denn da? Man reist nach China, nach Polen, in die Sowjetunion, nach Chile, nach Argentinien, aber nicht nach Nordkorea. Man begreift nicht, wie wichtig Nordkorea ist und noch werden wird für die Dritte Welt.

Dies sind nicht Worte Kim Il Sungs, dies sind meine Gedanken nach dem Treffen.

Diese Begegnung hat mich mit Kraft aufgeladen. Ich glaube wieder an die Zukunft der Menschheit. Ich glaube wieder an eine Reform des Sozialismus in Theorie und Praxis. Mir kommt Rudolf Bahros Buch in den Sinn: »Die Alternative«. Seine Kritik am »real existierenden Sozialismus« und seine Darstellung dessen, was Sozialismus sein soll, hat sich mir in Nordkorea als konkrete Wirklichkeit und Wahrheit gezeigt.

Der Sozialismus Nordkoreas ist der Sozialismus mit dem menschlichen Antlitz, wie ihn Dubček für die Tschechoslowakei wollte und wie ihn die Sowjets niedergeschlagen haben. Aber Kim Il Sung führt ihn weiter. Seine Ideologie und seine Praxis, das ist die Alternative, der Dritte Weg. Der Westen sollte sich intensiv mit ihm befassen.

Die zweite und dritte Reise

I. Zum zweiten Mal in Pyeongyang

Dieses Mal komme ich nicht zur Kirschblütenzeit, sondern im Herbst. Es ist gleichnishaft: war ich auf der ersten Reise voll frischer Neugier und bald bereit zur Begeisterung, bin ich dieses Mal nüchtern und kritisch und entschlossen, mein erstes Buch zu korrigieren. Diese zweite Reise ist also kühler und ernster. Ich bin diesmal nicht allein, ich habe mir einen kritischen Kopf als Begleiter ausgesucht: Rudolf Bahro; ich will sehen, wie Nordkorea erlebt wird von einem radikalen Sozialisten, der fünfundzwanzig Jahre Arbeit in der DDR hinter sich hat, als Funktionär, der also den »real existierenden Sozialismus« von innen kennt, ihn kritisiert und das Land verlassen hat.

Nun sind wir also in Pyeongyang. Kim, mein Lehrer vom vorigen Jahr, und der »kleine Kim«, schon letztes Jahr mein Dolmetscher, erwarten uns.

Wieder fahre ich also auf der schönen breiten Straße vom Flughafen zur Stadt und wieder sehe ich die übergroßen und überbunten Bildertafeln am Weg: Kim Il Sung mit Kindern, mit Arbeitern;... Und wieder stoßen sich meine Augen an der riesigen Bronzestatue Kim Il Sungs vor dem Revolutions-Museum. Genau gesagt: mir fällt das alles nur auf, weil ich es mit Bahros Augen sehe; wird es ihn nicht so abstoßen, daß er insgesamt Vorurteile haben wird? Er zeigt sich freundlich und willig und kritisch abwartend, aber ich kenne ihn und sehe, daß es in ihm bereits heftig arbeitet. Es ist nicht so einfach für einen Kommunisten, der ein kommunistisches Land ablehnt, ein anderes zu akzeptieren. Er wird vergleichen und alles nur auf dem DDR-Hintergrund sehen, meine ich.

Es stellt sich bald heraus, daß er leidet: er hat Heimweh, nicht nach der DDR, aber nach dem Sozialismus, wie man ihn nach 1945 erträumte und wie der große Grotewohl ihn aufbaute.

Es dauert nicht lange, und Kim und Bahro stürzen sich in die Diskussion. Kim ist ein guter Partner. Beide sind gleich alt, beide gründlich marxistisch geschult, beide denken bohrend und lieben Diskussionen. Vieles haben sie gemeinsam, und doch trennt sie etwas: Bahros Erfahrung mit der DDR und seine Skepsis gegenüber dem »real existierenden Sozialismus«.

Wir wohnen in einem der Gästehäuser an einem Stausee, der schön und still zwischen golden verfärbten Hügelwäldern liegt. Wir haben ein kleines Motorboot zur Verfügung. Es wird Forum für die eifrigen Diskussionen der beiden. Zehnmal fährt das Boot den See auf und ab, und die beiden merken es nicht, und der »kleine Kim«, der doch nur Dolmetscher ist, wechselt seine Rolle und wird Gesprächspartner und Sprecher der jungen Generation. Allen dreien, und mir natürlich auch (ich höre meist zu, ohne mich einzumischen), geht es um den Sozialismus. Es ist faszinierend für mich zu erleben, wie ein westlicher Politologe und Sozialist sich das Verständnis des fernöstlichen radikalen Sozialismus erarbeitet. Er macht nur einen Fehler: er sieht mit westlichen Augen und legt den westlichen Maßstab an und mißt den nordkoreanischen Sozialismus am historischen Ablauf der westlichen Realisierung der sozialistischen Idee. So also passiert es ihm, daß er als gegeben annimmt, Nordkorea werde entarten, wie die DDR entarte, und auch hier werde der Mensch das Opfer der Staatsmaschinerie und werde, statt vom Kapital, vom Staats- und Partei-Apparat unterdrückt, die Funktionäre würden bald Privilegien an sich reißen und auch der nordkoreanische schöne Plan werde entweder in der Linksdiktatur enden oder aber in der glatten angepaßten Bürgerlichkeit, wie in der DDR. Für kurze Zeit lasse ich mich anstecken von seinem Pessimismus. Entartung ist überall möglich, und das Rad der Geschichte bleibt nicht stehen, nicht beim Guten und nicht beim Bösen.

Doch ich hatte bereits begriffen, daß ein entscheidender Unterschied zwischen der DDR und Nordkorea besteht: die DDR ist grunddeutsch, Nordkorea aber ist asiatisch. Bahro ist zum ersten Mal in Asien und fern davon, Asiaten zu verstehen. Ich bin zum sechsten Mal im Fernen Osten und von Natur aus fähig, den ostasiatischen Menschen und seine Denkweise zu begreifen. Also Geduld mit Bahro. Wenn er schon keine asiatische Seele hat, sondern eine grunddeutsche, so denkt er doch scharf und sauber und wird über sein analytisches Denken einiges verstehen lernen. Kim hat Geduld genug und er braucht sie, viel mehr als im Vorjahr mit mir.

Man sagt, in Nordkorea werde nur nachgebetet, aber nicht diskutiert. Daran ist etwas Wahres, aber wenn Nordkoreaner gezwungen werden, ihre Position zu verteidigen, zeigt sich, daß sie sehr wohl fähig sind, auf eigenem Denkweg ihre Ideologie und Praxis wenn schon nicht in Frage zu stellen, so doch der Kritik nicht auszuweichen. Die Diskussionen dauern in die Nacht hinein und sind bisweilen sogar heftig. Bahro zwingt Kim, sich zu exponieren. Doch zu einer politischen Häresie bringt er ihn nicht. Bisweilen muß ich an meine Gespräche mit einem unserer großen Theologen denken, Karl Rahner, den ich auch dazu bringen konnte, als Philosoph die Theologie in Frage zu stellen, wenigstens in Einzelproblemen, der aber am Ende einen kühnen Vorstoß jedesmal wieder in die rechte dogmatische Ordnung brachte. An der Substanz lassen Dogmatiker, seien es religiöse, seien es politische, nicht rütteln. Das muß akzeptiert werden, und es hat seine Berechtigung.

Rudolf Bahro und ich waren in der Hochschule für Wirtschaftsplanung, deren Studenten keine jungen Leute sind, sondern Wirtschaftsexperten, die bereits an höchsten Stellen tätig sind, aber zu Kursen immer wieder an diese Hochschule kommen, um sich über die neuesten Forschungsergebnisse zu unterrichten und ihre eigenen praktischen Erfahrungen dort einzubringen.

Bahro hat den Bericht Kim Il Sungs zum 6. Parteitag gelesen und bringt nun dem Rektor der Hochschule gegenüber seine Bedenken vor. Was da im Zuge der »Tempo-Schlacht« in den achtziger Jahren erreicht werden soll (und es WIRD erreicht werden), das kann schon erschrecken: Die industrielle Brutto-Produktion soll auf das Dreifache, der Jahresumsatz im Export auf das Vierfache gesteigert werden, neue Wasserkraftwerke sind geplant, um die elektrische Energie vielfach zu erhöhen und den Bau von Atomkraftwerken unnötig zu machen (Kim Il Sung lehnt sie entschieden ab) und um die Einfuhr teuren Rohöls auf ein Mindestmaß zu beschränken und das einheimische Preissystem nicht zu gefährden (die Preise für alle Waren sind seit 1953 die gleichen, das Problem der Inflation existiert hier nicht). Und so fort. Dem »Grünen«, dem Ökologen Bahro sträuben sich die Haare. Rennt Nordkorea nicht blindlings in sein Verderben wie die übrige industrialisierte Welt? Noch hat es reine Luft, unverschmutzte Gewässer, wenige chemische Fabriken, gesunde Menschen. Wird das nun alles verdorben werden? Frage: Kennt Kim Il Sung die ökologischen Gefahren nicht? Ist er, sonst so weitsichtig, hierin verblendet? Wird er, um sein Land konkurrenzfähig auf dem Weltmarkt zu machen, die Fehler des Westens nachahmen?

Das ist nicht anzunehmen. Er hat sich bisher als klug voraus-
schauend erwiesen und hat schon längst vieles verwirklicht von
den heutigen, späten Forderungen westlicher Ökologen: Die
Städte sind voller Grün-Anlagen, die chemischen Fabriken
liegen weitab von Siedlungen und haben moderne Entgiftungs-
anlagen, der Autoverkehr ist auf ein Mindestmaß beschränkt
(Privatautos gibt es nicht), die Hügel und Berge sind aufgefor-
stet (noch nach Jahren darf kein Baum gefällt werden. Holz
bezieht man aus China, und das recht billig: der größte Teil der
Bezahlung besteht aus Arbeitsleistung, da die nordkoreanischen Holzfäller auch für China arbeiten), die chemische
Düngung wird dort, wo sie unerläßlich ist, der Bodenbeschaf-
fenheit wegen, nur in Verbindung mit natürlicher angewandt,
und so fort. Der Rektor der Hochschule sagt, man sei bestrebt,
das richtige Gleichmaß zu finden und zu halten zwischen real
möglicher Produktion und den realen Bedürfnissen des
Volks.
Nordkorea hat noch große offene Bedürfnisse; ehe sie nicht
gestillt sind, kann nur an weiterer Fortschritt gedacht werden.
Daß die Bedürfnisse nicht künstlich erzeugt werden wie in der
Konsumgesellschaft, dafür wird gesorgt: in den Schaufenstern
liegt nichts, was Luxusware wäre. Westliche Journalisten nennen das Primitivität. So kann man's nennen. Wie aber, wenn im
Westen die Schaufenster voller Waren liegen, die sich nur die
Reichen leisten können, während die Armen nicht das Lebens-
notwendige haben? Ich ziehe die nordkoreanische Art vor. Ich
glaube auch nicht, was Bahro meint: daß das Marxsche Ablauf-
Schema auch für Nordkorea stimme; daß nämlich die Geschichte determiniert sei und zum dialektischen Umschwung
verdammt. Ich bin überzeugt, daß man in Nordkorea den
Fortschritt der Technik im richtigen Augenblick zu bremsen
weiß.
Bahro vertritt seinen pessimistischen Standpunkt. Ich versuche
seine Kassandra-Rufe zu mildern und flüstere ihm zu: Falsch,
was du tust, du kannst nicht einem Wettläufer bei den Olympi-
schen Spielen mitten im Lauf zurufen: Halt ein, sonst be-
kommst du einen Herzinfarkt! Der Läufer wird weiterlaufen,
und der Herzinfarkt kommt nicht mit Notwendigkeit, wenn der
Läufer ruhig so weiterläuft; laß ihn! Siehst du nicht, daß
Nordkorea nicht nur an die landeseigenen Bedürfnisse denkt,
sondern an den Tag der Wiedervereinigung mit Südkorea? Soll
es dann so gehen wie in Vietnam: daß nicht vorgesorgt ist und

das Volk hungert? Hier in Nordkorea sind die Speicher voll Reis, und bei der Wiedervereinigung wird Südkorea nicht einen Tag lang hungern. Hier wird vorgedacht und für Südkorea mitgedacht. Hier wird Reis, das Grundnahrungsmittel, nicht nur gelagert, sondern auch verteilt, und zwar beinahe kostenlos, mit einer symbolischen Bezahlung von wenigen Pfennigen: jeder Bürger bekommt täglich 700 Gramm zugeteilt. Bedenkend, daß bei uns die Preise unaufhaltsam steigen und daß in andern Ländern der Dritten Welt Kinder verhungern, schämt man sich doch seiner eigenen Kritik am nordkoreanischen realen Sozialismus. Hier hungert keiner, hier ist keiner arbeitslos, keiner wird aus Gründen der Spekulation aus seinem Haus vertrieben, keiner ist unversorgt im Krankheitsfall und im Alter; keiner ist einsam, sondern geborgen in der Gruppe und im Volk, keiner bleibt ohne Schulbildung bis zur mittleren Reife, ist das NICHTS? Und ist es NICHTS, daß da ein Land sich aus allen wirtschaftlichen und politischen Zwängen befreit hat und blockfrei lebt und in Frieden? Wozu kritisieren?

Bahro sagt: Daß du nicht verstehst. Ich will doch nur warnen vor der Entartung des Schönen, das hier aufgebaut ist! Sie sollen hier so weitermachen, wie es die DDR nicht tat.

Aber Asien ist nicht Europa und die Koreaner sind keine Deutschen, hier gelten andere Gesetze.

Bahro schüttelt traurig den Kopf. Er leidet. Sein Herz ist zerrissen: er ist heimwehkrank und kann doch nicht zurück, und das, was in Nordkorea die Zukunft ist, das ist ihm Vergangenheit. Wir streiten vor Kummer um die Möglichkeit, Kim Il Sungs große Idee zu verwirklichen, und, noch tiefer bekümmert, um die Möglichkeit eines Sozialismus mit dem menschlichen Antlitz überhaupt und um die Zukunft des Kommunismus.

Unter vier Augen diskutieren wir die Frage des Totalitarismus. Ohne Zweifel ist Nordkorea ein totalitärer Staat, denn in ihm ist alles, aber auch wirklich alles, von einer einzigen Idee aus geregelt und durchgeformt. Nordkorea stellt sich uns dar als die vollkommene Verwirklichung dessen, was wir kennen als die Utopie Platons vom perfekten Staat und jene vom Gottesstaat des Augustinus und die späteren Staatsutopien wie jene des Campanella, und wie wirs kennen, gewalttätig zelotisch pervertiert, vom »Gottesstaat« Khomeinis im Iran.

Alle diese Vorstellungen vom »Gottesreich«, das bei Marx als Gottesreich ohne Gott erscheint, entstammen dem tiefen Bedürfnis des Menschen und der Menschheit nach einer durchgängigen Ordnung, nach universalem Zusammenhang, nach der großen, der allumfassenden totalen Harmonie, nach einem »lieben Vater«, der alles vernünftig lenkt und auf den alle Verantwortung fällt. Wir Kinder Abrahams (Juden, Christen, Muslim) hegen hartnäckig die archetypische Vorstellung vom »Paradies«, dem Urzustand, in dem alles gut war. Diese Vorstellung projizieren wir auf eine unbestimmte Zukunft und nennen das Ersehnte »Reich Gottes«, sei es auf Erden oder »im Himmel«. Das Christentum, früh schon politisiert, machte aus der Idee vom Gottesstaat die Kirche, die totalitärste Einrichtung, die je erfunden wurde: mit dem Anspruch auf Internationalität, mit dem Papst als unbestrittener und unbestreitbarer Autorität, »unfehlbar« in Entscheidungen, welche die Lehre und die Moral betreffen, unabsetzbar, »Vertreter Gottes«, »Heiliger Vater« genannt auch heute noch, mit allen Byzantinismen verehrt, mit seinem Bild all überall, mit einer hierarchischen Struktur, die reibungslos zu funktionieren hat bis ins letzte Glied, eine rigide Moral, sanktioniert durch Lohn und Strafe, und dies bis nach dem Tod und in »alle Ewigkeit« wirksam (Himmel und Hölle), Konditionierung des einzelnen bis ins Privateste, bis ins Unbewußte hinein wirkend und schwere Schuldkomplexe und Angstneurosen erzeugend, alle Abweichler als Häretiker ausgestoßen, früher auf Scheiterhaufen verbrannt – – – das »Gottesreich auf Erden«, höchst weltlich und mit offenen und geheimgehaltenen Skandalen und mit blutigem Effekt in die Händel dieser Welt verstrickt: totalitärer gehts nicht. Und doch entspricht diese totalitäre Kirche dem Bedürfnis der Menschen nach der totalen Durchordnung des Lebens.

Frage: Muß eine totale Ordnung eine Diktatur sein? Kann es nicht so sein, daß die große Utopie von der durchgängigen vernünftigen Ordnung unter der Leitung eines Fähigen in der Geschichte weitgehend verwirklicht wird – zumindest für eine bestimmte Zeitspanne?

Totalitäre Regierungen sind solche, die sich, da sie sich dem Volk aufgezwungen haben, nur durch Gewalt halten können. In totalitären Staaten muß es für politisch Oppositionelle Straflager, Verbannung, prozeßlose Hinrichtung geben. In solchen Staaten herrscht die Angst: jene des Volkes vor den Machthabern, jene der Machthaber vor dem Volk.

Wenn nun alle diese Charakteristika in Nordkorea fehlen, kann man dann von einer totalitären Diktatur im Sinne einer Tyrannis sprechen?

Wir haben uns damit abgefunden, daß es nur die Alternative »freie Demokratie« und »totaler Staat« gebe (als Rechts- oder Links-Diktatur). Tertium non datur, sagt man. Aber Nordkorea IST dieses Tertium, diese dritte Möglichkeit. Daß es die gibt, ist ein historischer Glücksfall: ein Volk befreit sich nach einem halben Jahrhundert der Sklaverei unter einer Feudal- und Kolonialherrschaft, und dies unter der Führung eines Mannes, der aus dem Volk kommt und der dem Volk seine Identität wiedergibt, so daß das Volk sich wiederum mit ihm identifiziert und sich entschieden der neuen Gesellschaftsordnung unterstellt, da diese dem Bedürfnis und der Mentalität des Volkes entspricht. So entstand eine totale Ordnung, die von der Basis her aufwuchs, die dem Willen einer Führungspersönlichkeit entgegenkam und eine kollektive Entscheidung bedeutet.

Da uns im Westen eine ähnliche Erfahrung fehlt und da wir einen berechtigten Horror vor Diktaturen haben, fällt es uns äußerst schwer, Nordkorea zu verstehen. Nur der vorurteilsfreien Betrachtung erschließt es sich.

Mir fällt hierzu eine These ein, die erstmals von Hegel aufgestellt und dann von Marx übernommen wurde: die These von den fünf Akten im Drama der historischen Entwicklung des Sozialismus. Erster Akt: die Unschuld in einer Art Urkommunismus und gesellschaftlicher Harmonie, freilich in Abhängigkeit von der Natur und beherrscht von primitiven religiösen Vorstellungen. Zweiter Akt: der Sündenfall durch die Einführung des Privateigentums mit allen Folgen, mit Ungleichheit, Egoismus, Aggression. Dritter Akt: Höhepunkt der Sündhaftigkeit im perfekten Kapitalismus. Vierter Akt: die Umkehr aus Notwendigkeit und moralischer Einsicht, die (nach Marx) zur proletarischen Revolution führt; fünfter Akt: der neue Stand der Unschuld auf der hohen Ebene der vollbewußten Unterordnung des Einzelnen unter das selbstgegebene Gesetz: einer für alle, alle für einen.

Hielt ich auf meiner ersten Reise die Nordkoreaner für Kinder der ersten Unschuld, so erkannte ich auf der dritten Reise, daß sie auf dem Wege zur zweiten Unschuld sind, wo die Frage nach der individuellen Freiheit irrelevant wird. Ich konnte mich nicht enthalten, meinen Freunden dort zu sagen: Was ich nicht ertragen würde, wenn ich hier lebte, das ist die Unmöglichkeit, zu reisen, wie und wohin ich will. Man sagte mir: Auch wir würden ganz gern ins Ausland reisen, aber wir müssen damit warten, bis unser Land sich nicht mehr im Zustand der militärischen Bedrohung befindet. Solange die USA in Südkorea angriffsbereit anwesend sind, dürfen wir unsern Posten nicht verlassen.

Mir wurde erstmals ganz klar, daß Nordkorea zwar selbst nichts als Frieden will, aber vom Süden her grundsätzlich bedroht ist (nuklear, während Nordkorea selbst keine Nuklearwaffen besitzt und auch keine will) und daß also das ganze nordkoreanische Volk bereit sein muß, innerhalb kürzester Frist mobil zu sein. Daher muß jeder sofort erreichbar sein. Die Notwendigkeit der Bereitschaft zur Verteidigung bestimmt die Grenzen der privaten Freiheit. Und darüber beklagt sich keiner. Das Opfer privater Wünsche ist selbstverständlich.

II. An der Demarkationslinie

Als ich vor sieben Jahren in Südkorea war, wurde mir als besondere Vergünstigung erlaubt, die entmilitarisierte Zone zwischen Nord- und Südkorea zu besuchen. Dieses Mal betrete ich sie vom Norden her. In Südkorea begleitete mich ein Koreaner, der, wie er sagte, den UN-Truppen angehöre und Amerikaner sei, durch Emigration der Eltern. Seine Aufgabe war es, Besucher wie mich propagandistisch zu informieren darüber, daß die Nordkoreaner aggressive Wilde seien, Kim Il Sung ein blutrünstiger Diktator wie Stalin, der einen neuen Angriffskrieg (wie schon 1950) plane. Zu den Beweisen dafür gehörten jene absurde Tunnel-Theorie ebenso wie die bekannte Behauptung, daß die nordkoreanischen Wachposten immer wieder provokatorische Zwischenfälle verüben. Außerdem hätte der Norden das Grenzland evakuiert, zum Schein dort aber Dörfer aufgebaut, die jedoch leer seien, jeden Abend werde dort das Licht eingeschaltet, um zu zeigen, daß friedliches Leben herrsche...

Ich habe dieses Dorf besucht: ein bewohnter Ort, eine blühende genossenschaftliche Siedlung.

Ich stehe nun also auf meiner dritten Reise 1982 wieder an der Demarkationslinie, aber auf der andern Seite. Ich betrete wieder jene Baracke mit dem Tisch, durch dessen Platte die Grenze verläuft und an dem im Juli 1953 das Waffenstillstandsabkommen zwischen den USA und Südkorea einerseits und Nordkorea unterzeichnet wurde, nachdem die einen eine halbe Niederlage erlitten, die andern einen halben Sieg errungen hatten. Kim Il Sung hatte das von ihm bereits befreite Südkorea wieder verloren, aber Nordkorea gerettet. Der 38. Breitengrad wurde die Grenze. Seither ist Korea zweigeteilt wie Deutschland, doch während die Berliner Mauer Zug um Zug durchlässiger wurde, verfestigte sich jene in Korea, und gewiß nicht durch die Schuld Nordkoreas. Es gibt auch dort seit einigen Jahren eine reale Mauer, aber hier ist sie vom kapitalistischen Süden gebaut, nicht vom sozialistischen Teil. Immer ist es der schwächere Gegner, der meint, eine Mauer nötig zu haben. Ich sah die koreanische Mauer: sie ist sehr hoch und sehr stark und es gibt keinen checkpoint, sondern nur einige schwer bewachte, immer geschlossene Tore. Zwischen Nord und Süd gibt es keine Verbindung, nicht einmal Postverkehr. Nordkoreas Angebote werden vom Süden abgelehnt, und Südkoreas Angebot, mit Tourismus einen ersten Schritt zu tun, ist für Nordkorea unannehmbar: mit südkoreanischen Touristen kämen nur schlechte Sitten ins Land, und umgekehrt wäre die Begegnung von Nordkoreanern mit dem Süden korrumpierend, jedenfalls unnütz.

Wie steht es mit der südkoreanischen Behauptung, die von der Westpresse nur zu gern nachgedruckt wird: Nordkorea verübe immer wieder Grenz-Zwischenfälle?

Im Artikel 1 des Waffenstillstands-Abkommens steht: eine Demarkationslinie soll festgelegt werden und eine entmilitarisierte Zone, die sich von der Demarkationslinie aus zwei Kilometer nach Norden und zwei Kilometer nach Süden erstreckt. In diese Zone dürfen keine Waffen eingebracht werden.

Im August 1976 gab es in dieser waffenfreien Zone einen ernsten Zwischenfall, der in der Welt den Ausbruch eines neuen Koreakriegs befürchten ließ. Der Anlaß war lächerlich: In der Pufferzone stand ein Baum, der, wie die südkoreanischen Wachtposten behaupteten, ihre Sicht behinderte und darum umgehauen werden müsse. Etwa vierzehn Angehörige der Südarmee versammelten sich und forderten die nur aus vier Mann bestehende nordkoreanische Grenzwacht auf, den Baum unverzüglich umzuhauen. Die Nordkoreaner erklärten sich für nicht befugt. Da begann ein Südkoreaner den Baum umzuhauen, die Axt hatte er mitgebracht. Dabei traf er, absichtlich oder nicht, einen Nordkoreaner und zerschlug ihm die Nase; darauf ergriff ein Nordkoreaner die Axt und warf sie auf den Angreifer zurück und traf ihn so unglücklich, daß er tödlich verwundet liegen blieb. Nun kam es zu einem Handgemenge, bei dem ein Südkoreaner und ein Nordkoreaner schwer verletzt wurden.

Seltsamerweise war schon vor Beginn der Feindseligkeit ein südkoreanisches Fernsehteam zur Hand, bereit, den noch nicht stattgefundenen, aber vorausgeplanten Zwischenfall zu filmen. Der Film zeigt auch, daß einige hundert Mann der Südarmee bereitstanden. Auf der Seite Nordkoreas gab es weder ein Fernsehteam noch ein angriffsbereites Kontingent an Militär. Frage: Warum machte sich die Westpresse darüber keine

Gedanken? Darum nicht: weil die südkoreanische Version ins antikommunistische Konzept paßte.

Dies ist ein Beispiel für viele. Im Museum von Panmunjon kann man die Bilddokumente sehen und auch jene Schriftdokumente, in denen Angehörige der Südarmee bestätigen, daß die Provokation zum Koreakrieg (1950) vom Süden ausging.

Aber auch ohne Dokumente ist es der Vernunft einsichtig, wer an Grenz-Zwischenfällen interessiert ist: Nordkorea nicht, denn es ist absolut abgeneigt, das Risiko eines neuen Krieges einzugehen, es will nichts als ungestörten Aufbau. Der Süden aber braucht sein Feindbild: Die bösen Nordkoreaner sinnen auf Krieg und auf die Ausbreitung des Kommunismus im Süden. Sehr ernst sind die Zwischenfälle nicht zu nehmen, da weder der Süden noch der Norden Krieg will und auch die USA nicht interessiert sind daran, noch einmal Verluste zu erleiden wie im Koreakrieg und im Zweiten Weltkrieg und in den Kämpfen mit den Partisanen Nordkoreas, die Kim Il Sung anführte. Auch könnte ja wieder, wie 1950, China eingreifen, zu dem Nordkorea neuerdings wieder gute Beziehungen hat.

Wichtig ist dem Süden jedoch der Propaganda-Effekt: Nordkorea steht für den Kommunismus schlechthin, also muß man in Südkorea die Angst vor der nordkoreanischen Aggression schüren. Bisher ist es gelungen, Südkorea in der Furcht vor dem radikalen Sozialismus zu halten, aber schon mehren sich dort die Stimmen derer, die das Spiel durchschauen und an Wiedervereinigung denken statt an Krieg. Nordkorea ist einzig interessiert daran, eine friedliche Wiedervereinigung herbeizuführen, Schritt für Schritt. Zögen sich die USA zurück, käme diese Vereinigung sehr rasch zustande. Doch eben das wollen die USA verhindern.

Ich war einige Monate vorher in Japan gewesen und habe teilgenommen an dem Internationalen Kongreß für die »Demokratisierung Südkoreas«, so der offizielle Titel; man hätte hinzufügen können: »und für die friedliche Wiedervereinigung Koreas«. Das eine bedingt das andere. Ohne Demokratisierung Südkoreas ist eine Vereinigung undenkbar. Demokratisierung bedeutet aber nicht dieses oder jenes Zugeständnis; sie ist auch nicht garantiert durch einen Regierungswechsel, der allemal nur eine den USA hörige Regierung bringt. In Tokio war die allgemeine Überzeugung sowohl von Teilnehmern aus sozialistischen wie aus kapitalistischen Ländern: Die USA wollen die Vereinigung um jeden Preis unterbinden, da sie dann ihre

Truppen und ihre Nuklearwaffen, in Südkorea stationiert, zurückziehen müßten und damit ihren letzten Stützpunkt im Fernen Osten verlören. Die Japaner sind gegen die Wiedervereinigung, weil ein geeintes Korea eine unerträgliche Wirtschaftskonkurrenz wäre: Nordkorea hat reiche Bodenschätze: Kohle, Eisen, Gold, Wismut (zur Stahlgewinnung unerläßlich und sehr selten), von denen Japan gar nichts besitzt, und Südkorea hat die nötigen Arbeitskräfte. Außerdem könnte es sein, daß Südkorea sich vom nordkoreanischen, gut funktionierenden Sozialismus anstecken ließe: Schon gibt es unter der Intelligenz und unter der Jugend viele, die sich nicht mehr von der antikommunistischen Propaganda bestimmen lassen. Kim Il Sung verbietet sich jede Einmischung. Ich fragte ihn, ob es ihm nicht furchtbar schwergefallen sei, am 20. Mai 1980 nicht einen Blitzangriff zu starten: ganz Südkorea war im Aufruhr, die Studenten im Aufstand, Verunsicherungen in Regierungskreisen, die Wut des Volks über die Massaker in Gwangju...

»Ja«, sagt er, »es fiel mir schwer, dieser tapferen Jugend nicht zu Hilfe zu kommen, sie hat es mir auch vorgeworfen, sie fühlte sich von mir im Stich gelassen, aber ich hatte den Aufstand nicht gemacht, ich konnte nicht eingreifen, es wäre gegen meinen festen Entschluß gewesen, die Wiedervereinigung waffenlos und ohne Blutvergießen zu erreichen.«

Mir liegt auf der Zunge zu sagen: Aber Sie schüren den Haß Ihres Volkes auf die USA, ist das nicht gefährlich?

Ich sage es nicht, denn ich erinnere mich an Sinchon. Ich war mit Rudolf Bahro und unseren Begleitern voriges Jahr dort gewesen. Eine Stadt nahe der Südgrenze. Ein Museum mit Fotos vom großen Massaker 1950. Ein fotokopiertes Briefblatt mit der Unterschrift des US-Kommandierenden Harrison: »Alles, was lebt in Sinchon, muß zu Asche reduziert werden.«

Seinem Befehl wurde gehorcht. Ich sehe die Keller, in die Hunderte von Zivilisten getrieben, mit Petroleum übergossen und verbrannt wurden bei geschlossenen Türen. Ich sehe die beiden Vorratsspeicher, in deren einem vierhundert Frauen, Mütter, verbrannt wurden, im andern hundertzwei Kinder dieser Mütter, getrennt von den Müttern. Ich sehe die Fotos von den Erschießungen und Foltern der Partisanen oder auch nur vermeintlichen Partisanen, ich sehe die Fotos von den explodierenden biologischen Bomben mit Ungeziefer, ich sehe gasverbrannte Kinder und Frauen. Das Material über das

Sinchon-Massaker ist gesammelt in einem Dossier, welches die Internationale Kommission für Menschenrechte zusammenstellte und aufbewahrte.

Zu Ehren des amerikanischen Volks sei gesagt, daß es sich gegen diese und andere Greuel wandte, die ihre Soldaten in Korea verübten und daß es die Beendigung dieses sinnlosen Krieges verlangte.

In das Museum von Sinchon kommen täglich Scharen von Schülern und Arbeitern. Wer kann es den Nordkoreanern verdenken, wenn sie nicht vergessen? Sie haben allzu viel gelitten, seit die ersten Amerikaner im vorigen Jahrhundert illegal in Korea landeten und mit dem fremden Handelsgeist und der fremden Religion auch den fremden Kapitalismus ins Land brachten und den Frieden zerstörten. Die USA: das Feindbild der Nordkoreaner. Es ist verständlich.

III. Nordkoreas Gefängnisse

Was macht ein totalitärer Staat mit seinen Oppositionellen? Schon voriges Jahr brachte ich die Sprache darauf und hörte als Antwort, es gebe keine politischen Verbrecher, also keine Gefängnisse für solche. Was es gebe, seien Häuser für Umerziehung. Ich schrieb darüber in meinem ersten Reisebericht, stieß damit im Westen auf Skepsis und begann selbst zu zweifeln: Was waren die Umerziehungshäuser? Man sagte nicht: Lager; man sagte Häuser. Das macht schon einen Unterschied, dennoch nahm ich mir vor, bei der nächsten Reise darauf zu bestehen, genaues darüber zu hören und so ein Haus zu besichtigen. Würde man es mir erlauben?
Solange Rudolf Bahro bei mir war, überhörte man meine Bitte. Das ist also die Methode, einem etwas abzuschlagen ohne Begründung, so dachte ich in westlicher Skepsis. Aber ich irrte: ich war nur dem Fehler aller westlichen Besucher, besonders der kurzatmigen Journalisten, verfallen, nicht warten zu können. Auch begriff ich nicht sogleich, daß man mir, aber nicht Bahro, solche Wünsche erfüllen mochte, man kannte ihn zu wenig, und er kam immerhin aus der sowjetisch gebundenen DDR, wenn auch emigriert. Sobald er abgereist war, hörte ich, daß wir eines der Umerziehungshäuser besuchen würden. Tatsächlich fuhren wir dann aufs Land im Norden der Hauptstadt, wo das Haus steht. Wir waren zu dritt: Kim der Lehrer, Kim der Dolmetscher und ich. Die beiden hatten das Haus nie gesehen. Ich war, so sagte man mir, der erste Ausländer, der den Wunsch, ein Gefängnis zu sehen, geäußert habe.
Wir sehen schließlich vor uns ein zweistöckiges Haus inmitten von Wiesen und Feldern. Das müßte, meinte Kim, das gesuchte Haus sein. Es sieht aus wie eine Jugendherberge. Meine westlichen Vorstellungen von Gefängnis wollen nicht dazu stimmen. Keine Mauer, keine Wachttürme, kein Stacheldraht, kein Gitter vor den Fenstern. Auf der Auffahrtsstraße arbeiten Frauen, sie schaufeln den Reis zum Trocknen von einer Stelle zur andern. Keine schwere Arbeit. Sie tragen Nummern auf ihren Jacken. Sträflinge also. Sie senken die Köpfe, sie schämen sich. Eine Frau nähert sich, eine Aufseherin wohl, sie ist

freundlich und entspricht nicht dem westlichen Typ von Auf-
seherinnen. Sie weiß nichts von unserm Besuch, sie holt den
Direktor, der auch nichts weiß. Schon denke ich genau wie
westliche Kollegen denken: Aha, da hat man mich hintergan-
gen. Weit gefehlt: es ist nur die Erlaubnis vom Justizministe-
rium noch nicht eingetroffen. Ein Telefongespräch mit Pyeongyang bringt die Erlaubnis. Mir ists recht, daß man überrascht ist,
so konnte man nichts schönen für den westlichen Besucher. Ich
sehe also den Alltag dieses Hauses. Ist es ein Gefängnis? Ja und
nein. Ja, denn die Leute sind inhaftiert. Nein, denn es gleicht in
nichts den Gefängnissen andrer Länder, die ich kenne.
Es gibt keine Einzelzellen, man schläft zu zehnt oder zwölft in
einem Schlafsaal, man liegt, wie es in ganz Korea üblich ist, auf
Matratzen, die dem ondulgeheizten Fußboden aufliegen; an
den Fenstern keine Gitter, die Korridore ohne Gittertüren.
Auch zwischen dem Trakt für Männer und dem für Frauen
kein Gitter, nicht einmal eine verschließbare Tür. Wem auch
würde es einfallen, die unsichtbare Schranke zu über-
schreiten?
Eine lange Unterredung mit dem Direktor, der ein Vatertyp ist,
warmherzig, freundlich, offen, um so offener, als er zum ersten
Mal mit einem ausländischen Besucher spricht. Er antwortet
unbefangen auf jede meiner Fragen.
Für welche Vergehen ist man hier inhaftiert?
Für Diebstähle, für fahrlässige Schädigung des Betriebs, für
anhaltende Faulheit, für wiederholtes unentschuldigtes Fern-
bleiben von der Arbeit.
Und für Mord?
Mord? Aber das kommt doch nie vor; nicht einmal von
Totschlag weiß ich.
Todesstrafe gibt es also nicht, oder?
Er wehrt entsetzt ab. Was denken Sie!*
Aber lebenslänglich?
Oh nein! Die gesetzliche längste Strafdauer ist ein Jahr, aber
jeder Häftling hat es selbst in der Hand, wann er entlassen
wird.
Wie das?
Im Tagesraum sehe ich Wandtafeln mit graphischen Darstel-
lungen. Jeder Häftling hat seine Zeichnung: drei verschieden-
farbige Türmchen, eines für Arbeitsleistung, eines für Fort-

* Soviel ich weiß, gibt es die Todesstrafe noch, doch wird sie seit langem nicht
mehr verhängt.

schritt im Unterricht (Kenntnis und Verständnis der Dschu-
dsche-Ideologie), und eines für gutes Betragen, wobei Hilfs-
bereitschaft am wichtigsten ist. Wer seine Türmchen aufgefüllt
hat, kann als umerzogen gelten und wird entlassen. Er kehrt in
seinen Betrieb zurück, wo ihm aus der Strafzeit keinerlei
Nachteile erwachsen. Man wird nicht diskriminiert, man hat
Fehler begangen und gebüßt, das ist alles.
Aber was für Leute sind das hier, ich meine, aus welcher
Bevölkerungsschicht kommen sie?
Aus verschiedenen, aber die meisten sind Arbeiter.
Und wenn nun Betriebsleiter Fehler begehen?
Sie werden abgesetzt und müssen an andrer Stelle als Arbeiter
von unten beginnen, meist in einem Betrieb fern von dem, in
dem sie Fehler machten. Das ist eine harte Strafe.
Und (ich wage mich weiter vor) wenn es höhere Funktionäre
sind?
Die haben wir nicht hier und ich weiß nicht, was mit ihnen
geschieht. Aber ich meine, wer weiter oben steht, wird sich
doch wohl seiner Verantwortung bewußt genug sein!
Und wenn es politische Verbrecher sind?
Politische Verbrecher? Was meinen Sie damit?
Leute, die gegen die Politik Kim Il Sungs sind. Solche gibt es
doch wohl, oder?
Das weiß ich nicht, aber ich denke, daß man sie wegen Kritik am
Regime nicht einsperrt. Man hat ja das Recht, zu sagen, was
einem nicht paßt, dafür haben wir die Volksvertretung.
Dabei lasse ich es bewenden, nehme mir aber fest vor, das
Thema ein andermal zur Sprache zu bringen, bei der nächsten
Reise ganz sicher.
Was ich dieses Mal noch erfahre: Isolationshaft gibt es nicht,
Folter ist ausgeschlossen, körperliche sowieso, aber auch see-
lische. Es gibt keine Besuchssperre, keine Briefzensur, keine
Schläge, kein Anschreien, keine Demütigungen.
Ich denke an meine eigene Gefängniszeit unter Hitler, aber
auch an alle Strafgefangenen in bundesdeutschen Gefängnis-
sen, ich denke an Stammheim. Und da redet man in der
Westpresse von einer finsteren Diktatur in Nordkorea?
Hier ist man sehr darauf bedacht, daß die Häftlinge nicht
desintegriert werden; darum ist die Haftzeit kurz und human
und ohne negative Folgen, und darum wird das Briefschreiben
gefördert, ist die Post nicht zensiert und sind Besuche nicht
überwacht. Der Gefangene bleibt Glied der Gesellschaft und

muß möglichst rasch wieder ins normale Arbeitsleben eingegliedert werden.

Wie verläuft der Gefängnistag?

Acht Stunden Handarbeit in Garten und Feldern und bei den Tieren, zwei Stunden Unterricht, dann Freizeit im Tagesraum, mit Fernsehen und Spielen.

Der Direktor sagt: Der große Führer Kim Il Sung sagt, man dürfe Menschen nicht durch Strafen entmutigen, sondern müsse mit Argumenten überzeugen und mit beispielhafter Haltung. Angst ist das schlechteste Erziehungsmittel. Unterdrückung erzeugt Haß und Widerstand. So handelt er selbst, also handeln auch wir so.

Ich sehe, daß die Aufseher und der Direktor keinen Revolver tragen.

Wozu brauchen wir einen?

Wenn ein Häftling wegläuft!

Aber es läuft ja keiner weg, jeder büßt einsichtig seine Schuld, und wohin sollten sie auch entlaufen? Und vor allem: wir dürfen doch nicht schießen, was denken Sie! Man schießt nur im Krieg, und wir hoffen, daß wir nie wieder dazu gezwungen werden.

So also sieht ein nordkoreanisches Gefängnis aus. Warum kann ein deutsches, hüben und drüben, oder sonst eines auf unsrer Erde nicht ebenso aussehen? Warum: weil in keinem andern Land das Gesetz der Milde herrscht, das nicht Strafe will, sondern Erziehung, und weil kein anderes Volk aus dem Geist der Gemeinschaft lebt, der verlangt, daß man sein Bestes gibt und dem Staat keinen Schaden zufügt und daß man der Revolution nicht in den Rücken fällt. Darum. Weil wir im Westen zwar von Humanität reden, aber gegenteilig handeln. Und schließlich: weil wir keinen Kim Il Sung haben als vorbildliche Vaterfigur. Und auch, weil wir individualistische Europäer sind, die nach zwei Jahrtausenden Christentum noch immer nicht wissen, was das ist: christlich denken und handeln.

Etwas aber fiel mir auf dieser zweiten Reise als Negativum auf: Einige der Funktionäre, die ich kennenlernte, zeigen eine ständige Angst, Fehler zu machen, eine Haltung, die mich an die Sündenangst konservativer Christen erinnert. Man fürchtet nicht die staatliche Justiz und die Strafe, sondern das Urteil des eigenen sozialen Gewissens. Man fürchtet, vor den Forderungen der Revolution zu versagen. Man fürchtet gewiß nicht Kim Il Sung, aber den Liebesentzug, sozusagen, wobei man selbst sich das Urteil spricht. Es ist eine Form immerwährender Selbstkontrolle und Selbstzensur, die wirksamer ist als jede Kontrolle und Zensur von außen und oben. Immer wieder höre ich, wenn ich mich für Dienste bedanke: Aber das ist doch meine Pflicht! Man erfüllt seine Pflicht jedoch nicht zähneknirschend, sondern im Bewußtsein, damit der Revolution zu dienen und dem großen Vater, dem Über-Ich, der das kollektive Gewissen darstellt.

Seit meinem Besuch in diesem Gefängnis beurteile ich alle Länder nach dem Stand ihrer Gefängnisse, sie spiegeln aufs genaueste den Geist und die Politik des betreffenden Landes. Stammheim paßt nicht nach Nordkorea.

Als ich mit Bahro zusammen im »Diamantgebirge« (Kumgangsan) war, sahen wir in einem Dorf eine große bunte Bildtafel mit Darstellungen, aus denen wir nicht klug wurden: alte Weiblein mit Reisigbündeln, Pilzsammler, Fischer, Soldaten, Holzfäller, und auch ein Hirschgeweih. Das, so sagte man uns, sind die Tarnungen der südkoreanischen Spione. Bahro und ich lachten laut heraus: Sie kommen als Hirsche?

Es ist nicht zum Lachen: tatsächlich wurden Spione gefunden, welche Tierfelle trugen und so sich durch die Wälder schlichen.

Was macht Nordkorea mit den Spionen? Schickt es sie, wenigstens sie, in Lager?

Keineswegs; man verhört sie, jedoch ohne Folter; wenn sie die gewünschten Informationen preisgeben, werden sie nach Südkorea zurückgeschickt. Denn was sollte man mit unnützen Essern und mit Feinden und Saboteuren im Land? Es kam jedoch schon oft vor, daß es Südkoreaner vorzogen, in Nordkorea zu bleiben und statt das gefährliche Leben eines Spions im Dienste letztlich der ungeliebten USA zu führen, ein ungefährliches und nützliches im Dienste des Brudervolks zu beginnen.

Diese Information muß ich ungeprüft hinnehmen, doch scheint sie mir nicht unwahrscheinlich. Ich könnte der Sache nachgehen, stünde es mir wirklich dafür und hätte ich genügend Zeit; verbieten würde es mir niemand.

Alles in allem: der Gefängnisdirektor sagt voller Stolz, als sei es sein persönliches Verdienst, die Zahl der Straffälligen gehe von Jahr zu Jahr zurück. Im Lauf der letzten Jahre sei sie um die Hälfte vermindert, daran sehe man, wie der Geist der Revolution sich auswirke.

Als ich bei meinem Treffen mit Kim Il Sung das Thema Justiz zur Sprache bringe, die Frage der Oppositionellen noch ausklammernd, erklärt er mir seine Stellung zum Strafvollzug, und er tut es, indem er mir eine Geschichte erzählt, die mir schon meine Begleiter mit Vergnügen erzählt hatten. Er habe kürzlich eine militärische Einheit besucht und sich nach dem Stand der Disziplin erkundigt. Der Obere erklärte schuldbewußt, er habe drei Fälle von Verletzung der Dienstpflicht zu melden. Der erste Fall: Ein Soldat habe sich während einer Übung von der Truppe entfernt, um sich mit seinem Mädchen zu treffen. Der zweite: Ein Soldat habe von einem Feld Maiskolben gestohlen. Der dritte: einer habe sein Gewehr wiederholt nicht geputzt. Kim Il Sung sagte: Der letztere Fall muß bestraft werden, denn ein Soldat muß die Waffe sauberhalten, das ist Dienstvorschrift. Die Sache mit dem Mais trifft aber dich, denn wenn der Soldat Mais stiehlt, so heißt das, daß er ein Bedürfnis nach Frischnahrung hat, und du befriedigst es nicht. Also keine Verletzung der Dienstvorschrift. Und was den andern Fall betrifft, mein Lieber, da muß ich dich fragen, ob du nie jung und verliebt warst, und warum du nicht so bist, daß ein Soldat dich zu bitten wagt, die Truppe für eine halbe Stunde zu verlassen.

Mir scheint, ich wisse für dieses Mal genug und könne die weiteren Fragen aufs nächste Jahr verschieben; sie bleiben aktuell.

IV. Der Nachfolger

Warum nur wirbelt die Frage, wer Kim Il Sungs Nachfolger sein
wird, soviel Staub auf in der Weltpresse? Weil man Nordkorea
etwas am Zeug flicken will, wo immer man kann, und es wird als
Negativum gesehen, daß der Nachfolger Kim Jong Ill sein soll,
der älteste Sohn des Präsidenten. Was gehts uns an? Man sagt,
Kim Il Sung wolle eine Erbdynastie einrichten. Angesteckt von
der Westpresse, beschließe ich, der Frage skeptisch nachzu-
gehen.
Es ist reiner Zufall, daß ich 1981, auf der zweiten Reise
irgendein Fischerhaus nach meiner Wahl besichtigend, dort an
der Wand einen Buntdruck von Kim Jong Ill sehe. Aha, denke
ich, so weit ist man also schon in der Nachfolgerfrage. Da fällt
mein Blick auf die Wand gegenüber, und da hängt das Bild Kim
Il Sungs. Man ist vorsichtig, denke ich, man bereitet die Sache
langsam vor.
In einem andern Haus sehe ich die Bilder der beiden nebenein-
ander hängen, in einem andern nur das Bild Kim Il Sungs, und
in einem andern einen Buntdruck mit den beiden vereint.
Da in diesem Lande nichts zufällig ist, sondern alles einem Plan
und einer Order folgt, muß ich annehmen, daß der Bild-
geschichte eine Methode zugrunde liegt. Meine Frage: Ist derjenige, der nur das Bild Kim Il Sungs hängen hat, ein Gegner
Kim Jong Ills? Ist der, welcher nur das Bild Kim Jong Ills hat,
ein Gegner Kim Il Sungs? Und ist der, welcher das Bild mit den
beiden hat, mit der Nachfolge durch Kim Jong Ill einverstanden, weil es Kim Il Sung so will?
Dies meine Frage an meine Begleiter. Sie merken nicht, worauf
ich ziele und was ich kritisiere, sie antworten unbefangen, daß
für sie die Frage der Nachfolge praktisch gelöst sei, wenngleich
es verfrüht sei, sie überhaupt zu stellen. Offiziell sei sie ja auch
noch gar nicht gestellt.
Ob sie mit Kim Jong Ill als Nachfolger zufrieden wären?
Warum sollten wir es nicht sein?
Weil man Ihnen den Nachfolger in beschlossener Sache vor-
setzt, statt es Ihrer Wahl zu überlassen. Wäre kein andrer Mann
fähig zur Nachfolge?

Kim Jong Ill ist der Fähigste. Wir kennen ihn gut. Er gehört der jüngeren Generation an. Wenn er wirklich die Nachfolge antritt, so wird er immer noch jung sein und es wird bei uns keine Überalterung in Staat und Partei geben wie in der Sowjetunion. Es ist gut, daß wir einen Nachfolger zumindest ins Auge gefaßt haben: Es wird nicht so gehen wie in Jugoslawien, wo seit Titos Tod keiner da ist, der in seinem Sinne weiterarbeitet. (Übrigens gibt es andere Länder mit Familiennachfolge, wie zum Beispiel Indien, worüber sich niemand aufregt.)

Einer meiner jungen Begleiter sagt: Ich habe mit Kim Jong Ill an der Universität in Pyeongyang studiert; er hat Politologie studiert und Philosophie, und er ist ausnehmend gescheit. Außerdem ist er ein sehr guter Pianist. Und er war immer ein guter Kommilitone. Nie hat er seine Position als Sohn des Präsidenten ausgenützt. Er war immer nur einer von vielen, aber der beste.

Webt Ihr jetzt schon eine Legende um ihn? frage ich boshaft. Sie verstehen mich nicht.

Ich sehe einen Filmstreifen mit Kim Jong Ill. Er ist um eine Spur kleiner als sein Vater und scheint ein musischer Mensch zu sein. Er ist, so scheint es, weicher als der Vater. Er hat ja auch kein Partisanendasein hinter sich. Als er 7 Jahre alt war, starb seine Mutter, später heiratete Kim Il Sung wieder. Der Sohn, als der Älteste, lag dem Vater natürlich sehr am Herzen, und er zog ihn bald nach der Beendigung des Universitätsstudiums zu politischen Aufgaben heran. Mir scheint sicher und auch legitim, daß er ihn als Nachfolger in Betracht zieht.

Was regt den Westen daran so auf? Daß ein Vater seinen Sohn zum Nachfolger will? Daß diese Absicht undemokratisch ist, da von oben herab bestimmt? Weil es das Bild der Diktatur bestätigt? Weil dieser Diktator selbst noch über seinen Tod hinaus regieren will?

Wenn nun aber dieser Kim Jong Ill nicht in erster Linie Sohn des Vaters ist, sondern tatsächlich der fähigste junge Mann im Staat? Wenn er der Verläßlichste ist? Wenn er die stetige ruhige Entwicklung der Politik Kim Il Sungs garantiert? Wenn damit das Risiko einer Abweichung von der Linie vermieden werden kann? Wenn das Volk ihn wirklich will? Wenn die Bestimmung des Präsidenten dem Volkswillen entgegenkommt? Warum schließt der Westen diese Möglichkeit aus? Ich sehe das anders, zumal ich weiß, daß ein Volk, das zwar den Konfuzianismus, als zur Feudalperiode gehörig, ablehnt, aber dennoch zumindest unbewußt von ihm bestimmt wird, es natürlich und gut findet, wenn, wie von alters her, der älteste Sohn die Nachfolge des Vaters in der Familie antritt. Warum nicht auch in der Volksfamilie?

Ergänzung zur Frage des Nachfolgers, 1982

Kurz vor meiner Abreise las ich in der Weltpresse, es gebe in Nordkorea starke Spannungen zwischen Kim Il Sung und seinem Sohn aus erster Ehe einerseits und seiner zweiten kinderlosen Frau andererseits. Kinderlos? Sie hat drei Kinder zwischen zehn und zwanzig Jahren. Und Spannungen hinsichtlich der Nachfolge? Sollte sie den Sohn aus erster Ehe zugunsten eines ihrer Kinder ausschalten wollen? Absurd, denn die Kinder sind alle zu jung. Oder sollte sie für sich selbst die Nachfolge anstreben? Sie hat keinerlei politische Ambitionen, sie hat auch keine Stellung in der Regierung oder in der Partei, sie erscheint selten in der Öffentlichkeit, sie leitet eine Frauenorganisation. Die ganze Sache ist absurd. Was soll bezweckt werden mit dieser Nachricht? Man konstruiert vorsorglich einen Fall Jiang Quing (Tschiang Tsching), eine Analogie zur »Viererbande« in China nach Mao Tse-Tungs Tod. Aber warum? Wozu? Die Sache ist durchsichtig. Indem man eine Rivalität behauptet, stellt man Kim Il Sungs Position in Frage und damit die Zukunft Nordkoreas. Der Zweck dieser Lüge: Südkorea zu verunsichern und es vor der Wiedervereinigung zu warnen, da es unliebsame Überraschungen geben werde.
Mißtrauen zu säen ist eine übliche Taktik. Jedoch: sie steht auf Flugsand. Kim Il Sungs Stellung ist sicher, und sicher Nordkoreas Zukunft, ob nun Kim Jung Ill Nachfolger sein wird oder ein andrer. Was mich wundert: Obwohl nach wie vor die Bilder der beiden »Führer« in den Häusern hängen, spricht man nicht von der Nachfolge. Vermutlich deshalb, weil die Sache nicht mehr diskutiert zu werden braucht. Oder aber, weil es koreanischem Takt widerspricht, mit Reden vom Nachfolger auf Kim Il Sungs Alter anzuspielen, was übrigens wirklich verfrüht ist, denn Kim Il Sung ist kein »greiser Präsident«, wie im »Spiegel« zu lesen war, sondern trotz der siebzig Jahre ein energiegeladener gesunder Mann mit ungebrochener Vitalität. Man spricht in Nordkorea sehr viel von Kim Jong Ill und seinen Leistungen. Ich kann die Ergebnisse seiner Arbeit sehen. Dort, wo vor zwei

Jahren eine Ansammlung von rasch gebauten Nachkriegshäusern war, erhebt sich jetzt ein ganz neues Stadtviertel mit Hochhäusern und modernen Wohnungen, deren jede vier Zimmer hat, Einbauküche, Bad, Kühlschrank, Zentralheizung und bereits möbliert vor Einzug der Bewohner.

Ich sah einige dieser Wohnungen, sie sind so, daß man wünscht, alle Arbeiter der Welt wohnten so. Tatsächlich wohnen hier vorwiegend Arbeiter, und zwar bevorzugt solche aus der Schwerindustrie. Mein Dolmetscher, Akademiker, sagt, seine Wohnung sei weniger gut, aber bald werde auch er eine neue haben. Überall wird gebaut und überall wird kurzerhand altes Bauwerk abgerissen, um Platz zu schaffen für neues. Und die Mieten für die neuen Häuser, sind sie hoch? Mieten? Hier in Nordkorea zahlt niemand Miete, die Häuser gehören doch dem Volk, man zahlt nur elektrischen Strom und Gas, doch kostet beides wenig. Das bringt mich auf die Frage der Steuern. Ich schrieb im ersten Bericht, hier gebe es keine Steuern. Meine Behauptung stieß im Westen auf mitleidiges Lächeln oder bestenfalls auf die neugierig-ungläubige Frage, wie das der nordkoreanische Staat denn mache, er brauche doch Steuergelder. Natürlich, er braucht sie, aber er hat seine eigene Methode, sie zu erheben: er zieht sie vom Einkommen ab; das erspart nicht nur die Kosten für eine aufgebauschte Finanzverwaltung, sondern verhindert die Demoralisierung durch die Versuchung zur Hinterziehung von Steuern.

Grundstücks- und Bauspekulation gibt es nicht, und niemand braucht Angst zu haben, aus der Wohnung geworfen zu werden; das gibt ruhige Sicherheit und Geborgenheit, wie denn alles auf diese Geborgenheit zielt.

Außer den Wohnhäusern entstanden unter Kim Jong Ills Leitung einige schöne und zweckmäßige offizielle Bauten, so die große Staatsbibliothek, der neue Sportpalast, das Triumphtor und einer der schönsten modernen Plätze, die ich je sah: der Platz der Dschudsche, welcher der Bibliothek gegenüber auf der anderen Seite des Flusses Taedong liegt: eine Riesenterrasse mit Blumenbeeten, Bäumen und Wasserspielen rings um die hohe Säule mit der Dschudsche-Flamme. Voriges Jahr war hier noch nicht einmal ein Bauplatz. Daß diese Arbeit in der Rekordzeit von knapp einem Jahr geleistet werden konnte, ist der Stolz des Volks: hier haben alle mit Hand angelegt; auch mein Dolmetscher hat hier in allen seinen freien Stunden geholfen. Natürlich ohne Bezahlung: es war eine Ehre mitzuhelfen, sagt er. Das Bewußtsein, daß allen alles gehört, ist schon überwältigend, und die Erfahrung, daß hier Geld wirklich keine Rolle spielt, beschämt den westlichen Menschen, der alles nur für Geld tut, da er nicht weiß, wofür sonst er sich anstrengen soll.

Kim Jong Ills Werk ist auch die Landgewinnung an der Westküste. Hier wird, indem aus einem Bergwerk die sonst landschaftsstörende Schlacke mit dem Förderband angefahren und ins Meer geschüttet wird, eine große neue Anbaufläche gewonnen. Die Idee mit der Schlacke auf dem Förderband ist Kim Jong Ills Einfall, wie er denn überhaupt eine Reihe praktischer Einfälle hatte. Offiziell wurde ihm vom Parlament die Leitung des Bauwesens übertragen, doch gilt seine besondere Sorge der Kultur und den Künstlern, vor allem interessiert er sich für Filmkunst, und durch seine Anregung entstanden einige sehr schöne Filme, die sehr wohl mit den besten westlichen Filmen konkurrieren können hinsichtlich der Technik, der Regie, der Qualität der Schauspieler. Hinsichtlich des ethischen Gehalts sind sie überlegen. Es gibt keine Pornofilme und keine Gewaltfilme. Das Humane ist es, was dargestellt wird. Sie stehen auch durchaus nicht alle im Dienst der Revolutionsidee, ihr politisch-erzieherischer Gehalt ist immanent, nicht aufgetragen.

Da Kim Jong Ill ein musischer junger Mensch ist, wird er auf dem Gebiet der Kultur einige Öffnungen schaffen; doch wäre es falsch zu denken, es gebe grundsätzliche Änderungen. Daß während meines Aufenthalts die Komposition »Gwangju« des exilierten, vielmehr aus der Heimat vertriebenen Südkoreaners und Bundesdeutschen Isang Yun in Pyeongyang aufgeführt wurde (der erste Versuch, das koreanische Ohr an westliche Musik zu gewöhnen), ist vielleicht auch durch Kim Jong Ills Fürsprache möglich geworden. Allerdings liegt das Stück durchaus auf der Linie der Politik Kim Il Sungs selbst. Kim Jong Ill ließ mir sagen, er habe einige meiner ins Koreanische (Seoul) übersetzten Bücher gelesen und sehr viel Gefallen daran gefunden, auch wenn sie ganz anders sind als die nordkoreanische Literatur.

Übrigens werde ich dieses Mal immer wieder korrigiert, wenn ich von Kim Jong Ill als dem SOHN spreche. Das sei ganz unwichtig und im Grunde zufällig. Kim Jong Ill sei nicht SOHN, sondern GENOSSE. Ich nehme das zur Kenntnis und verstehe es.

Wie kam Kim Jong Ill zu seiner Stellung, die er also nicht seinem Sohnsein verdankt, sondern seinen Fähigkeiten?

Er begann als einfaches Parteimitglied, wurde dann Mitarbeiter im Zentralkomitee der Arbeiterpartei, dann Mitglied des Präsidiums im Politbüro des Zentralkomitees und gleichzeitig Sekretär im ZK. Von sich reden machte er bereits in den Jahren 1966/67, in der Zeit der inneren Spannung, als sich eine Tendenz zum Revisionismus breitzumachen drohte, das heißt, als noch vorhandene und wieder auftauchende konservative Kreise eine wenigstens teilweise Rückkehr zum Privateigentum und zum Privatunternehmertum forderten und also die Revolution in ihrem Fortschreiten hindern wollten. Damals war es der noch sehr junge Kim Jong Ill, der diese Tendenz zum Kapitalismus bekämpfte und dafür sorgte, daß die Parteilinie eingehalten wurde. So wenigstens erzählt man mir, und ich habe keine Ursache, daran zu zweifeln, auch nicht daran, daß Kim Il Sung Bedenken äußerte, als das Politbüro des ZK 1974 den erst Dreißigjährigen ins Präsidium wählte; er sei doch zu jung für diese Stellung. Aber man hielt Kim Il Sung lachend entgegen, daß er dann selbst auch viel zu jung war, die Regierung Nordkoreas zu übernehmen – als Zwanzigjähriger. Es gab bei der Wahl nur eine einzige Gegenstimme: die Kim Il Sungs. Wie ernst der Protest gemeint war, weiß ich nicht. Sicher ist, daß das Volk innerhalb und außerhalb von Regierung und Partei den jungen Mann liebt. Man spricht von ihm als dem »geliebten Führer« in Unterscheidung zum »großen Führer«, zwei Wörter, die bei uns in der Bundesrepublik so großen Anstoß erregen. Zu Unrecht: es ist ein Sprachproblem. Im Koreanischen gibt es keinen genau entsprechenden Ausdruck für das, was im Englischen so sachlich LEADER heißt und was im Deutschen so negativ besetzt ist, seit Hitler sich »Führer« nennen ließ. Mag das Wort »Führer« auf Kim Il Sung anwendbar sein: auf Kim Jong Ill ist es nicht anwendbar und wird es nicht angewandt. Im Koreanischen heißt »der große Führer Genosse Kim Il Sung« (phonetisch übertragen): »winae han surjong Kim Il Sung dong dzi«, wobei »dong dzi« Genosse heißt. Kim Jong Ill aber heißt: »inae hanum dzido dza Kim Jong Ill dong dzi«. Das Wort Führer kommt also nicht vor, aber in der deutschen Übersetzung heißt es: »der geliebte Führer Kim Jong Ill«. Würden wir davon absehen, nicht gerade »Führer« zu sagen, sondern Leader, wäre eine Peinlichkeit ausgeräumt.

Ich habe mich daran gewöhnt, hundertmal am Tag zu lesen und

zu hören: »der große Führer Genosse Kim Il Sung« und »der geliebte Führer Kim Jong Ill«. Ich habe begriffen, daß ich in Korea bin, also im Fernen Osten und daß es mir nicht gut ansteht, die Koreaner in ihrem Lebens- und Sprechstil zu korrigieren. Man ist hier ungemein höflich, ja formell. So sprechen sich meine Begleiter nicht mit Vornamen und mit du an, sondern mit ihren Titeln: Genosse Vorsitzender, Genosse Sekretär. Nur allerengste Freunde kennen das Du. Ich bemerke auch, daß man Personen ohne Titel dennoch eine Art Titel beilegt, der, einmal erfunden, bleibt: das freundliche Fräulein Tscha, das geschickte Fräulein Tschang.

Mich stört auch nicht mehr, was voriges Jahr Rudolf Bahro so lächerte beim Empfangsessen: daß derjenige, der von Kim Il Sung spricht, sich leicht vom Sitz erhebt; auch Willy Brandt fand das komisch übertrieben, als bei einer Sitzung in Genf die Delegierten Nordkoreas sich so erhoben, wenn sie von ihrem Präsidenten sprachen. Aber ich verstehe das: es ist ein Rest jahrtausendealter konfuzianischer Erziehung zur Ehrfurcht vor dem Höhergestellten, und es ist Ausdruck jener inneren Anmut, die allen Koreanern eigen ist. Vor allen Dingen aber ist das Zeichen des tiefen Respekts, den die Nordkoreaner ihrem Präsidenten entgegenbringen.

Nordkoreanische Kinder werden früh zur Höflichkeit erzogen und sie üben sie mit Grazie und Selbstverständlichkeit. So hat mich dieses Mal wieder sehr erfreut, als ein zwölfjähriger Schüler der Kadettenschule (in der nur Kinder aufgenommen werden, deren Eltern bei Arbeitsunfällen oder beim Militär sterben) mir die Handtasche trug und mich am Arm führte.

Immer wieder fällt mir auf, wie rüpelhaft wir im Westen sind. Hätten wir, denke ich, doch einen Politiker, bei dessen Nennung wir vor Begeisterung und Ehrfurcht aufstünden!

V. Ungemach und Ungeschick

Ich spreche von der Schwierigkeit westdeutscher Journalisten mit Nordkoreanern. Alle Fehler, die westliche Journalisten begehen, habe auch ich begangen, doch nur auf der ersten Reise. Trotz bester Vorsätze, vorurteilsfrei zu schauen, war ich voller Mißtrauen. Wurde mir eine Bitte, dies oder jenes zu sehen, nicht gleich erfüllt, dachte ich, man wolle es mir nicht zeigen, da es nicht vorzeigbar sei, und man wolle mir eben nur das zeigen, was ein geschöntes Bild des Landes gebe. Ich hatte auch meine Schwierigkeiten mit dem Fotografen und dem einheimischen Kameramann, der mich auf der ersten Reise begleitete: Ich wollte dies und jenes aufgenommen haben, aber man weigerte sich unter Vorwänden. Wenn ich darauf bestand, so filmte man es, aber es erschien nicht auf dem Streifen, den ich nachher sah. Diese stumme Resistenz machte mich nervös und doppelt mißtrauisch. Ich muß lächeln, wenn ich höre, daß ein deutscher Fernseh-Journalist ein Dorf filmen wollte, das ihm typisch schien. Man sagte: Morgen. Nun: er kam am nächsten Tag, und am Dorfeingang standen junge Mädchen mit Blumensträußen und in Festkleidern. DAS sollte er filmen, DAS sei doch etwas Schönes. Er war wütend. Es ist auch wirklich ärgerlich, wenn man den Alltag filmen will, aber einen Festtag vorgesetzt bekommt. Jedoch: das ist nicht absichtliche Irreführung, es ist der typisch koreanische Wille, nur Schönes zu zeigen, auch um den Gast zu ehren. Auch ich hatte meinen inständigen Ärger im ersten Jahr, als der Kameramann all das filmte, woran mir nicht gelegen war und was ich ebenso gut in Südkorea hatte finden können: junge Mädchen auf der Schaukel, das festliche Treiben beim Kirschblütenfest, tanzende Kinder und so fort; und man konnte nicht verstehen, daß ich einen ländlichen Neubau filmen wollte, auf dem etwa vierzig Leute arbeiteten ohne irgendwelche technischen Hilfsmittel, wie im vortechnischen Zeitalter. Mir gings nicht um Kritik, sondern darum, zu zeigen, wie hier Menschen sich zu helfen wissen durch Zusammenarbeit, und mir schien das Bild gleichnishaft für die Art kollektiven Lebens im Lande. Man filmte es kopfschüttelnd, aber auf dem Film erschien es nicht. Daß deutsche Journalisten irgendeine Wohnung filmen wollen ohne Vorankündigung, ist natürlich taktlos, und auch ich beging, sogar noch im zweiten Jahr, diese Taktlosigkeit. Frage: welche deutsche Hausfrau wäre einverstanden, wenn ein koreanisches Team einfach ankäme und ihre noch unaufgeräumte Wohnung filmen wollte? Würde sie nicht sagen: Morgen! Und würde das Team am nächsten Tag nicht eine mit Blumen geschmückte, aufgeräumte Wohnung finden statt der alltäglich unordentlichen oder doch ungeschmückten? Würden wir das als Betrug sehen? Nordkoreaner wollen ihr Land zeigen, so wie es ihr Stolz zu zeigen erlaubt. Ist es nicht natürlich, wenn sie »Musterhäuser«, »Musterfabriken«, »Musterkindergärten« zeigen? Würden wir etwa unsre Slums in Berlin-Kreuzberg als typisch für die Bundesrepublik filmen lassen?

Dennoch konnte ich auf der zweiten Reise bereits vieles sehen, was nicht ganz so musterhaft war. Die Lokomotivenfabrik, die Rudolf Bahro sehen wollte, erinnerte ihn an die Aufbaujahre in der DDR, und die Nordkoreaner sagten betrübt, aber hoffnungsvoll, daß hier im Lauf der nächsten Jahre eine neue Fabrik entstehen werde. Das wird auch so sein, denn Pläne werden hier allemal ausgeführt, und in Rekordzeit. Das geflügelte »Chollima-Pferd«, das Symbol des revolutionären Aufbaus, ist nicht aufzuhalten im Flug. Wozu also sollte man westlichen Journalisten das schon Überholte zeigen? Es ist wirklich so, daß das, was noch rückständig ist, schon abbruchreif und das Neue bereits fest geplant ist. Als man im zweiten Jahr in mir schon eine zwar kritische, aber wohlwollende Freundin sah, konnte ich alles sehen, was ich zu sehen wünschte. Rudolf Bahro war dabei, als ich bei unsrer Fahrt ans Ostmeer auf ein beliebiges Fischerdorf deutete. Man hielt und ich durfte ohne weiteres nicht nur das kleine Krankenhaus sehen, sondern auch Privathäuser; alles war sehr sauber und hätte durchaus sofort gefilmt werden können. Ich habe im Verlauf meiner drei Reisen viele Häuser von innen gesehen, alte und neue, ohne Vorankündigung, und alle Leute waren freundlich und wollten mich zum Essen einladen. Nichts von der Ablehnung, von der einige Journalisten schreiben. Ob es nicht an den Journalisten liegt, wie sie behandelt werden? Es ist durchaus möglich, daß große blonde deutsche Männer den Nordkoreanern Angst machen; sie erinnern an die verhaßten Amerikaner, die »Langnasen«. Haben wir nicht alle unsre unkontrollierten Vorurteile? Gibt es bei uns nicht auch Ablehnung der »Schwarzen«, der Türken, der Nordafrikaner? Und ist die Frage der Nordkoreaner nicht berechtigt, wozu denn diese Besuche westlicher Journalisten gut seien? Die vielen verzerrten Berichte deutscher Journalisten lesend, stelle ich mich auf die Seite der Nordkoreaner, die sagen, diese Einladungen führten zu nichts als dazu, daß die Westpresse Falsches berichtet, Tendenziöses, Unverstandenes. Wenn ich in so einem Artikel lese, die nordkoreanischen Kinder liefen angstvoll weg, wenn ausländische Journalisten kommen, so kann ich das nicht bestätigen, meine Erfahrung ist anders. Wenn andre berichten, nordkoreanische Kinder seien derart servil, daß sie sogar vor den Regierungsautos auf den Landstraßen sich verbeugen, so muß ich lächeln: wie wenig versteht der Westen die Höflichkeit Koreas! Die Kinder wissen, daß in Regierungsautos ausländische Besucher sitzen, und die sind es, vor denen sie sich verbeugen. Immer wieder merke ich, daß die berichteten Fakten ganz falsch interpretiert werden. Es ist ja auch wirklich sehr schwer, Ostasien zu verstehen und insbesondere Nordkorea. Wie könnte man in zwei Wochen, bewaffnet mit westlicher Skepsis und westlichen Vorstellungen von Wohlstand und Glück, dieses Land begreifen! Im übrigen sei gesagt, daß Journalisten anderer Länder, Japaner, Franzosen, Inder, auch Engländer, weit positiver über Nordkorea berichten. Woran liegt das? Doch wohl daran, daß die westdeutsche Presse extrem antikommunistisch ist und unwillig, Positives über ein kommunistisches Land zu bringen; nur Negatives findet Zustimmung. Wer es wagt, Positives zu berichten, wird als unglaubwürdig betrachtet. Zum Beispiel ich. Obwohl ich Nordkorea viel besser kenne als viele andere.

Ist es nicht auch seltsam, daß Nordkorea mit über hundert Staaten diplomatische Beziehungen hat, aber mit der Bundesrepublik nicht? Es liegt nicht an Nordkorea. Aber wundern muß es einen, daß die Bundesrepublik mit der faschistischen Regierung Südkoreas diplomatische Beziehungen hat, trotz der Lager, der Gefängnisse, der Massaker von Gwangju. Mich wundert auch, daß die Bundesrepublik diplomatische Beziehungen hat mit andern kommunistischen Staaten, selbst mit der Sowjetunion. Was spricht eigentlich gegen die Aufnahme der Beziehungen mit Nordkorea? Dagegen spricht das Veto der USA. So einfach ist das. Und darum scheut sich auch die Presse der Bundesrepublik, positiv über Nordkorea zu schreiben. Und darum veröffentlicht sie Verleumdungen wie jene, Nordkorea habe acht Konzentrationslager. Und darum unternimmt man nichts gegen die Installierung der Mun-Sekte (Vereinigungskirche) in der Bundesrepublik: sie ist so praktisch antikommunistisch. Doppelte Moral: Als ich vor einigen Jahren in Südkorea war, schrieb niemand, ich sei eine Faschistin, weil ich in ein faschistisches Land reise. Weil ich nach Nordkorea ging, nennt man mich eine Kommunistin.

Begreift man nach alledem das Mißtrauen Nordkoreas gegen deutsche Journalisten? Die leidige Spirale: weil man ihnen mißtraut, will man ihnen nur Schönes zeigen, und weil man ihnen nur Schönes zeigen will, halten sich die Journalisten für hinters Licht geführt und schreiben negativer, als sie es eigentlich wollen.

VI. Noch einmal etwas zum »Personenkult«

An diesem Wort hakt sich der Westen fest, als sei dies der
Schlüssel zum Verständnis der nordkoreanischen Politik, die
berechtigte Ursache zur Verzögerung der Aufnahme diploma-
tischer Beziehungen etwa der Bundesrepublik zu Nordkorea
und der Beweis dafür, daß Nordkorea eine finstere Diktatur sei,
kurzum der einzige wahre Grund für die vorsichtige oder
ablehnende Haltung Nordkorea gegenüber.
Welches Spiel wird da gespielt?
Was hat eigentlich der Personenkult in Nordkorea mit Nordkoreas Außenpolitik zu tun? Kann ein nach innen diktatori-
scher Staat nicht eine gute Außenpolitik machen?
Natürlich ist das westliche Insistieren auf dem »Personenkult«
nichts als psychologische Hetze.
Ich habe mich hart auseinandergesetzt mit dem auch mir
mißfälligen Kult um Kim Il Sung. Aber ich habe endlich
begriffen, was das wirklich ist.
Natürlich bezieht sich der »Kult« auf die konkrete Person
Kim Il Sungs: die großen Tafelbilder stellen ihn dar, die Kolos-
salstatuen tragen sein Gesicht, die Lobeshymnen nennen
seinen Namen und alles, was mit ihm zu tun hat, ist sakro-
sankt.
Jedoch: dieser Mann ist dem Volk weit mehr als eine individuelle Figur, er ist das Über-Ich des ganzen Volks. In ihm erkennt
und ehrt das Volk sich selbst. Er ist die Personifizierung der
Seele Koreas. Der Kult gilt scheinbar seiner Person, er gilt aber
weit mehr dem Volk selbst, er gilt der Idee, deren Repräsentant
er ist. Natürlich verehrt das Volk auch seine Person, und mit
Recht, denn er war es, der aus Schutt und Asche 1953 einen
Staat aufbaute, in dem jeder Arbeit, Brot, Wohnung, Altersversorgung, kostenlose Bildungsmöglichkeit und kostenlose
Gesundheitsfürsorge hat. Mehr noch: er hat dem Volk seine
nationale Identität gegeben, die es im Lauf der fast vierzig Jahre
dauernden japanischen Kolonialherrschaft, das heißt Unterdrückung verloren hatte. Wirklich: Grund genug, den Mann zu
verehren.
Ein westdeutscher Journalist schrieb, Nordkorea sei ein

»künstlicher Staat« und Kim Il Sung betrachte sich als »seinen Schöpfer«.

Frage: Gibt es einen »natürlichen Staat«? Sind nicht alle Staaten künstliche Gebilde, durch menschlichen Willen und meist mit Gewalt errichtet?

Weitere Frage: Wann wurde der künstliche Staat Nordkorea errichtet? Wann ist der künstliche Staat DDR und der andere, Bundesrepublik, entstanden? Nordkorea entstand bei der Teilung Koreas durch die Mächte, die auch Deutschland teilten. Wieso aber wird nur Nordkorea (und nicht auch Südkorea) als »künstlicher« Staat bezeichnet? Und wie könnte demnach Kim Il Sung sich als dessen Schöpfer bezeichnen?

Hat, wie ein andrer westdeutscher Journalist schreibt, Kim Il Sung den Kult seiner Person selbst so »irrwitzig« aufgebaut? Gewiß hat er nichts getan, ihn zu verhindern, und gewiß hat er ihn gefördert, aber nur aus politischen Gründen: das Volk muß in ihm das einigende Prinzip sehen, es muß auf Schritt und Tritt an ihn erinnert und auf ihn ausgerichtet werden. Er selbst aber wird davon nicht berührt. Er ist eine Nummer zu groß, um eitel oder gar größenwahnsinnig zu sein. Er ist die Vernunft in Person und er benutzt alle erlaubten Mittel, sein Volk in der Einheit zu halten.

Er ist sehr einfach in seinem Verhalten. Alle Ovationen nimmt er mit etwas melancholischer Freundlichkeit entgegen. Sagt man ihm Respektvolles über seine Erfolge, so sagt er gelassen: »Das hat mein Volk geschaffen, das ist das Werk der Arbeiter.«

Und er meint es so.

»Meine Politik ist denkbar einfach und durchschaubar«, sagte er mir bei meinem letzten Besuch.

Er selbst ist so einfach nicht. Aber nicht, als sei er doppelbödig. Doch ist er weit komplizierter, als man denkt. Hielt ich ihn im ersten Jahr für einen Bauern- und Partisanentyp, im zweiten Jahr für einen gelassenen selbstbewußten Staatsmann, so lernte ich ihn beim dritten und längern Zusammensein kennen als einen sensiblen, zu leiser Schwermut geneigten Mann, der viel gebildeter ist, als ich in meinem westlichen eurozentrischen Bildungshochmut angenommen hatte. Alles in allem: er ist ein MENSCH, und diesem Eindruck kann sich kein Besucher entziehen, ob er die Politik mag oder nicht. Mir fiel auf der dritten Reise ins Auge, daß der 70. Geburtstag Kim Il Sungs keineswegs dazu geführt hat, daß man neue Bildtafeln und Statuen aufgestellt hätte. Alles Neue ist sach- und ideebezogen: der Triumphbogen, der Platz der Dschudsche-Idee, die neuen schönen Parkanlagen. Am Geburtstag war Kim Il Sung auf dem Land zur Arbeit; nur zu einem Festessen, das die Partei ihm gab, kam er in die Stadt. Die Geschenke, die aus aller Welt eintrafen, schickte er, wie immer, ins »Museum der Freundschaft«, das Eigentum des Volks ist. Kein Erbe Kim Il Sungs wird über diese Kostbarkeiten verfügen.

Ein westdeutscher Journalist schrieb, man könne Kim Il Sung einen »weisen Tyrannen am Ende der Welt« nennen.

Abgesehen davon, daß Tyrannis und Weisheit ein Widerspruch in sich selbst ist und daß Korea nur scheinbar am Ende der Welt liegt und vielmehr ein gefahrenreicher Treffpunkt weltweit wichtiger Interessen und Mächte ist, kann man Kim Il Sung nicht einen Tyrannen nennen. Er ist aber weise im Sinne des Konfuzius: »Der Meister ist milde, einfach, ehrerbietig, mäßig und nachgiebig.«

Das Wort MILDE kann im Westen Skepsis und Ironie wecken. Man erinnert sich an die Verfolgung der Christen im Koreakrieg (darüber schrieb ich im Kapitel ›Land ohne Gott‹), man erinnert sich einiger Hinrichtungen Oppositioneller und einiger Konzentrationslager. Man vergißt dabei nur, daß die Zeit der Gewalt längst vorbei ist. Das letzte Lager wurde vor zwanzig Jahren aufgelöst. Es gibt heute kein Lager mehr.

Glaube ich das? Ich las doch in Kim Il Sungs Schriften, daß die Revolution nicht beendet sei und die Gefahr des Revisionismus auch heute noch bestehe, also gibt es doch immer noch oder wieder eine Opposition, oder nicht?

Ich stelle diese Frage an Kim Il Sung in einem Augenblick privater menschlicher Nähe und Offenheit seinerseits. Nur unser junger Dolmetscher war Zeuge des Gesprächs.

Herr Präsident, Sie lasen den Aufsatz aus der »Welt«, den ich mitbrachte? Man hat ihn Ihnen übersetzt. Darin steht, Sie haben mindestens acht Lager, in die Oppositionelle ohne Prozeß kämen und die sie nur als Tote wieder verließen. Ich bitte Sie, mir die Wahrheit zu sagen! Ich bin bereit, darüber zu schweigen, wenn Sie wollen. Sie wissen, daß ich mein Wort halte.

Er sagt: Sie haben mich das schon letztes Jahr gefragt, und ich habe Ihnen die Wahrheit gesagt. Warum glauben Sie mir nicht?

Ich glaube Ihnen, aber der Westen glaubt es nicht.

Ich habe amnesty international angeboten, mein Land frei zu bereisen. Die Zentrale in London, das erfuhr ich nach meiner Rückkehr, lehnte ab mit der Begründung, daß, fände die Delegation kein Lager, die negative Auskunft als Propaganda für Nordkorea ausgelegt werden könne. Eine seltsame Argumentation.

Aber, so kann man einwenden, wie soll man Lager finden, wenn man nicht weiß, wo sie sind?

Nun: Eine südkoreanische Nachrichten-Agentur in Tokio hat seinerzeit eine Landkarte herausgegeben, in der die Lager eingezeichnet sind. Das wäre ein Anhaltspunkt. Allerdings stammt die Karte aus der Zeit vor zwanzig Jahren, und die in der »Welt« veröffentlichte Nachricht stammt ebenfalls aus jener Zeit.

Ich habe keine Lager mehr in meinem Land, sagt Kim Il Sung. Ich hatte Lager. Ich habe auch töten müssen. Der Aufbau des Landes forderte Opfer. Das ist vorbei. Das Land ist konsolidiert und verkraftet Oppositionelle. Im übrigen haben Sie letztes Jahr ein Haus gesehen, in dem Leute umerzogen werden, die auf die eine oder andere Art der Revolution schaden.

Nein, ich habe nur ein normales Gefängnis gesehen, kein Lager.

Aber wir haben nichts anderes!

Herr Präsident, mein Vorschlag: Richten Sie in allen Ländern eine Pressestelle ein, welche erlogene Nachrichten sammelt und sofort dementiert!

Bitte, besprechen Sie das mit meinem Minister für auswärtige Angelegenheiten. Und noch einmal: Ich bekämpfe den Revisionismus, nicht aber Menschen, die ihn vortragen. Die versuche ich zu überzeugen davon, daß sie irren.

Ich hatte auf meiner dritten Reise viel Gelegenheit, mit Kim Il Sung sozusagen unter vier Augen zu sprechen. Der Dolmetscher übersetzte flink und auch offensichtlich genau, selbst wenn ihm meine Fragen bisweilen Pein machten, da man dort derart direkte Fragen nicht stellt. Kim Il Sung aber antwortete ohne zu zögern.

Der Präsident hatte mich eingeladen, eine Woche mit ihm an der mandschurischen Grenze zu verbringen, um zu sehen, wie er mit den Menschen dort lebe. Ich begleitete ihn zu Kindern, zu Theatergruppen, zu Arbeiterchören, zu Landarbeitern, ich war mit ihm auf der großen Versuchsfarm auf 1300 Metern

Höhe, wo die Sommer nur knapp drei Monate dauern, so daß eigentlich kein Getreide ausreifen kann. Ich sah mit den Augen meiner Bauerngroßmutter, wie prächtig das Getreide stand, Weizen und Gerste, und ich wunderte mich: auf Tafeln stand jeweils der Tag der Aussaat, es waren Tage Ende April. Jetzt war Anfang August, und das Getreide war fast schnittreif. Es ist das Ergebnis langer Versuche mit Kreuzungen. Ich sehe auch große Kartoffelfelder, als sei ich irgendwo in Deutschland. Hier in Korea ist aber Reis das Volksnahrungsmittel, oder nicht? Doch, aber Reis braucht Wasser und Wärme, hier oben fehlt beides. Also bauen wir Kartoffeln an, und die Leute haben sich daran gewöhnt, sie zu essen. Hier oben werden auch rapsähnliche ölgebende Pflanzen angebaut und Ginseng, die kostbare Heilpflanze. Früher wuchs sie wild im Gebirge, jetzt züchtet man sie. Schon sind die ersten Pflanzen sechs Jahre alt, sieben ist das richtige Alter zur Ernte. Nordkorea wird damit jenem Herrn Mun Konkurrenz machen, der, ehemaliger KCIA-Mann, nach den USA ausgewandert, uns bekannt als der Gründer der unheilvollen Mun-Sekte, bisher das Weltmonopol auf Ginseng hatte und damit ungeheuer reich wurde, und der, ganz logisch, scharfer Gegner aller sozialistischen Bestrebungen und vor allem Nordkoreas ist. Seine Sekte hat mit Religion nichts zu tun, sie steht rein politisch im Dienst des Antikommunismus der USA.

Es ist, ich erlebe es, wirklich so, daß der Präsident nicht vom Grünen Tisch aus regiert, sondern zum Volke geht und an der Basis Anregungen gibt und Rat empfängt. Was dann in Pyeongyang als verbindlicher Plan ausgearbeitet wird, ist das Ergebnis der Beratungen Kim Il Sungs mit Fachleuten und Arbeitern.

Ich sehe auch, daß seine Leute ihn lieben, und das nicht etwa auf Anordnung. Allerdings stört mich wieder einmal die allzu große Ehrerbietung, obschon ich weiß, daß dies das Erbe des Konfuzianismus ist. Ich darf eben nicht mit westlichen Augen schauen.

Ich möchte nicht zur Legendenbildung um Kim Il Sung beitragen, doch muß ich, um sein Porträt zu zeichnen, einige Anekdoten erzählen, die Charakteristisches über ihn aussagen. Sie sind wahr:

Bei einem Essen hatten er und ich uns so lebhaft unterhalten, daß der Dolmetscher nicht dazu kam, auch nur einen Bissen zu essen. Kaum waren wir im Gästehaus zurück, klingelte das Telefon, der Präsident selbst rief den Chef des Hauses an: Gebt dem armen Lee etwas Gutes zu essen, er stirbt vor Hunger.

Oder: als er die neue Staatsbibliothek besuchte, betrachtete er mißbilligend die Tische im Leseraum: Habt ihr nicht daran gedacht, daß unsere Jugend viel größer ist als frühere Studentengenerationen? Hier müssen sie sich zu tief über die Tische beugen, das schadet Augen und Rücken, die Tischplatten müssen verstellbar sein.

Oder: als zum ersten Mal ein ehemaliger nordkoreanischer exilierter evangelischer Pastor seine Heimat besuchte, wurde er von Kim Il Sung zum Essen eingeladen. »Herr Pastor, Sie sind es doch gewöhnt, vor dem Essen zu beten?« Der Pastor war verwirrt. Der Atheist fordert ihn zum Beten auf? Er faßte sich und sprach folgendes Gebet, das mir Kim Il Sung ein Jahr darauf mit seltsamer Rührung wiederholte: »Gott, segne diese Speisen, segne die Erde, die sie hervorbrachte, segne die Menschen, welche die Erde bearbeiten, und segne den Mann, der es diesen Menschen möglich macht, ihre Erde in Frieden und mit Erfolg zu bearbeiten.«

Ein Akt der Höflichkeit beiderseits, und doch mehr als das: Nordkorea hat Religionsfreiheit verfassungsmäßig garantiert und stellt nur eine Bedingung: Die Ausübung der Religion darf nicht wieder, wie unter amerikanischem Einfluß, konterrevolutionäre Absichten verfolgen, genau gesagt: Es darf nicht wieder sein, daß unter dem Mantel einer westlichen Kirche der Kapitalismus einschleicht, wie es schon einmal war.

Kim Il Sung, der weise Tyrann am Ende der Welt... Er demonstriert, daß ein totalitärer Staat keine Tyrannis sein muß, sondern, soweit es die Umstände erlauben, demokratische Freiheiten gestatten kann.

Daß man von Korea als einem Land am Ende der Welt redet, erscheint absurd angesichts der Tatsache, daß es zur Schwelle für viele Länder der Dritten Welt geworden ist. Sie lernen dort, wie man sich politisch unabhängig macht ohne Krieg, ohne folgenschwere Gewaltrevolution, ohne mit andern und andersartig regierten Staaten in Feindschaft zu geraten. Sie lernen dort eine neue Art von Sozialismus kennen, die keinem vorgegebenen Modell folgt, sondern sich auf landeseigener Grundlage entwickelt.

Dort, am Ende der Welt, wird eine neue Solidarität der Arbeiter vieler Länder erarbeitet. Dorthin reisen Fachleute aus aller Welt, dort war 1981 der Weltkongreß für die Agrarpolitik der blockfreien Länder der Dritten Welt. Dort waren zu offiziellen Staatsbesuchen in den letzten Jahren die Staatspräsidenten von Tansania, Madagaskar, Kongo, Botswana, Sambia, Zimbabwe, Mozambique, Angola, Burundi, Ägypten, Somalia, Zaire, Senegal, Namibia, Togo, Uganda, Mali, Seychellen, Bangladesch, Guinea, Burma, Rwanda, Malta, Guyana, Frankreich (Mitterrand), Rumänien, Nepal, Sahara, DDR (Honecker) und der Präsident ohne Land, Arafat. Regierungsdelegationen kamen aus der VR China (zuletzt 1981), Iran (1981), Sri Lanka, Kuwait, Thailand, Pakistan, Jordanien, Malaysia und vielen anderen.

Außerdem kamen und kommen die Vorsitzenden der sozialistischen, sozialdemokratischen und kommunistischen Parteien vieler Länder, darunter häufig japanische Sozialisten so gut wie Kommunisten, es kommen Parteiführer aus Indien, Yemen, Laos, Syrien, aus der VR Kamputschea (Kambodscha), Marokko, Algerien, Sierra Leone, Peru, Bolivien, Belgien, Dänemark, Norwegen, Finnland, Kuba, Ecuador, Schweden, Österreich, Griechenland, Portugal, Spanien, Italien, Gabun, Neuseeland, Nicaragua, Frankreich und so fort.

Aus verschiedenen Ländern, kapitalistischen wie sozialistischen, kommen Delegationen zum Studium wirtschaftlicher Probleme und zum Studium der Dschudsche-Ideologie.

In einigen Ländern, darunter Österreich, gibt es an Universitäten bereits Institute zum Studium der Ideen Kim Il Sungs.

Auf seinen Reisen in den Westen traf sich Kim Il Sung mit seinem Freund Tito, mit Indira Gandhi, mit Breschnew, und beim Begräbnis Titos auch mit Willy Brandt, in dessen Ideen er mehr Verwandtes findet als in denen kommunistischer Ideologen.

Nach Nordkorea kam auch Kurt Waldheim, die Wiedervereinigung besprechend, und auch Stephan Solarz, Mitglied der US-Regierung. Es kam auch der Präsident der World Federation of Trade Unions. Zahlreiche Journalisten-Organisationen wählen Pyeongyang als Tagungsort.

Dies alles in dem Land am Ende der Welt.

Der Präsident des ZK der Mozambique-Befreiungs-Front schrieb über seinen Besuch in Nordkorea (dies als eines der vielen Urteile auswärtiger Politiker):

»Je mehr man die REALITÄT Nordkoreas kennt, desto tiefer ist man beeindruckt. Dieses Land ist ein Modell für uns, weil es ein Volk zeigt, das voll fähig ist, die Nachwirkungen der Kolonialzeit und der imperialistischen Aggression zu überwinden und einen unabhängigen, freien, blühenden Staat aufzubauen.«

Es fällt auf, daß unter den Besuchern der letzten Zeit einige Staaten fehlen: Polen, Tschechoslowakei, Ungarn, Sowjetunion und die DDR. Der Ostblock verzeiht es Kim Il Sung nicht, daß er sich selbständig machte und einen Kommunismus eigener Art aufbaute. Dafür ist neuerdings die VR China wieder vertreten, was auf eine vorsichtige Annäherung deutet.*

Daß aus der Bundesrepublik noch kein offizieller Besuch kam (Eppler war dort als inoffizieller Vertreter der SPD und als jener der FDP), diese Distanzierung ist nur dann befremdlich, wenn man vergißt, daß die Bundesrepublik immer noch amerikanisch besetztes Gebiet ist und weithin den Anordnungen der USA unterstellt. Daß die USA gerade Nordkorea für tabu erklärt, während sie China und die Sowjetunion als Besuchsländer für die Bundesrepublik akzeptiert, beweist, welche Rolle sie diesem kleinen Land am Ende der Welt zuschreibt: Es könnte ja den Geschmack an einer neuen Form von Sozialismus wecken.

Kim Il Sung verfolgt beharrlich seinen Weg. 1982 schrieb er:

»Die Arbeiterpartei Koreas wird weiterarbeiten am Aufbau einer friedlichen neuen Welt, in der alle Völker frei sind von Beherrschung und Unterwerfung, in fester Einheit mit den Völkern der sozialistischen und blockfreien Länder und den fortschrittlichen Menschen der Welt unter dem Banner der Idee der Unabhängigkeit und Selbständigkeit.«

---

* 1982 war Kim Il Sung selbst in der VR China, und neuerdings verbessern sich auch die Beziehungen zur Sowjetunion.

Nachwort

Zum aktuellen Stand der Wiedervereinigungsfrage

Nordkorea ist mehr als je kompromißbereit Südkorea gegenüber, in dem Bewußtsein, daß es nichts Wichtigeres gibt als den
Frieden im Fernen Osten und in der Welt.
Kim Il Sung hält fest an seinem Vorschlag vom 6. Parteitag
1981: die beiden Korea sollen unter Beibehaltung der unterschiedlichen politisch-gesellschaftlichen Systeme eine Konfö-
deration bilden, die den Namen Koryo tragen soll.
Südkorea, in absoluter USA-Abhängigkeit der augenblicklichen Regierung, praktiziert offiziell eine unsichere Verzöge-
rungstaktik. Innnerhalb der Regierung aber bilden sich Gruppen mit unterschiedlichen Programmen. Neben der Gruppe,
welche die faschistische Militärdiktatur stützt und jede Beziehung zu Nordkorea als Bedrohung der nationalen Sicherheit
unter harte Strafe stellt, gibt es jene, welche entschieden Demokratisierung fordert, ohne Bruch mit den USA, aber mit Aufnahme positiver Beziehungen zu Nordkorea. Eine dritte Gruppe,
die der Nationalisten, wünscht die Wiedervereinigung des ganzen koreanischen Volks und die Befreiung von der Kolonialherrschaft der USA, welche 1945 jene Japans abgelöst hat, die
35 Jahre gedauert hatte und die sich, bisher mit Förderung durch
die USA, wiederum einschlich: Japan kauft im Süden Koreas
immer mehr Land auf und baut dort Fabriken, die mit großen
Steuer-Erleichterungen und mit schlechtest bezahlten südkoreanischen Arbeitskräften das Land ausbeuten und sich als eine
immer schärfere Konkurrenz für die einheimische Industrie
erweisen; eine Konkurrenz, welche heute die andere Ausbeu-
ter-Macht zu fürchten hat: die USA, die ihrerseits durch die
Verschlechterung der eigenen Wirtschaftslage diese japanische
Konkurrenz in Südkorea nicht dulden können. Die Wirtschaftskrise der USA ist die Hoffnung vieler Südkoreaner; schon
beginnen die Ratten das sinkende Schiff zu verlassen: Die große
US-Firma »Controldata« hat bereits ihre Niederlassung in Südkorea aufgegeben. Weitere ausländische Firmen (man sagt: ein
Drittel der anwesenden) haben ihren Rückzug beschlossen.

Südkorea kommt den USA zu teuer zu stehen. Die dort stationierte US-Wehrmacht kostet viel zu viel und ist nun doch wohl nicht so lebensnotwendig, wie man dachte. Im Osten selbst (in Japan wie in Korea) fürchtet man, daß das enorme Potential an US-Nuklearwaffen (zu Land und zu Wasser) Südkorea zum Schauplatz eines atomaren Kriegs machen könne. Die Friedensbewegung in Japan ist nicht zu unterschätzen, man hat dort Hiroshima und Nagasaki nicht vergessen.

Der wichtigste Antrieb zur Wiedervereinigung ist die miserable Wirtschaftslage in Südkorea, welche offiziell bisher geleugnet wurde. Nach den neuesten Meldungen liegt die Inflationsrate weit über 20%, während die Arbeitslöhne durchschnittlich (bei 14 Stunden täglicher Arbeitszeit) zwischen 300 und 600 DM liegen, das Existenz-Minimum gerade deckend. Weibliche Arbeitskräfte verdienen erheblich weniger. Da es keine Gewerkschaften gibt, ist der Arbeiter hilflos.

Der im Ausland bisher gelobte wirtschaftliche Aufschwung Südkoreas war trügerisch, das zeigt sich jetzt: Südkorea ist mit 20 Milliarden Dollar auslandsverschuldet. Diese enorme Summe muß es bis Ende 1983 zurückzahlen. Die USA und die übrigen Gläubiger, alle mit eigener Wirtschaftskrise und Verschuldung belastet, können die Schulden nicht länger stunden. Das bedeutet den Beginn des wirtschaftlichen Zusammenbruchs Südkoreas.

Dagegen steht der wirtschaftliche Aufschwung Nordkoreas, den natürlich die Südkoreaner kennen: Seit Jahren kommen japanische Journalisten, Politiker und Studenten nach Nordkorea und sehen, wie gut dort der Arbeiter lebt, wie gut die sozialistische Wirtschaft funktioniert und um wieviel weniger die sozialistische Diktatur auf dem Land lastet als die faschistische im Süden. Diese Nachrichten erreichen selbstverständlich über Japan auch das südkoreanische Volk und erinnern es an die eigene sozialistische Vergangenheit: Nach dem Zweiten Weltkrieg hatte die kommunistische Partei rund dreißigtausend Mitglieder. Es gab weitere 19 linke Parteien und verbrüderte Organisationen. Es gab linke »Volkskomitees«, die mit Nordkorea zusammenarbeiteten. Es gab die »All Korea League of Cultural Organisation« und 22 ähnliche Organisationen, darunter die wichtige »Korean Industrial Technicians Alliance«. Und es gab viele Reiche, welche solchen linken Organisationen Geld gaben. Es gab auch eine kommunistische Zeitung. Das ZK der KP bestand vorwiegend aus Intellektuellen, die meist lange harte Erfahrungen in japanischen Gefängnissen gemacht hatten und nichts als Freiheit und Gerechtigkeit wünschten und sie vom Aufbau eines sozialistischen Staates erhofften. Der Führer der KP war Pak Hon Jong, ein auf Moskau eingeschworener Mann, der 1948, nach dem Verbot der KP, nach Nordkorea flüchtete, dort aber mit einigen andern hingerichtet wurde, als er sich Kim Il Sung entgegenstellte, der dabei war, sich von Moskau zu lösen und einen blockfreien Staat aufzubauen.

Das Wiedererwachen sozialistischer Ideen in Südkorea kommt der nationalistischen Gruppe innerhalb der Regierung entgegen, die neuerdings sich mit Exilkoreanern verschiedener politischer Richtungen in Verbindung setzt. Einige der Exilierten sind bereits nach Südkorea zurückgekehrt, andere machen ihre Rückkehr abhängig davon, daß Südkorea alle politischen Gefangenen freigibt.

Dies sind nur einige Stichworte zur aktuellen Lage im Fernen Osten. Doch bin ich sicher, daß dieses Kapitel jeden Monat neu geschrieben werden müßte.

Prognosen haben immer etwas Fragwürdiges an sich, doch sei gewagt zu sagen, daß ein Sturz des gegenwärtigen Präsidenten Cho Doo Wan* erfolgen wird, und zwar in Übereinstimmung antifaschistischer Kreise Südkoreas mit den USA, die schon einmal einen südkoreanischen Präsidenten beseitigen ließen: Park Chang Hee, den Vorgänger Cho Doo Wans. Alles in allem: die Wiedervereinigung Koreas, so utopisch sie bisher schien, ist nähergerückt.

Nachtrag Januar 1983

Die Frage der Nachfolge wurde erneut aufgenommen und endgültig gelöst: Kim Jong Ill, der jetzt schon wichtige Regierungsgeschäfte führt, wird dem Ausland als der bestqualifizierte Anwärter auf die Nachfolge Kim Il Sungs vorgestellt.

Bemerkenswert sind die zaghaften, doch deutlichen Schritte der südkoreanischen Regierung in Richtung auf eine Wieder-

---

* Daß der große Gegenspieler, der Demokrat Kim Dae Jong, im Dezember 1982 plötzlich nicht nur aus dem Gefängnis entlassen wurde, sondern auch die Erlaubnis zur Ausreise in die USA erhielt, wo er aber nicht zu bleiben gedenkt, läßt verschiedene Interpretationen zu. Auf jeden Fall ist auch dies ein Zeichen dafür, daß die starre Lage endlich in Bewegung gerät.

vereinigung. Südkorea sieht sich von den Japanern wirtschaftlich derart bedroht, daß es fürchtet, praktisch wieder in den Stand einer japanischen Kolonie zurückzufallen. Man erinnert sich jener schrecklichen Zeit der Unterdrückung, die von 1908 bis 1945 dauerte. Man protestiert sowohl in koreanischen Kreisen in Japan wie auch in Südkorea selbst gegen die Verfälschung der japanisch-koreanischen Geschichte in den Geschichtswerken wie in den Schulbüchern, in denen jene Epoche totgeschwiegen oder geschönt wird. Man will den Schrecken jener japanischen Invasion wieder ins Bewußtsein der Koreaner zurückrufen.

Außenpolitisch wichtig ist der kürzlich erfolgte Besuch Kim Il Sungs in der VR China.
Innenpolitisch und kulturpolitisch wichtig ist das nun schon zum wiederholten Male stattfindende Treffen nordkoreanischer Christen mit Christen aus aller Welt. Auf dem letzten dieser Treffen im Dezember 1982 in Helsinki wurde das Ergebnis so formuliert: »Wir haben die Mauer des Herzens beseitigt und das Tor des Dialogs geöffnet.«
Alles in allem: In jenem geographisch so weit entfernten Land begeben sich Dinge, die Wellen schlagen bis in andere Kontinente.

Bitte umblättern:

auf den nächsten Seiten informieren
wir Sie über weitere interessante
Fischer Taschenbücher.

Literatur gegen den Krieg
Romane, Erzählungen, Biographien

Theodor Balk
Das verlorene Manuskript
Band 5179

Alphonse Boudard
Helden auf gut Glück
Roman. Band 5390

Lion Feuchtwanger
Die Brüder Lautensack
Roman. Band 5367
Erfolg
Roman. Band 1650
Exil
Roman. Band 2128
Der falsche Nero
Roman. Band 5364
Die Geschwister Oppermann
Roman. Band 2291

Anne Frank
**Das Tagebuch der
Anne Frank**
Band 77

Hellmut von Gerlach
Von Rechts nach Links
Band 5182

Albrecht Goes
Das Brandopfer
Erzählung. Band 1524

Joseph Heller
Catch 22
Roman. Band 1112

Ernest Hemingway
Wem die Stunde schlägt
Roman. Band 408

Ruth Herzog
Shalom Naomi?
Brief an ein Kind
Band 5102

Alfred Kantorowicz
Spanisches Kriegstagebuch
Band 5175

Alfred Kerr
**Die Diktatur des
Hausknechts
und Melodien**
Band 5184

Fischer Taschenbuch Verlag

Literatur gegen den Krieg
Romane, Erzählungen, Biographien

Egon Erwin Kisch
**Geschichten aus
sieben Ghettos**
Band 5174

Arthur Koestler
**Ein Mann spricht in
die Tiefe**
Roman. Band 5332
Ein spanisches Testament
Band 2252

Primo Levi
Ist das ein Mensch?
Band 2226

Heinz Liepman
Das Vaterland
Band 5170

Erich Loest
Pistole mit sechzehn
Erzählungen. Band 5061

Selma Meerbaum-Eisinger
**Ich bin in Sehnsucht
eingehüllt**
Gedichte eines
jüdischen Mädchens
Band 5394

Konrad Merz
**Ein Mensch fällt aus
Deutschland**
Band 5172

Arthur Miller
Spiel um Zeit
(Playing for time)
Ein Fernsehfilm. Band 7061

Rudolf Olden
Hitler
Band 5185

Karl Otten
Torquemadas Schatten
Band 5137

Theodor Plievier
**Der Kaiser ging, die
Generäle blieben**
Band 5171

Gustav Regler
Im Kreuzfeuer
Band 5181

Luise Rinser
Gefängnistagebuch
Band 1327
Jan Lobel aus Warschau
Band 5134

Fischer Taschenbuch Verlag

fi 312/2b

Literatur gegen den Krieg
Romane, Erzählungen, Biographien

Die zehn Gebote
Herausgegeben von
Armin L. Robinson
Band 5186

Nico Rost
Goethe in Dachau
Band 5183

Arno Schmidt
KAFF auch Mare Crisium
Band 1080
(zur Zeit nicht lieferbar)
**Leviathan und
Schwarze Spiegel**
Band 1476
(zur Zeit nicht lieferbar)

Ernst Schnabel
**Anne Frank
Spur eines Kindes**
Band 5089

Inge Scholl
Die weiße Rose
Band 88

Jürgen Serke
Die verbrannten Dichter
Band 2239

Wilhelm Speyer
Das Glück der Andernachs
Band 5178

Franz Werfel
Der Abituriententag
Roman. Band 1893
Jacobowsky und der Oberst
Komödie einer Tragödie
Band 7025

Joseph Wittlin
Das Salz der Erde
Roman. Band 5786

Arnold Zweig
Das Beil von Wandsbek
Band 2069
**Der Streit um den
Sergeanten Grischa**
Roman. Band 1275
Junge Frau von 1914
Roman. Band 1335
Erziehung vor Verdun
Roman. Band 1523

Carl Zuckmayer
Des Teufels General
Band 7019

Fischer Taschenbuch Verlag

fi 312/2c

Luise Rinser

Den Wolf umarmen
414 Seiten, 8 Seiten Abb. Leinen

Der schwarze Esel
Roman. 271 Seiten, Leinen
Fischer Bibliothek. 271 Seiten geb.

Die rote Katze
Erzählungen
Fischer Bibliothek. 128 Seiten, geb.

Die Erzählungen
264 Seiten, geb.

Geh fort wenn du kannst
Novelle
Mit einem Nachwort von Hans Bender.
Fischer Bibliothek. 149 Seiten, geb.

Im Dunkeln singen
Aufzeichnungen 1982–1985
250 Seiten, Leinen

Jan Lobel aus Warschau
Erzählung. 80 Seiten, Leinen

Mirijam
Roman. 332 Seiten, Leinen

Nina
Mitte des Lebens. Abenteuer der Tugend
Zwei Romane. 475 Seiten, geb.

Septembertag
Fischer Bibliothek. 144 Seiten, geb.

Winterfrühling
Aufzeichnungen 1979–1982
239 Seiten, Leinen

Luise Rinser und Isang Yun
Der verwundete Drache
Dialog über Leben und Werk des Komponisten
247 Seiten mit 25 Schwarzweiß-Abb., Leinen

S. Fischer

Luise Rinser

Mitte des Lebens
Roman. Band 256

Die gläsernen Ringe
Erzählung. Band 393

Der Sündenbock
Roman. Band 469

Hochebene
Roman. Band 532

Abenteuer der Tugend
Roman. Band 1027

Daniela
Roman. Band 1116

**Die vollkommene
Freude**
Roman. Band 1235

Ich bin Tobias
Roman. Band 1551

**Ein Bündel weißer
Narzissen**
Erzählungen. Band 1612

Septembertag
Erzählung. Band 1695

Der schwarze Esel
Roman. Band 1741

Bruder Feuer
Roman. Band 2124

Jan Lobel aus Warschau
Erzählung. Band 5134

Baustelle
Band 1820

Gefängnistagebuch
Band 1327

Grenzübergänge
Tagebuch-Notizen
Band 2043

Kriegsspielzeug
Tagebuch 1972–1978
Band 2247

Winterfrühling
Aufzeichnungen
1979–1982. Band 5342

**Nordkoreanisches
Reisetagebuch**
Informationen zur Zeit
Band 4233

Den Wolf umarmen
Band 5866

Mit wem reden
Band 5379

Mein Lesebuch
Band 2207

Fischer Taschenbuch Verlag

fi 132/3